U0149084

民初的政治文化生態與新文學的空間場域

王 永 祥 著

民國文學與文化系列論叢
文史哲出版社印行

國家圖書館出版品預行編目資料

民初的政治文化生態與新文學的空間場域 / 王永祥著. --初版 -- 臺北市：文史哲,民 105.09
頁；公分（民國文學與文化系列論叢；4）
ISBN 978-986-314-330-7（平裝）

1.中國文學史 2.現代文學 3.政治文化
4.文學評論

820.908 105017037

民國文學與文化系列論叢 4

民初的政治文化生態與新文學的空間場域

著 者：王 永 祥
出 版 者：文 史 哲 出 版 社
http:// www.lapen.com.tw
e-mail：lapen@ms74.hinet.net
登記證字號：行政院新聞局版臺業字五三三七號
發 行 人：彭 正 雄
發 行 所：文 史 哲 出 版 社
印 刷 者：文 史 哲 出 版 社
臺北市羅斯福路一段七十二巷四號
郵政劃撥帳號：一六一八〇一七五
電話886-2-23511028 · 傳真886-2-23965656

定價新臺幣四〇〇元

2016 年（民一〇五）九月初版

ISBN 978-986-314-330-7 78354

民初的政治文化生態與新文學的空間場域

目　　次

總序　一

民國文學史觀的建構
—— 現代文學研究的新思維與新視野

張堂錡

一

「民國文學」是有關中國現代文學學科研究歷史進程中，繼「中國新文學」、「中國現代文學」、「20 世紀中國文學」、「百年中國文學」之後，近期出現並開始受到重視與討論的一種新的學科命名與思維方式。它的名稱、內涵與意義都還在形成、發展的初始階段。類似的思維與說法還有「民國史視角」、「民國視野」、「民國機制」等。這些不同的名稱，大抵都不脫一個共同的「史觀」，那就是回歸到最基本也最明確的時間框架上來進行闡釋。陳國恩〈關於民國文學與現代文學〉即明確指出：「作為斷代文學史，民國文學中的『民國』可以是一個時間框架。就像先秦文學、兩漢文學、魏晉南北朝文學、隋唐文學和宋元明清文學中的各個朝代是一個時間概念一樣，民國文學中的民國，是指從辛亥革命到 1949 年中華人民共和國成立這一時段。凡在這一時段裡的文學，就是民國文學。」這應該是大陸學界對「民國文學」一詞較為簡單卻完整的解釋。

北京師大的李怡則提出「民國機制」的說法，他在〈民國機制：中國現代文學的一種闡釋框架〉中也認為：「民國機制就是從清王朝覆滅開始，在新的社會體制下逐步形成的推動社會文化與文學發展的諸種社會力量的綜合」，然而，「隨著 1949 年政權更迭，一系列新的政治制度、經濟方式及社會文化氛圍、精神導向的重大改變，民國機制自然也就不復存在了。中國文學在新的機制中發展，需要我們另外的解釋。」當然，他們也都注意到了「民國」從清王朝－中華民國－中華人民共和國的線性時間概念之外的更豐富意義，例如陳國恩提到了民國的價值取向；李怡也強調必須「從學術的維度上看『政權』的文化意義，而不是從政治正義的角度批判現代中國的政治優劣」，他認為這樣的「民國文學」研究是「對一個時代的文學潛能的考察，是對文學生長機制的剖析，是在不迴避政治型態的前提下尋找現代中國文學的內在脈絡。」

面對大陸學界出現的這些不同聲音，在台灣的現代文學研究者已經不能再視而不見，如何在一種學術交流、理性互動、嚴謹對話、多元尊重的立場上進行對相關議題的深入討論，應該說，對兩岸學者都是一次難得的「歷史機遇」。台灣高喊「建國百年」，大陸紀念「辛亥百年」，一個「民國」，各自表述。但不管怎麼說，「民國」開始能夠被大陸學界接受並引起討論熱潮，這本身就是一種試圖突破既有現代文學研究框架的努力，也是大陸學界在意識型態方面對「民國」不再刻意迴避或淡化的一種轉變。正是在這種轉變中，我們看到了中國現代文學研究的新契機。

二

民國文學不是單一的學術命題，不論從研究方法或視野上來看，它都必須涉及到民國的歷史、政治、經濟、教育、法律、文化、社會與思想等諸多領域，它必然是一個跨學科、跨地域、跨國別的學術視角，彼此之間的複雜關係說明了此一命題的豐富性與延展性。

必須正視的是，台灣對「民國」的理解是以「建國百年」為前提，而大陸學界則是以「辛亥百年」為前提，如此一來，大陸對「民國」的解釋是一個至 1949 年為止的政權，但台灣則是主張在 1949 年之後「民國」依然存在且持續發展的事實。拋開歷史或政治的解釋權、主導權不論，「民國」並未在「共和國」之後消失，這是不爭的事實。因此，在討論民國文學與文化之際，就會出現 38 年與 100 年的不同史觀。箇中複雜牽扯的種種原因或現實，正是過去對「民國文學」研究難以開展的限制所在。而恰恰是這樣的分歧，李怡所提出的「民國機制」也就更顯得有其必要性與可操作性。他說 1949 年政權更迭之後，民國機制不復存在，指的是「中華民國在大陸」階段，共和國機制在 1949 年之後取代了民國機制，但是「中華民國在台灣」階段，要如何來解決、解釋，「民國機制」其實可以更靈活地扮演這樣的闡釋功能。

「民國文學」的提出，並不是要取代「現代文學」，事實上也難以取代，因為二者的側重點不同，前者關注現代文學中的「民國性」，後者關注民國文學的「現代性」，這是一種在相互參照中豐富彼此的平等關係。現代性的探討，由於其文學規律與標準難以固定化，使得現代文學的起點與終點至今仍是一種遊移的狀態，從晚清到辛亥，從五四到1949，再由20世紀到21世紀，所謂文學的「現代化」與「現代性」都仍在發展之中。「民國性」亦然。從時間跨度上，現代文學涵蓋了民國文學，但在民國性的發展上，它仍在台灣有機地延續著，二者處於平行發展的狀態，不存在誰取代誰的問題。

在大陸階段的民國性，是當前大陸「民國文學」研究的重心，它有明確的歷史範疇與時間框架，但是在台灣階段的民國性，保留了什麼？改變了什麼？在與台灣在地的本土性結合之後，型塑出何種不同面貌的民國性呢？這是兩岸學者都可以認真思考的問題。

民國文史的參照研究，其重要性無庸置疑，而其限度與難度也在預料之中。「民國文學」作為一個學術的生長點，其意義與價值已經初步得到學界的肯定。現代文學的研究，在經過早期對「現代性」的思索與追求之後，發展到對「民國性」的探討與深究，應該說也是符合現代文學史發展規律的一次深化與超越。在理解與尊重的基礎上，兩岸學界確實可以在這方面開展更多的合作機會與對話空間。

三

為了呼應並引領這一充滿學術生機與活力的學術命題，政大文學院與北京師範大學於 2014 年幾乎同時成立了「民國歷史文化與文學研究中心」，四川大學、四川民族大學也相繼成立了類似的研究中心；政大中文研究所於 2015 年正式開設「民國文學專題」課程；以堅持學術立場、文學本位、開放思想為宗旨的學術半年刊《民國文學與文化研究》，在李怡、張堂錡兩位主編的策劃下，已於 2015 年 12 月在台灣出版創刊號；由李怡、張中良主編的《民國文學史論》、《民國歷史文化與中國現代文學研究》兩套叢書則分別由花城出版社、山東文藝出版社出版，在學界產生廣泛的迴響。規模更大、影響更深遠的是由李怡擔任主編、台灣花木蘭出版社印行的《民國文化與文學研究文叢》，自 2012 年起陸續出版了《五編》七十餘冊，計畫推出百餘冊，這套書的出版，對現代中國文學研究打開了新的學術思路，其影響力正逐漸擴大中。

對「民國文學」研究的鼓吹提倡，台灣的花木蘭出版社可以說扮演了積極推動的重要角色。自 2016 年 4 月起，由劉福春、李怡兩人主編的《民國文學珍稀文獻集成》叢書第一輯 50 冊正式發行，並計畫在數年內連續出版這套叢書上千種，這真是令人振奮也令人嘆為觀止的大型學術出版計畫！

從 2016 年 8 月起，文史哲出版社也成為民國文學研究的又一個重要學術平台，除了山東文藝出版社授權將其出版的

《民國歷史文化與中國現代文學研究》叢書 6 本交由文史哲出版社出版之外，其他有關民國文學研究的學術專著也將列入新規劃的《民國文學與文化系列論叢》中陸續出版，如此一來，民國文學研究將有了一個集中展現成果、開拓學術對話的重要陣地，這對兩岸的民國文學研究而言都是一個正面而積極的發展。文史哲出版社是台灣學術界具有代表性的老字號出版社，經營四十多年來，出版過的學術書籍超過三千種以上，對兩岸學術交流更是不遺餘力，彭正雄社長的學術用心與使命感實在讓人欽佩！這次願意促成這套叢書的出版，可說是再一次印證了彭社長的文化熱忱與學術理念。

我們相信，只要不斷的耕耘，這套書的文學史意義將會日益彰顯，對民國文學的研究也將會在這個基礎上讓更多人看見，並在現代文學領域產生不容忽視的影響力。對於「民國文學」的提倡與落實，我們認為是一段仍需持續努力、不斷對話的過程，但願這套叢書的問世，對兩岸學界的看見「民國文學」是一個嶄新而美好的開始。

2016 年 7 月，台北

總序 二

民國歷史文化與中國現代文學研究的新可能

李 怡

中國現代文學發生發展的社會歷史背景是「民國」，從民國歷史文化的角度考察中國現代文學，既是這一歷史階段文化自身的要求，也是中國現代文學研究新的動向。

中國現代史上的「中華民國」是現代中國歷史進程的重要環節，無論是作為「亞洲第一個共和國」的歷史標誌，還是包括中國共產黨人在內的全體中國人都曾為「民國」的民主自由理想而奮鬥犧牲的重要事實，「民國」之於現代中國的意義都是值得我們加以深究的。與此同時，中國現代文學的「敘史」也一直都在不斷修正自己的框架結構，從一開始的「新文學」、「現代文學」到 1980 年代中期的「二十世紀中國文學」，每一種命名的背後都有顯而易見的歷史合理性，但同時又都不可避免地產生難以完全解決的問題。「新文學」在特定的歷史年代拉開了與傳統文學樣式的距離，但「新」

的命名畢竟如此感性，終究缺乏更理性的論證；「現代文學」確立了「現代」的價值指向，問題是「現代」已經成了多種文化爭相解釋、共同分享的概念，中國之「現代」究竟為何物，實在不容易說清楚；「二十世紀中國文學」確立的是百年來中國文學的自主性，但是這樣以「世紀」紀年為基礎的時間概念能否清晰呈現這一文學自主的含義呢？人們依然不無疑問。正是在這樣一種背景上，關於中國現代文學「敘史」的「民國」定位被提了出來，形成了越來越多的「民國文學史」命名的呼籲。

「民國文學」的設想最早是從事現代史料工作的陳福康教授在 1997 年提出來的[1]，但是似乎沒有引起太多的注意；2003 年，張福貴先生再次提出以「民國文學」取代「現代文學」的設想，希望文學史敘述能夠「從意義概念返回到時間概念」[2]，不過響應者依然寥寥。沉寂數年之後，在新世紀第一個十年即將結束的時候，終於有更多的學者注意到了這個問題，特別是最近兩三年，主動進入這一領域的學者大量增加。國內期刊包括《中國社會科學》、《文學評論》、《中國現代文學研究叢刊》、《文藝爭鳴》、《海南師範大學學報》、《鄭州大學學報》、《現代中國文化與文學》都先後發表了大量論文，《文藝爭鳴》與《海南師範大學學報》等還定期推出了專欄討論。張中良先生進一步提出了中國現代

1 陳福康：《應該「退休」的學科名稱》，原載 1997 年 11 月 20 日《文學報》，後收入《民國文壇探隱》，上海書店出版社 1999 年。

2 張福貴：《從意義概念返回到時間概念 — 關於中國現代文學的命名問題》，香港《文學世紀》2003 年 4 期。

文學研究的「民國史視角」問題，我本人也在宣導「文學的民國機制」研究。在我看來，「民國文學」研究的興起十分正常，它們都顯示了中國現代文學研究在經歷了半個多世紀的探索之後一次重要的學術自覺和學術深化，並且與在此之前的幾次發展不同，這一次的理論開拓和質疑並不是外來學術思潮衝擊和感應的結果，從總體上看屬於中國學術在自我反思中的一種成熟。

當前學界的民國文學論述正沿著三個方向展開：一是試圖重新確立學科的名稱，進而完成一部全新的現代文學史；二是為舊體文學、通俗文學等「新文學」之外的文學現象回歸統一的文學史框架尋找新的命名；三是努力返回到歷史的現場，對民國社會歷史中影響文學的因素展開詳盡的梳理和分析，結合民國文學歷史的一些基本環節對當時的文學現象進行新的闡述和研究。在我看來，前兩個方向的問題還需要一定時間的學術積累，並非當即可以完成的工作，否則，倉促上陣的文學史寫作，很可能就是各種舊說的彙集或者簡單拼貼，而第三個方面的工作恰恰是文學史認識的最堅實的基礎，需要我們付出扎實的努力。

從民國歷史文化的角度研究中國現代文學，可以為我們拓展一系列新的學術空間。

例如民國經濟形態所造就的文學機制，民國法制形態影響下的文學發展，民國教育制度的存在為文學新生力量的成長創造怎樣的文化條件、為廣大知識分子的生存提供怎樣的物質與精神的基礎等等。還有，仔細梳理中國現代作家的「民國體驗」，就能夠更加有效地進入他們固有的精神世界與情感世界，為我們的中國現代文學提出更實事求是的解釋。

當然，討論中國現代文學的「民國」意義，挖掘其中的創造「機制」絕不是為了美化那一段歷史。在現代中國文化建設的漫長里程中，在我們的現代文化建設目標遠遠沒有完成的時候，沒有任何一段歷史值得我們如此「理想化處理」，嚴肅的學術研究絕不能混同於大眾流行的「民國熱」。今天我們對歷史的梳理和總結是為了呈現 20 世紀上半葉中國文學發展的一些可資借鑒的機制，以為未來中國文學的生長探尋可能 — 在過去相當長的歷史中，我們習慣於在外國文學發展的歷史中尋找我們模仿的物件，通過介紹和引入西方文學的各種模式展開自己。殊不知，其中的文化與民族的間隔也可能造成我們難以逾越的障礙。如今，重新返回我們自己的歷史，在現代中國人自己有過的歷史經驗和智慧成果中反思和批判，也許就不失為一條新路。

呈現在讀者諸君面前的這一套「民國文學與文化系列論叢」，試圖從不同的方向挖掘「以歷史透視文學」的可能。這裡既有新的方法論的宣導 — 諸如「民國」作為「方法」或者作為「空間」的含義，也有不同歷史階段的文學新論，有「民國」下能夠容納的特殊的文學現象梳理 — 如民國時期的佛教文學，也有民國文學品種的嶄新闡述。它們都能夠帶給我們對於歷史和文學的一系列新的感受，雖然尚不能說架構起了民國歷史文化現象的完整的知識結構，卻可以說是開闢了文學研究的新的可能。但願我們業已成熟的中國現代文學研究，能夠因此而思想激蕩、生機勃發。

2014 年 6 月，北京

緒 論

一、民國初期政治變革的文化影響力

晚清到民國是近代中國政治變革中具有劃時代意義的歷史時段之一。政治變革是中國近現代文化轉型的核心。無論是從革命史的角度，還是從現代性的角度來看，政治變革以及由此而來的政治文化生態，是影響中國社會所有變革中具有決定性的變革力量。中國社會在朝向現代轉型的歷史道路上，和西方國家最大不同之處在於首先是從政治體制的改良和革命開始的，而非如西方社會一樣，是社會生產力的變革來推動制度和文化的轉型。在中國步入現代轉型的歷史關口，自然經濟依然是整個社會的主體經濟，推動西方社會變革的工業革命和商業體系在中國還處於非常微弱的地位，無從對整個社會產生輻射性的影響。而鴉片戰爭之後，西方憑藉工業革命帶來的軍事強力和商業文明的擴張威脅，給「老大帝國」造成了空前壓力，中國一下子由幻想中的「天朝上國」，變為世界民族國家之林中的「東亞病夫」。巨大外患壓力促使清政府開始轉變治國方略，由洋務自強到維新變革，再到八國聯軍打擊之後拉開的轟轟烈烈的十年新政。可以說政治變革由表及裡，每一步都是牽一髮而動全身。在政治變革的牽引之下，整個社會的經濟、文化、教育、軍事開始在面向西方的學習中，艱難地向現代化之路邁進。而辛亥革命可以說是近代以來各種變革矛盾的一次總爆發，中國由此結束了一家一姓的專制，開啟了民主政治的探索之路。而正是辛亥革命在最為核心的政治變革中完成了中國政治體制的一次根本性的轉折，由此而產生了非同一般的文化影響力。我們甚至可以將新文化運動看作是辛亥革命在文化層面上的延續。經過新文化運動，中國的文化有了真正的新面目。故而考察新文化運動的發生，民初這一時段尤為重要，而關涉新文化運動最為重要的歷史要素，則莫過於當時的政治文化生態。

在研究新文化（新文學）發生的研究視野中，將民初（1911～1917 年）這一歷史時段作為研究物件，是基於如下認識：首先從歷史主體的變更上講，自晚清以來作為推動歷史變革的主體 — 士紳階層 — 產生了嚴重的分化，而受新式教育的一代在這一時段開始步入歷史舞台，知識群體之間的代際更替，不僅是歷史活動主體的更替，更是兩代群體所代表的文化思想觀念的嬗變。但是對這一時段歷史活動主體的考察，在將焦點對準民初這一時段的同時，有必要從晚清開始考察，從而更為全面地考察代際嬗遞之間的承傳與超越。其次，民初是國家觀念和政治體制變革最為深刻的歷史時段，專制、立憲、保皇、共和等政治要素交錯為複雜的政治態勢，新文化和新文學恰恰就是在這種複雜的歷史力量的博弈中開闢出屬於自己的文化生產空間。考察這一歷史時段社會政治空間意識中的歷史文化內涵，對理解新文化與新文學的發生，具有重要的歷史意義。最後，從晚清以來,教育變革和報刊媒介已經更為全面和深入地介入到文化生產中。民初的政治文化生態中，教育領域開闢出現代意義上的學術場域，而媒介又重塑了近代以來的文化空間，同時兩者在民初的政治語境中又聯手推動了文化變革。基於如上三個方面的考慮，將民初作為考察新文學空間場域的重要歷史時段，對我們更為全面地認識和理解新文學的內涵具有重要的研究意義。

民初作為北洋史中的關鍵一環，對其歷史狀況的考察，必然要結合北洋史展開。以往的歷史著作和教科書，著力突出革命的正義性及對軍閥政權的批判,突出後者黑暗和混亂的一面。誠然，「城頭變幻大王旗」的軍閥政權的軍事暴力，對當時社會造成極大的破壞，但是民國所建立的共和政體，畢竟開啟了中國全新的民主化進程。整個北洋時期是中國歷史上思想最為活躍的時期之一，而且隨著袁世凱的倒台，中國進入了權力和價值權威空缺的時代，各種思想和主義紛紛傳入並各自開始改造中國的歷史實踐。新文學正是在這一歷史時段中產生並逐步確立穩固地位。張灝先生在《中國近代思想史的轉型時代》中指出，自清末以來的轉型時代，自由結社、報章雜誌和學校這三者相互結合，彼此作用，使得新思想和新文學得到空前迅速的傳播。該書對民初政治文化生態與新文學的空間場域的探討，就是從這三個方面入手，試圖對其做一整體性研究，探討民初政治文化生態中新文學空間場域的生成與變化。

民初的政治文化生態具有鮮明的過渡性，它是封建皇權專制和黨治政體之間的一段特殊形態。辛亥革命建立了民主共和政體，其所具有的非凡意義如陳旭麓先生在《近代中國的新陳代謝》中所言：

> 「民國」之取代自秦始皇以來兩千多年的「帝制」，是近代中國社會內在矛盾發展的結果，一種前無古人的變化。它抉破了歷代王朝的更迭機制，否定了整個皇權體制，因而也觸動了傳統社會的各條神經，是政治制度和社會思想的一大躍進，在新舊遞嬗的歷史進程留下了自己不可磨滅的影響。[1]

傳統專制體制被打破，新的黨治體制還在醞釀之中，主權在民的觀念成為整個社會的共識，民治或民權有了憲法保證的具體內涵。《中華民國臨時約法》中明確規定：「人民有保有財產及營業之自由」，「人民有言論、著作、刊行及集會結社之自由」。孫中山對此有更具體詳細的解釋：「對於國家社會之一切權利，公權若選舉、參政等，私權若居住、言論、出版、集會、信教之自由等，均需一體享有，毋稍歧異，以重人權，而彰公理。」[2]主權在民的理念激發了文人群體改造中國社會的思想活力，層出不窮的理論和主義被介紹到中國，從大學校園到新聞媒體，在群體性的共識之下，文

1 陳旭麓《近代中國社會的新陳代謝》，中國人民大學出版社，2012 年，第 309 頁。
2 孫中山《令內務部通令戶惰民等一律享有公權私權文》，《孫中山全集》（第 2 卷），中華書局，1986 年，第 244 頁。

人們結合成各種勢力集團，探討並實施改造中國的方案。

雖然以軍隊做後盾的軍閥擁有強制性的暴力，但他們依然受到憲政體制的形式制約。特別到了袁世凱病亡倒台之後，全國實際陷入軍閥分裂的局面，軍閥的武力統一始終受到派系力量的制衡。在勢力範圍內握有實權的軍閥，並不掌有思想文化的話語權，若他們竭力要為自己的軍治披上文治的外衣，則必須依賴掌有思想文化話語權的文人群體。而且整個北洋時期在社會體制的管理上，政府的管理始終處於弱勢狀態，無論是和之前的皇權專制社會還是和後來的黨治社會相比較，北洋時期都是小政府大社會的形態。北洋時期民間組織極為發達，諸如商會、教育聯合會、學生社團、行業協會等層出不窮，這些民間組織具有替代政府功能的半政府性質。對於新興行業，北洋政府基本秉承清末新政的改革成果，即對各類新興行業的管理，以民間聯合會的形式實行民間的自治管理。「為了使新興的職業能自我管理，清末以來，適應改革的要求，成立了各種行業公會（社團），如商會、律師公會、銀行公會。這個改革，對中國的現代化趨勢，起了特殊的推動作用。因為行業公會承擔著半政府職能；從事這些行業的人，逐漸成為對公眾事業有合法發言權的名流……就 20 世紀的中國中央政府而言，這些行業名流，的確逐步代替擁有土地的士紳，成了『公眾意見』的蓄水池和源泉」[3]。文人團體無疑是當時「公眾意見」蓄水池或源泉中最有活力的群體，他們立足校園和報刊媒介，將各自的思想能

---

3 〔美〕費正清編《劍橋中華民國史》（上），楊品泉等譯，中國社會科學出版社，1994 年，第 254 頁。

量輻射到社會各個層面，在思想動員中啟動了整個中國社會，由此開啟中國現代化的歷程。

自康有為、梁啟超等人創辦「強學會」，現代意義上的知識份子結社團體就已經開始。到晚清新政時期立憲團體與革命團體勃興，文人以群體性的力量開始出現在歷史舞台，基於民國初期的共和政體，新舊文人紛紛組建政黨在國會爭奪政治權力。隨著民初時期政治文化生態的劇烈變化，文人群體的聚合分化也更為激烈，開始從行會性、政黨性的群體中分化出思想性、文學性的結社團體。從「新青年」群體的橫空出世，到圍繞各種文學理想形成的文學社團，再到通過主義結合形成的政治團體，文人的結社團體從大學校園、政府到圍繞各類報刊，形成各種關係錯綜複雜的組織。在北洋政府這一特定歷史時段中，這些結社團體和北洋時期的政治文化生態有著怎樣的關聯，這些團體分化組合所激發的思想文化活力背後有著怎樣的社會機制，是本研究首先所要解決的問題。文人結社團體的活動舞台主要集中在校園和報刊。因此北洋教育體制下大學場域與新文化的關係就是本研究所要分析的第二個方面。無論政府教育體制管理還是大學校園內的管理，自治色彩非常鮮明。這種寬鬆自由的大學文化場域，是新文化與新文學發展的必要保證。無論是基於不同歷史傳承的章門弟子和桐城派勢力，還是源於地域文化與留學背景所養成的不同文化個性的浙江籍與江蘇籍文人群體，以及學生圍繞期刊和自己的精神領袖形成的社團，都成為大學校園內風格各異的文學社群的組成部分。這些都為新文學的發展提供了良好的社會基礎。同樣這個時期的媒體也開始介入新文化的發展。從袁世凱倒台之後，黎元洪廢止「報紙條例」，北洋政府的輿論管制逐步規範，輿論也漸趨自由。其間出現一些極端事件，但並不能遮蔽北洋政府相對寬容而具有法理保護的輿論空間。從國民黨破壞進步黨《國民公報》、暗殺黃遠生、1925 年火燒《晨報》等事件可以看出，破壞新聞輿論自由的並非政府和軍閥，主要是一些極端政治力量。新文學的初創者紛紛辦起文學刊物，並試圖以報刊媒介為公共輿論空間，在同舊文學的論戰中與各自的讀者群體形成互動，逐步形成新舊兩派文學的共同體。

二、進入民初政治文化的研究路徑

關於這個論題的現有研究成果，史學界的成果較多，這些成果可分為兩類：一是關於軍閥的研究，二是近現代知識份子群體的研究。一般的近現代史都會涉及北洋政府這段歷史，但都是概述性的，專題性研究則主要集中於北洋軍閥的演變。張靜如和劉志強主編的《北洋軍閥統治時期中國社會之變遷》（中國人民大學出版社，1992 年版）就是從社會史的角度，從社會經濟、政治、教育文化、社會階級與階層、社會習俗等方面介紹了北洋時期的社會面貌。特點是只對史實進行歸納梳理，不做過多評判。王躍在其博士論文基礎上完成的《變遷中的心態 —— 五四時期社會心理變遷》（湖南教育出版社，1999 年版）則以五四為中心，對其前後北洋時期的社會文化心理做了較為詳細和深入的分析。對北洋歷史的研究，對學術界影響較大的是陳志讓的《軍紳政權：近代中國的軍閥時期》和齊錫生的《中國的軍閥政治（1916～1928）》。這兩本著作視角不同，但關注物件則有連續性，陳著對晚清到民初士紳階層在近現代史中的演變做了精彩的分析，從士紳階層的政治地位、作用、知識構成等方面展示了近現代史中的政治文化的演變；而齊著則由對士紳階層的關注變為對軍人的關注，在軍閥派系的構成、軍閥內部的結構，以及軍閥影響下的社會文化等方面，做了精練的鉤沉和點評。大陸對北洋歷史研究較為全面的著作是來新夏等人所著的《北洋軍閥史》（東方出版中心，2011 年版），概述史料非常翔實，然而論史則過多囿於傳統政黨史的模式。

對近現代知識份子群體的研究，史學界關注較多，但研究的時段主要集中在晚清民初。台灣史學界最早開始這方面的研究。著名歷史學家張玉法先生從清季的革命團體和立憲團體開始其研究近現代政治史的學術歷程。在張先生看來，晚清民初的知識群體主要圍繞立憲和革命而結合成會團。在《清季的立憲團體》（北京大學出版社，2011 年版）中，他先考察了清季的政治環境，並大略考述了中國傳統朋黨與會社的歷史，以及西方會黨觀念的輸入，然後以歷史發展順序為線索，考察了從戊戌變法開始到辛亥時期的立憲團體；在《清季的革命團體》（北京大學出版社，2011 年版）中，他也是先從清季國內外的政治環境入手，詳細考察了三大革命團體的分化組合。這兩本著作的特點在於史料扎實，論斷少而精准。在這兩部著作的基礎上，張先生完成了《民國初年的政黨》（岳麓書社，2004 年版），對武昌起義之後一年內的政黨變遷進行了條分縷析的梳理，詳細考察了當時各黨派報紙和各類刊物，並參照當事人的筆記和回憶錄，將繁複多變的民初政局展現在讀者面前。此書以人物為中心，考察了袁世凱、孫中山、黃興、宋教仁等重要人物從晚清到民初政治思想和價值取向的演變，對民國初年政黨政治的現實性和可能性做了分析，特別是在政治參與空前擴大的歷史情境下，對新舊人物以政黨的形式聚合起來參與政治的行為模式做了精准的分析，對民初政壇人物的劇烈分化做了清晰的勾勒。台灣另一位著名歷史學家張朋園先生對晚清民初的知識份子群體做了另一種思路的考察，不同於張玉法先生以歷史事件為關注重點，張朋園先生以核心人物的考察為研究重點。他主要以梁啟超為中心，考察了晚清民初知識份子的狀況，特別是《知識份子與近代中國的現代化》（百花洲文藝出版社，2002 年版），從「知識份子」，「識字率、人才、現代化的助力與阻力」，「知識份子與政治參與」三個部分，對近代知識份子與現代化的關係問題進行了探討。此書的特點在於以梁啟超為中心，對其周圍的歷史動向做了細緻入微的透視。研究晚清民初知識群體的代表性著作還有桑兵先生的《晚清學堂學生與社會變遷》（廣西師範大學出版社，2007 年版）。桑先生從大量報刊圖書文獻中爬梳史料，重現晚清學生群體活動的史實，展示這一新興群體的思想和行為傾向。在梳理學生參與愛國民主運動的群體表現的同時，著重考察他們的社會聯繫及其在社會變遷各方面的角色、功能和作用，使得學術界對近代學生群體的認識增加了五四以前的重要一段。章清先生對中國近現代史的研究，也是以知識份子群體的視角切入歷史，其所著《「胡適派學人群」與中國現代自由主義》（上海古籍出版社，2004 年版），著重考察了現代中國自由主義思潮中的重要一翼「胡適派學人群」，以翔實的史料為依託，把「胡適派學人群」和現代中國自由主義的演變放在近現代中國歷史和思想發展的過程中加以考察，既論述了該群體的人物譜系、政治理念及權勢網路，也論述了自由主義與社會主義、民族主義等的關係及其在現實世界中的處境。書中從另一個思路梳理了文人集團的形成，諸如文人群體的凝聚力從省界到學界及政界的演變，以及圍繞報刊輿論所形成的權勢網路。

對文人群體的研究較為關注的另一個時段則是五四時期，關於這段，史學界的主要研究物件是新文化運動與五四運動，特別是對新青年群體的研究，著作非常多。新文化運動和五四運動一般被認為是中國近現代史的分水嶺，無論是對歷史事實的考辨，還是對思想源流的梳理，以及價值意義的判斷，新文化運動和五四運動從來都是學術界關注的焦點。但是在這些研究著作中也有一些涉及知識份子群體的研究內容。如彭明的《五四運動史》（人民出版社，1984 年版），在介紹學生運動興起的背景中，詳細梳理了近代學生群體的發展史；劉永明的《國民黨人與五四運動》（中國社會科學出版社，1990 年版）分析了國民黨人在五四運動中的活動、作用和歷史地位。進入 21 世紀，學界相繼推出了一批方法和視角新穎的研究著作，其中最引人矚目的是北京大學出版社分別於 2005 年、2006 年出版的陳平原的《觸摸歷史與進入五四》，羅志田的《激變時代的文化與政治》。陳書以一場運動（五四運動）、一份雜誌（《新青年》）、一位校長（蔡元培）、一冊文章（章太炎的白話文集）以及一本詩集（胡適《嘗試集》）等作為切入點，主張「借助細節，重建現場；借助文本，鉤沉思想；借助個案，呈現進程」。在從事「現場」敘述的同時，追尋現場「周圍」和「前後」的情境與語境。這種研究，不同於以往宏大敘事的研究，而是著力於細節描寫和語境刻畫，豐富了對歷史過程的認識。羅著儘管不全討論五四運動，但其「上編」以後世史家極為關注的「問題與主義」、五四運動前後胡適與中共的關係等為探討的重點，對五四運動前後中國士人（知識份子）階層在社會地位、政治追求、文化關懷以及心態等方面的轉變進行了探討，從一個側面揭示了以往研究中一些值得反思的問題與結論，深化和推進了對五四運動的研究。

20 世紀 80 年代以來，很多海外華人的研究成果也紛紛在大陸學界湧現，他們對五四的研究，也多有涉及知識份子群體的研究。比如張灝的《危機中的中國知識份子》（新星出版社，2006 年版）、舒衡哲的《中國啟蒙運動：知識份子與五四遺產》（新星出版社，2007 年版）、陳萬雄的《五四新文化的源流》（三聯書店，1997 年版）、魏定熙的《北京大學與中國政治文化》（北京大學出版社，1998 年版）。其中都有對知識份子群體的關注，特別是周策縱先生的《五四運動史》（岳麓書社，1999 年版），在對學生運動和新舊知識份子群體的更新，以及當時的社團、民間組織等方面的梳理上，在史料發掘和分析評判上都令人耳目一新。

在文學研究領域，涉及民初這段歷史的文學研究，主要圍繞五四新文化與新文學的關係、新文學的發生等方面問題，這些問題一直是學術界爭議較大而持久關注的焦點問題，對這些問題的研究也多有涉及當時的政治文化。這方面最具代表性的著作，當屬陳方競的《多重對話：五四新文學的發生》（人民文學出版社，2003 年版），陳先生一改以往對歷史事件的簡單描述和對中外文學思想進行機械比較的簡單研究思路，深入歷史內部，將新文學的發生放在多個場域和多重視野之下，從內部梳理新文學發生的歷史細節。特別是在對北大和「S 會館」的關注中，多有涉及當時知識份子群體的研究，對涉及新文學發生的知識份子群體有了更加切近歷史現場的理解。程光煒主編的《文人集團與中國現當代文學》（人民文學出版社，2005 年版）以文人集團與中國現當代文學的關係為關注點，考察了現當代文學發展過程中幾個影響力較大的文人集團，既展現了文人和文學多樣化的態勢，也呈現了各種文學論爭、文人姿態、生存氛圍、文學觀念、審美意識與創作手法相交融的巨大「話語場」。其中涉及北洋時期文人集團的論文有：劉納的《社團、勢力及其它 — 從一個角度介入「五四」文學史》、楊洪承的《文學研究會文化歷史形態的還原 — 現代中國文學社群文化形態的個案研究》、沈衛威的《〈學衡〉作者群及其個體命運》、高恒文的《「學衡派」與 20 年代的國學研究》、顏浩的《北大的兩個教授集團》，都以個案的形式研究了文人集團與文學的關係。顏浩的博士論文《北京的輿論環境與文人團體》（北京大學出版社，2008 年版）以報刊輿論為中心，圍繞媒體、輿論事件詳細考察了北京文人團體，並對其中的歷史關聯做了精當的梳理。

涉及北洋政治文化的文學研究的另一個領域就是五四之後的文學社團研究。自新青年文人團體之後，新文學社團在 1925 年前後達到高潮，據茅盾統計有一百多個。從社團的角度切入文學史，是新文學研究的一個重要領域，朱壽桐、楊洪承等學者都推出有關社團研究的專著。楊洪承的《文學社群文化形態論 —— 現代中國文學社團流派文化研究》（安徽文藝出版社，1998 年版）提出文學社群的概念，以文化理論切入社團研究，將社團中的文人群體放在社會生態與心態、社會流變與審美創造等多維角度下來探討；朱壽桐的《中國現代社團文學史》（人民文學出版社，2004 年版）從方法論的高度探討以社團為角度研究現代文學史的可能性，並以個案分析展現了這一研究思路的獨特性。如果說這兩部具有開拓性的著作相對偏重文學，重在流派和風格的梳理，那麼陳思和主編的《中國現代文學社團史書系》（該書系已出兩輯，第一輯共七種，東方出版中心，2006 年版；第二輯共七種，武漢出版社，2011 年版），則偏重於人事，在人與事的纏繞當中勾勒社團的歷史面貌。

對北洋時期的教育研究，多以資料收集為主，陳青之的《中國教育史》（嶽麓書社，2010 年版）、舒新城的《中國近代教育史資料》（人民教育出版社，1961 年版）、朱有瓛的《中國近代學制史料》（華東師範大學出版社，1989 年版）、宋秋蓉的《中國近代私立大學發展史》（陝西人民教育出版社，2006 年版）等著作從不同層面展示了北洋教育方面的一些情況。有關北洋時期的新聞報刊研究的專著，王潤澤的《北洋政府時期的新聞業及其現代化》（中國人民大學出版社，2010 年版）對北洋時期的報刊類型及經營模式做了詳細的梳理。

從現有的研究成果來看，對北洋時期的政治文化生態做整體性研究的成果較少，而在這一視角下審視新文學的發生和形成的研究成果則更為少見，很多研究只是零星涉及這一領域。顯然，要更為深刻地理解五四新文學，離不開對這一歷史情境全面深入的把握。從北洋政治文化生態的角度來研究新文學，可以為其建立更為扎實可靠的歷史語境和依據，從而完成新文學研究的批評化模式向歷史化研究的轉變，改變新文學在評判性目光下的極不穩定的歷史地位。

三、民初的政治文化變革與新文學的發生

考量民初複雜的政治文化生態之於新文化（新文學）的作用，顯然不可能面面俱到。那麼在考察二者關係時，哪些歷史要素是值得首先考量的，就需要認真思量。對於民初由政治變革所引起的文化生產場域的轉換，我探討的重點首先放在場域要素的分析上，但這種要素分析並不是布迪厄場域論意義上的要素分析。我依然沿用場域中的活動主體、文化空間、傳播媒介這樣的傳統劃分法切入問題。之所以如此，是因為對民初的考察，作為對北洋政治文化研究的初步工作，我所分析的場域依然是在靜態意義上的場域。換句話說，我在此所做的工作，依然是對一種歷史現象進行篩選和描述，只有先將研究物件摸清楚，下一步才能對北洋時期政治文化之下的文化生產場域進行動態研究。

研究民初政治文化生態中的場域活動主體，首先需要分

析近代以來文人群體的分化組合，探討近代文人群體如何結社，並在民初政治文化生態的演變中如何產生分化，分析由權力鬥爭轉變到思想文化的論戰，再到新文學群體勢力出現的歷史軌跡。民初共和政體一建立，圍繞府院關係、行政體制、地方與中央、制憲、定孔教為國教等問題，各種勢力結合成黨派展開了激烈的鬥爭。「宋案」發生後，國民黨激進派和袁世凱的關係惡化，隨著袁世凱稱帝意圖日漸明顯，以張東蓀為代表的文人群體開始積極挽救共和政體，在憲政框架內展開了溫和鬥爭，張東蓀宣導「有形對抗力」及「第三者」的聯合，試圖形成新的文人群體，並以政治輿論的力量挽救共和，這標誌著文人群體由權力的角逐轉而展開話語權的爭奪。而圍繞「尊孔讀經」的論爭，更進一步加劇了文人群體的分化，文人群體勢力逐漸游離於權力中心，以新的思想立場結合為變革中國政治的團體力量。其後新青年群體的出現，標誌著文人開始以群體性的思想文化勢力介入中國現代化的進程，思想文化成為凝聚文人群體的核心。

新青年群體不單純是一個思想文化性質的文人群體，這一群體鮮明的個性和當時的政治文化生態密切相關。在當時的政治文化生態的整體性結構中，新青年文人群體有別於鄉紳宗法勢力，也不同於技術性官僚。面對日益衰敗的共和政體，從變革思路到變革資源上，新青年群體為當時的思想文化界注入新的思想活力，為更年輕的一代登上歷史舞台開闢出新的話語空間。正是依託當時所形成的這一整體性政治文化結構，新青年群體將全新的思想文化話語轉化為變革中國社會的政治力量，這雖為這一群體賦予了變革社會的強烈衝擊力，但同時也限制了這一群體自身的思想深度。

伴隨場域活動主體的分化組合而來的，就是現代國家觀念的重建與新文化空間的形成。近代中國最大的變化是由皇權專制的國家變為憲政民主的國家。國家體制的轉變必然波及社會文化空間的改變。對於這一問題可從四個方面展開分析：第一個方面，分析民初國家重建中，主導思想如何從國權主義思想轉變為個人自由主義。受民族危機的刺激，民初的主導思想是國權至上主義，試圖在國家層面通過集權來強化政府的行政手段，以維護民族的獨立，完成國家的重建，但這一國家重建策略結果轉向了專制獨裁和皇權復辟。新文化群體正是在對國權主義反駁中，重新闡釋現代國家體制以及在這一體制之下應有的政治文化空間。第二個方面，分析在國家觀念重建過程中，在憲政視野中如何調整國家和個人的關係，如何實現現代法權之下的個人主義。第三個方面，分析由傳統的天下觀轉變為現代民族國家觀念之後，文化生產空間是如何轉變的。對於這一問題的分析主要圍繞民初著名的孔教之爭展開。孔教派秉持的傳統的天下觀中，依然是中體西用式的文化空間模式。所謂以儒教為中心的傳統文化是一個國家的國魂、國本、國性，即依然延續著皇權專制主義的中體西用模式。但在現代民族國家觀念中，國家的神聖地位下降，國家在新文化宣導者眼中只是一個工具性的存在，是為實現個體的自由幸福而設的一個政治工具，而在這樣的國家中，文化生產空間已是與憲政民主的內涵並存的空間模式。國家只能在憲法規定的條件下規範社會秩序，文化生產和精神空間是個體神聖不可侵犯的領域。由此維護了現代文化生產空間的法權內涵。而在個體的社會活動中，個體不再受傳統禮教的規約，禮教維繫社會秩序的功能為法律所替代。由此在個人領域中，傳統社會用以規訓個體的家族制度受到嚴厲的批判，個體之間的關係，由禮教社會的人身依附轉變為現代社會中法治意義上的契約關係。由此個體的自由活動屬性確立，而且文學也擺脫了道德規訓的約束，文學認知與想像人的範式發生了根本的改變。第四個方面，分析在國家觀念的改變和重建中，現代白話如何具有了國語的地位，如何走出了晚清以來語言變革中將白話視為工具性存在的誤區。現代白話在國家的政治意義層面和個體的身份認同方面，獲得了語言的主體性地位，由此形成了文學表意系統的深刻變化。

有了對文化生產場域中活動主體和文化空間性質變化的分析，那麼在這一場域中文化生產的媒介和途徑就是要分析的關鍵問題。袁世凱倒台之後，黎元洪廢止「報紙條例」。北洋政府的輿論管制逐步規範，輿論也在管制與反管制的鬥爭中漸趨自由。作為新文學生產和傳播的重要媒介 —— 報紙和期刊，在北洋時期逐漸成熟，文化市場開始大量產生。從報紙副刊到同人雜誌，新的媒介形式為新文學的發展開闢出富有生產性的空間。在新舊文學勢力的競爭中，通過報刊所設立的各種各樣的「通信」「談話會」欄目，在與對手論戰、與讀者交流的公共空間中，形成新文學的批評機制，在和各自讀者群體的互動中，不同的文學共同體也逐漸形成。

北洋政府的教育體系重在民間與政府的結合。1914 年 12 月，北洋政府教育部整理的教育方案草案中，就申明了政府的教育方針，即「變通從前官治的教育，注重自治的教育」，指出「教育本為地方人民應盡之天職，國家不過督率或助長之地位。……今後方針注重自治的教育，國家根本在於人民，喚起人民的責任心，而後學能有起色也」。朱有《中國近代學制史料》（第 3 輯　上冊），華東師範大學出版社，1990 年，第 29 頁。在某種程度上講，北洋教育帶有晚清時代「官督民辦」的色彩，這一方針既緩解了政府辦學的經濟壓力，也保證了教育的活力。蔡元培執掌北大並完成向現代學術性大學的轉變，正是這種自治教育精神的體現。北大這一變革，為文人群體的聚合開闢了新的空間。在北大營造崇尚學術化、道德化校園文化氛圍的過程中，學理性的探討深化了新青年激進的變革思潮，與此同時，不同文化個性的文人群體也在大學校園裡浮出水面。在北大首先形成了章門弟子和桐城派文人兩大相抗衡的文人群體。章門弟子群體力量的顯現，可以看作傳統文人群體在大學校園內由民間化文人聚合向體制性群體力量的轉化。章門弟子帶有濃厚的江南文人群體的私學色彩，而桐城派文人則帶有鮮明的官方色彩，兩者在大學場域內以學術化的取向開始了勢力競爭。北大所引發的這一系列變革，為新文學的產生奠定了堅實的文化基礎和體制保證。

以往對北洋時期文人和政府的關係，往往強調相對抗的一面，而相對忽略了兩者積極合作的一面。無論是在文教體系的建設，還是對民間變革成果的推廣方面，兩者的合作都為新文學的發展做出了不少極富影響力的建設成果。在新文化運動中最富有實績的一項變革就是白話文運動，但白話文運動之所以能獲得成功，在於民間變革力量和政府力量的共同推動。考察當時教育部的國語運動和民間的白話革命運動，可以看到從人際交往到思想訴求，民間和政府都有良性的協作互動。正是政府力量的介入，使語言變革在教育體系內獲得制度的保證，為新文學的發展和傳播打下了堅實的基礎。

第一章　民初政治文化生態的演變與新文化勢力的形成

辛亥革命的成功，是北洋實力派、立憲派和革命派三股政治勢力聯合推翻清王朝政權的結果，而民國初期正是這三派勢力角逐國家政治權力的時期。這三派勢力非但沒有建立起穩定的政治權力結構體系，反而使得整個國家權力落入派系紛爭的軍閥手中。與國家政治權力的分化同時出現的，則是各種力圖改變中國社會的思想文化勢力空前活躍的歷史狀態。

在各派勢力的演進分化中，變化最為劇烈的就是文人群體的分化組合（此處所言的文人群體，既包括在晚清時代取得功名的士紳階層，也包括受過西式教育的新式知識份子）。民國初期，共和國體確立，文人群體積極投入政黨活動參與國家權力的角逐，將西方的民主制度移植於中國社會，試圖用西方的民主制度整合中國社會，而在其所借鑒和學習的西方制度中最為重要的一項政治活動就是政黨政治。

在封建皇權時代，士子進入國家權力體制的通道主要是科舉制度，科舉的廢除阻斷了文人群體進入國家政治體制的通道。這些被阻擋在科舉大門之外的士紳階層，在民國所確立的共和體制下，對政治權力的角逐就是通過代議制的選舉競爭。故而在各級議會選舉中，文人群體紛紛組黨建黨，但由於民主共和體制的脆弱性，文人群體在各派勢力的鬥爭中，分化組合非常劇烈。隨著袁世凱的敗亡，代議制的民主制度被軍人實力政治替代，面對軍閥派系對國家權力的分化瓦解，參與民主政治實踐的文人群體開始反思民初的政治實踐。在反思中，文人群體的聚合方式也發生了根本的變化，由對政治權力的角逐，轉變為對思想話語權的掌握。文人群體政黨式的分化組合演變為思想性的分化組合，而對新文化（新文學）發生產生最大影響的，就是一部分文人群體由「甲寅群體」到「新青年群體」的演變。而正是在這樣的文人群體的分化組合中，新文化作為一種全新的思想話語權力被新一代知識群體所掌握。新文化的興起，不但為新一代知識群體的認同形成了一種社會凝聚力，而且對軍閥實力政治派系存在的合法性構成了徹底的顛覆。

第一節　改良與革命潮流中黨會觀念的傳播

近代文化變革首先和文人群體的興起有關。在專制體制下，文人群體無論從思想觀念到組織方式，都是比較單一而備受壓抑。在西方衝擊下，民族危機促使士人階層首先覺醒，在危機意識下，他們逐步從壓抑狀態中活躍起來，形成各種變革中國社會的勢力群體。無論保守還是激進，都不再是一種個人的聲音，而是在結合為群體勢力的過程中，形成各種思想勢力。但是士人階層要以自己的思想力量改造社會，必須在社會結構的改變和社會選擇的多樣性的條件下進行才能有效。從 1895 年甲午戰爭到 1915 年《青年雜誌》創辦的二十年，既是中國社會結構由傳統到現代的劇烈變化期，也是文人群體勢力分化組合最為激烈的時期。傳統士人階層由社會的主導力量逐步被新興勢力所取代。包括文學革命在內的新文化，之所以能漸成勢力，成為影響中國社會變革的主導力量浮出歷史地表，恰恰和文人群體勢力的演變密切相關。文人勢力作為影響社會發展走向的群體性力量而出現，首要原因在於他們對自身結合為群體的重要意義有了深刻的認識。從 1895 年到 1915 年的二十年中，士紳群體對如何結社以及結社的重要意義進行了不懈探索。這二十年我們可以分為三個時期來看:從 1895 年甲午戰爭到 1900 年義和團運動，可以看作是對團體勢力的宣傳與鼓動期;從 1901 年開始的晚清新政到 1911 年辛亥革命的爆發,可以看作是文人群體勢力活躍的高峰期；從 1912 年民國建立到 1915 年《青年雜誌》創刊，可以看作是士紳階層的衰落期。這個時段士紳階層從興起到高潮再到衰落的過程，不僅僅是一個階層逐漸被取代的過程，在這一過程中，還產生了諸多影響以後新文化發展的歷史要素。首先，士紳階層逐漸以團體勢力出現並活躍在中國社會的轉變過程，正是中國社會結構發生深刻變化的過程。這個階層雖然逐步衰落，但是他們衰落的過程，恰恰是中國傳統社會發生深刻解體的過程，皇權被拋棄，專制的社會結構首先從上層開始徹底瓦解，一系列現代社會法規成為規範人們社會行為的準則，社會體制真正實現了從專制向民主的演變。其次，以團體勢力介入社會變革的方式繼續保留下來，新勢力尋找新的結合方式，繼續以集團的力量發揮影響歷史變革的作用。因此要考察新文化勢力的出現，我們首先需要觀察傳統士紳階層的變化，以及這一變化留下的歷史遺產是如何被新勢力所繼承並發展的。

傳統士人除了通過科舉的途徑進入仕途施展自己的政治抱負外，也曾經試圖組織朋黨來干預朝政，引領世風。但由於中國封建社會體制的封閉性和保守性，士人結社往往被認為是結黨營私、擾亂朝政。歷代統治者對文人群體的政治性結社活動基本採取高壓打擊的政策。漢末的黨錮之禍、晚唐的牛李之爭、北宋的黨爭、晚明的東林之禍，往往牽扯著君子小人之辨、地域門第之爭、學術派系與政治改革的辯難論爭，甚至發展到極端成為士人群體的意氣之爭並招致統治者的嚴酷鎮壓。明以前，禁止結社的命令並未形成明確的法律條文，明朝開始在法典中明文規定嚴禁官員結黨干政：「若在朝官員，交結朋黨、紊亂朝政者皆斬，妻子為奴，財產入官。」[1]清代鑒於明末黨爭的教訓，在順治九年，禮部在學宮規程中嚴禁「糾黨多人，立盟結社」，到了順治十七年，禮科給事中楊雍建啟奏，詳論朋黨之害，建議嚴禁社盟活動，清廷遂有嚴禁結社的上諭：「士習不端，結訂社盟，把持衙門，關說公事，相煽成風，深為可惡，著嚴行禁止。以後再有這等的各該學臣即行革黜參奏，如學臣隱徇事發，一體治

1 李東陽等《大明會典》（第 162 卷•「奸黨」條），見《元明史料叢編》（第 2 輯•19），文海出版社，1988 年，第 2271 頁。

罪，該部知道。」[2]士紳官僚再也不敢以社盟相號召。述而不作，考據訓詁之學成為乾嘉之際的顯學，埋首故紙堆中的士人逐漸保守因循。在同光之際，清代社會依然是保守因循風氣濃厚，如唐才常所言：

> 同治初元，議使詞曹諸臣肄西語西學，倭文端尼之；光緒初元，議開鐵路，異論甫平，劉錫鴻煽之。余如同文館、海軍、水陸學堂，諸臣方目笑腹非之不已，其心初非欲弱中國、困中國至於斯極，不過沿歷朝以來苟安目前之積習。議和約，則必援南宋為言；議開礦，則必援明季為言；議立會，則必援東林為言。一唱百和，吏文絡繹，千金敝帚，戈譽清流。[3]

這些保守的士大夫，並非不欲中國強盛，「非欲弱中國、困中國至於斯極」，但其在因襲守舊中對結社干政心存餘悸，更遑論將西學西政引入中國。但甲午之役「老大帝國」敗於一向為學生的島國日本，才引起朝野的極大震動，士人階層開始空前活躍起來，組織學會，群體性地暢言變法圖強，社會變革方向由同治期的洋務圖強轉向光緒期政治體制的維新變法。

結社傳統之所以受到打壓，一方面固然是因為統治者的嚴酷鎮壓，另一方面則是因為在頻繁的黨爭中，士人階層從

2 謝國楨《明清之際黨社運動考》，中華書局，1982 年，第 207 頁。
3 唐才常《各國政教公理總論》，湖南省哲學社會科學研究所編《唐才常集》，中華書局，1982 年，第 71 頁。

君子立身的角度對結黨干政多持批評和反感的態度。正如王桐齡先生所言：「中國自古為專制政體，專制政體之下無政黨發生之餘地，其類乎政黨者，則東漢末年之鉤黨，有唐中葉以後之牛李黨，唐末之清流黨，北宋之元祐黨、熙豐黨，南宋之偽學黨，明末之東林黨、閹黨，皆敵黨加以黨之名，自己並不承認為政黨也。」[4]士人階層之所以將自己和黨撇清，是因為在黨爭中，各個派系「是其所是，非其所非，伐異黨同，亡人家國，讀書者推原禍始，未嘗不太息痛恨於朋黨之禍為厲階也。若夫東漢之甘陵，宋之元祐慶元，明之東林幾複，或憂時之君子，或講學之士夫，激濁揚清，守先待後，期以正人心、息邪說者，延斯文於存亡絕續之交，正與大易朋友講習之旨，孔門以文會友，以友輔仁之義，訢合無間，大公至正，何黨之有，而小人必以朋黨毀之，禁錮戮辱者，史冊相忘，於與黨益為世忌諱」[5]。傳統社會中的黨並非現代意義上的政黨，只是士人階層以群體力量發出自己聲音的一種方式，雖然以結黨的方式易陷入黨同伐異的惡性競爭中，但群體勢力的活躍是整個社會活力的反映。統治者和士人階層對群體活動的壓抑，不但成為法律明文禁止的對象，也成為士人階層潛意識中對自己的壓抑。久而久之，整個社會也陷入萬馬齊喑的沉悶狀態。

到了晚清，在嚴重的民族危機的衝擊下，士人階層再次以朋黨和會社的形式活躍起來，動員民眾進行社會變革。士

---

4 王桐齡《中國歷代黨爭史》，北京文化學社，1928 年，第 11 頁。
5 顧震福《說黨》，見經世文社編《民國經世文編》（政治・政黨），文海出版社，1983 年，第 1 頁。

人階層的群體活動，已經慢慢發展到以現代政黨的方式進行議政干政，而組織方式的改變，也關係到士人階層的命運以及話語方式的改變。文人群體以黨會的方式組織起來參政議政，既是向西方學習的結果，也是對西方列強侵略壓迫下的積極應對，梁啟超在民國初年回憶強學會成立時，曾這樣追溯強學會成立的動機：

> 當甲午喪師以後，國人敵愾心頗盛，而全瞢於世界大勢。乙未夏秋間，諸先輩乃發起一政社，名強學會，今大總統袁公，即當時發起之一人也，彼時同人固不知各國有所謂政黨，但知欲改良國政，不可無此種團體耳。[6]

汪康年在光緒二十一年擬定《中國學會章程》的時候，曾為民間社團參政議政做了這樣的正名：「明之複社、幾社，往往以布衣而議國是，稍與泰西之法相近。然彼尚以文字為名，猶未敢以兼利天下謀裨國是之心明為標目。今當否剝已極之時，倘仍蹈故習，不特虛抱此救焚拯溺之心，且何以使衰弱之中國漸漸振起，茲故不避嫌疑，特立斯會以齊天下之心，以作天下之氣。」[7]在汪康年看來，中國學會已經和傳統的黨會大不相同，它作為民間性的議政組織，敢於明確地提出自己的主張和抱負，並對清廷打壓結社的政策提出抗議。

---

6 梁啟超《鄙人對於言論界之過去及將來》，《庸言》，第 1 卷第 1 號，1912 年 12 月 1 日。

7 汪詒年編《汪穰卿先生傳記》，中華書局，2007 年。

他對布衣以黨會方式議政參政的肯定，是以西方的黨會為榜樣：「英之保黨、公黨設心不同，而其為英則同；美之共和黨、合眾黨議論不同，而其欲富強美則同」[8]。至此整個社會風氣為之一轉，結社風氣大盛。

維新變法的核心精神就是效仿西法，以改變皇權專制的封建政治體制，在向西方學習的過程中，士人群體首先發現西方以各種黨會的形式將朝野力量組織起來。在皇權專制體制下，取得功名的士，在朝獲得官位即為「大夫」，實現平治天下的政治抱負；在鄉即為「紳」，協助官府進行鄉村自治。但是這種鬆散的政治模式在「三千年未有之變局」的衝擊下，顯然已經不能適應時代的要求。在效仿西法的過程中，他們發現西方社會強盛的原因在於發達的黨會組織將全國的各行各業組織起來形成一個現代而高效的整體，恰如湖南士人在發起「南學會」時梁啟超不無誇張的言辭：

> 乃博觀於泰西，彼其有國也，必有會。君於是焉會，官於是焉會，士於是焉會，民於是焉會；旦旦而講之，昔昔而摩厲之，雖天下之大，萬物之多，而惟強吾國之知。故夫能齊萬物而為一者，舍學會其曷從與於斯。昔普之覆於法也，普不國也，時乃有改良會，卒報大仇也。法之覆於普也，法不國也，時乃有紀念會，不數年而法之強若疇昔也。義大利之軛於教皇也，希臘之軛於突厥也，意與希不國也，時乃有保國會、保

8 汪康年《以愛力轉國運說》，《時務報》，第 12 冊，光緒 22 年 7 月至 24 年 2 月，第 760 頁。

種會，卒克自立光復舊物也。[9]

整個社會也形成了一股以黨會方式進行社會動員的潮流，但動員的物件應該說是接受西學的士紳階層。面對社會空前危機，士人群體感到最為迫切的任務就是在救亡圖強的精神下，在士大夫階層中進行廣泛的動員，所以梁啟超在《變法通議》中為被士大夫階層所痛恨疾視的學會辯誣正名：「學會起於西乎？曰：非也，中國二千年之成法也。易曰：『君子以朋友講習。』論語曰：『有朋自遠方來。』又曰：『君子以文會友。』又曰：『百工居肆以成其事，君子居學以致其道。』……學會之亡，起於何也，曰：國朝漢學家之罪，而紀昀為之魁也。漢學家之言曰：今人但當著書，不當講學；紀昀之言曰：『漢亡於黨錮，宋亡於偽學，明亡於東林』。……疾黨如仇，視會如賊，是以僉壬有黨，而君子反無黨；匪類有會，而正業反無會」。在梁啟超看來，組織黨會，不但是進行社會動員，更為重要的是改變有清一代埋頭訓詁校勘的漢學傳統，將「著書」與「講學」對等起來，也就是在黨會組織中，更進一步發揚自龔自珍、魏源以來的經世之學，以所學所講來干預時政。同時，梁啟超以所師法的西方為榜樣，大力鼓吹學習西方：「西人之為學也，有一學即有一會，故有農學會，有礦學會，有商學會，有工藝學會，有法學會……其入會之人，上自後妃王公，下及一介布衣」。梁啟超如此鼓吹學會的重要作用，就是要一改士人的偏見，使其認識到

9 梁啟超《南學會敘》，《湘學報》（旬刊），第 25 冊，光緒 23 年。

會黨組織對改革中國現實的重要作用：「欲振興中國在廣人才。欲廣人才在興學會。」[10]章太炎也認為中國之所以士氣低下，國勢羸弱，就在於「不能合群以張吾學」[11]。士人群體意識到西方思想之新只是第一步，更重要的是這樣的新思想如何形成變革現實的社會力量。只有形成具有廣泛認同力的群體力量，將新思想注入社會的機體裡，將分散的群體以會黨的方式組織起來，並以整體性的力量向守舊和頑固勢力施壓，才能推動中國社會的變革。[12]康梁領導的戊戌變法遭到守舊派的打擊，士氣為之跌落，但緊接著義和團運動失敗，為守舊派所痛恨的西洋勢力再次懾服了整個中國社會，遭到守舊派打擊的維新勢力再次活躍。戊戌變法前後士人階層以會黨的方式激勵和鼓動士氣，雖然他們宣傳黨會的重要性，但黨會只是士人議政、宣傳新思想的一個組織工具，並未被他們看作自身權利的體現。晚清新政中朝野改革的方向為現代憲政體制在中國的確立，「立憲」成為社會的熱議核心。據侯宜傑先生的觀察：「到 1903 年，君主立憲作為一種社會思潮已經在國內和海外留學生、華僑當中初步勃興起來了。人們從此把主張君主立憲者稱為立憲派，維新派一詞遂為立憲派所取代。」[13]在「立憲」思想的影響下，士人結合而成

10 梁啟超《論學會・變法通議》，李興華、吳嘉勳編《梁啟超選集》，上海人民出版社，1984 年，第 17-19 頁。

11 章太炎《論學會有大益於黃人亟宜保護》，《時務報》，第 19 冊，光緒 22 年 7 月至 24 年 2 月，第 1250-1256 頁。

12 張玉法《清末的立憲團體》，北京大學出版社，2011 年，第 14-32 頁。

13 侯宜傑《二十世紀初中國政治改革風潮 — 清末立憲運動史》，中國人民大學出版社，2011 年，第 28 頁。

的黨會，就不僅僅是抒發議論、批評朝政得失和鼓動新思想的一個民間性的組織。在憲政分權思想的影響下，士人階層逐漸認識到，組織黨會是人們參政議政應有的權利。在憲政思想確立前，黨會主要致力於鼓動民氣，提高社會活力，重心是研究在皇權專制體制下，如何以黨會的方式將士紳階層團結起來，破除傳統的朋黨偏見，如何挽救僵化的專制體制。但是在憲政思想確立之後，皇權被憲法限制，專制體制受到質疑和批判，以黨會方式動員並組織起來的士紳階層，其目標就不僅僅是議政和宣傳新思想，他們要以集團力量獲得自身的政治權利。此時的黨會已經由理論的宣導進入到實際的政治實踐，特別是在清廷預備立憲政策確立之後，士紳階層通過合法的程式，紛紛組建政黨，形成一股改變中國社會的強大力量。

因此考察這個時期黨會觀念的傳播，必須與對立憲思想的考察結合起來，應該說黨會觀念是晚清新政中立憲思想的重要組成部分，而從憲政的角度出發確立黨會觀念，意味著會黨觀念真正由傳統轉入現代。據侯宜傑先生考證，最早提出君主立憲思想的人物是鄭觀應，1895 年，鄭觀應明確提出「開國會，定憲法」的主張。[14]君主立憲思想的提出，從正面對皇權存在的合法性提出質疑。維新變法的核心人物康有為，對君主立憲思想的宣傳與鼓動有更為廣泛的社會影響力。據康有為自述，1897 年起，他開始明確闡釋憲政的思想：「自馬江役後，累詣闕上書，請大變法；及丁酉膠變，數上

14 侯宜傑《二十世紀初中國政治改革風潮 — 清末立憲運動史》，中國人民大學出版社，2011 年，第 6 頁。

疏陳，首言立憲。當此之時，舉國固未知立憲二字為何解，且舊臣尤以變法大事為敵仇。」[15]基於憲政思想，康有為認為：「能變則全，不變則亡，全變則強，小變仍亡。」[16]康有為所言的「全變」就是指在憲政思想的指導下，變封建專制為君主立憲，而變法的核心就是訂立憲法。他在進呈光緒皇帝的《日本變政考》中寫道：「購船置械，可謂之變器，不可謂之變事；設郵使，開礦務，可謂之變事矣，未可謂之變政；改官制，變選舉，可謂之變政矣，未可謂之變法。日本改定國憲，變法之全體也，總攝百千萬億政事之條理，範圍百千萬億臣民之心志，建鬥運樞，提綱挈領，使天下戢戢從風，故為政不勞而易舉。」[17]康有為正是在和以前洋務運動的對照中，強調自己變法的重心是訂立憲法，由此將維新變法和洋務運動區分開來。其變法的總體目標就是將皇帝獨攬的皇權變為公權，從根本上改變國體和政體。有了憲法對國家權力的重新確定，也就有政治體制的全面改革，即按照憲政的三權分立原則重新確定國家的政治體制，模仿泰西強國的政治體制，全面改革皇權專制體制。國體由憲法的確立而更改，也就意味著憲法所保障的政治權利可以為士紳階層參政議政提供國家大法的支援。「泰西之強，在其政體之善

15 康有為《佈告百七十餘埠會眾丁未新年元旦舉行大慶典告蔵保皇會改為國民憲政會文》，湯志鈞編《康有為政論集》（上冊），中華書局，1981年，第597頁。

16 康有為《上清帝第六書》，湯志鈞編《康有為政論集》（上冊），中華書局，1981年，第211頁。

17 康有為《日本變政考》（卷 7），見《傑士上書匯錄》，清光緒二十四年內府抄本，故宮博物院藏。

也。其言政權有三：其一立法官，其一行法官，其一司法官。」「三官立而政體立，三官不相侵而政事舉。夫國之有政體猶人之有身體也。心思者主謀議，立法者也；手足者主持行，行法者也；耳目者主視聽，司法者也。」雖三權並立，但康有為緊緊抓住憲法這一個根本目標，認為「三者之中，心思最貴」，「三官之中，立法最要」，「今欲行新法，非定三權，未可行也」。[18]只有立法權被人民掌握，被分享在更為廣泛的政治參與中，才能實現對沿襲兩千年的專制體制的徹底轉變。

義和團之亂後，西逃而歸的慈禧面對八國聯軍的打擊，開始主導晚清新政改革，以前作為修補封建專制體制的「變政」改革顯然難以奏效，朝野上下在君主立憲上開始有一致的看法。作為晚清輿論界驕子的梁啟超，遊歷美國後，更是全力宣導君主立憲，在梁啟超的立憲思想中，作為參政權利體現的議會和變法總綱的憲法，不斷成為他闡釋的關鍵。其實早在 1901 年發表的《立憲法議》中，梁啟超就已經介紹了西方的君主立憲。他認為當時世界上有三種政體：君主專制、君主立憲、民主立憲。「立憲政體亦名為有限權之政體，專制政體，亦名為無限權之政體。有限權云者，君有君之權，權有限；官有官之權，權有限；民有民之權，權有限」。其中憲法是規定一國國體的關鍵，「憲法者何物也？立萬世不易之憲典，而一國之人，無論為君主，為官吏，為人民，皆共守之者也，為國家一切法度之根源」，上至君主，下至百姓必須「共守」。梁啟超以當時流行的進化論為理論依據，

18 康有為《日本變政考》（卷 1），見《傑士上書匯錄》，清光緒二十四年內府抄本，故宮博物院藏。

樂觀而自信地認為專制政體必為立憲政體所取代：「今日之世界，實專制、立憲兩政體新陳嬗代之時也。」按新必然取代舊的進化規律，「爭則舊者必敗而新者必勝，故地球各國必一切同歸於立憲而後已」。[19]1903 年 11 月，梁啟超遊歷美洲返回日本，看到美國兩黨競選的醜聞不斷，感歎共和政體不如君主立憲流弊少而運用靈，思想立場發生徹底轉變，從而極力鼓吹實行君主立憲。

梁啟超的立憲思想首先強調君主只是國家的一個象徵，不能有實際權力。因為君主一旦掌握權力，容易重蹈專制覆轍，人民就會起而反抗，不但國家不穩定，君主自身也危險。實行君主立憲，在憲法上必須寫明「君主無責任，君主神聖不可侵犯」，「惟其無責任，故不可以侵犯；惟其不可侵犯，故不可以有責任」。掌握國家實權的是責任內閣，內閣在代表人民的國會監督下，必須努力把國家治理好，不然「民得而攻難之」。[20]而人民參與政治治理則以兩黨競爭的方式，一黨在朝，一黨在野，互相競爭，同時在競爭中相互監督，以促進政府行政效率的提高，而最終的結果不但使人民受益，國家也會漸趨強盛。梁啟超的君主立憲思想是基於孟德斯鳩三權分立的原則，而其中的核心觀念就是主權在民的思想，即國家不是個人的私產，「國家為一國人之公產」[21]，

19 梁啟超《立憲法議》，李興華、吳嘉勳編《梁啟超選集》，上海人民出版社，1984 年，第 148-151 頁。
20 梁啟超《政治學學理摭言》，李興華、吳嘉勳編《梁啟超選集》，上海人民出版社，1984 年，第 325、330 頁。
21 梁啟超《論立法權》，李興華、吳嘉勳編《梁啟超選集》，上海人民出版社，1984 年，第 302 頁。

國民是國家的真正主人。國民的權利是以立法權體現出來的，有了國會和憲法，人民的團體組織就有了法律的保證，人民也能以團體的方式發揮影響政治、改造社會的作用。

當時的留日學生也是以憲政改革來爭取人民權利的。基於憲政思想，他們要將原來在皇權專制之下的臣民變為國民，即如《國民報》所認為的那樣：「所謂國民者，有參政權之謂也。所謂權也者，在君主之國，須經君主與議員所承認，在民主之國，須經國民全體代表所許可，定為憲法，布之通國，彼暴虐之君主，專擅之政府，多數之黨派，皆不得而破壞之、專橫之、攘竊之也。要之國民之權利，須經憲法法律所定者，然後謂之權，不然則否。」[22]這些放眼世界的留學生們在各國政體的比較中，認識到專制體制已經是落後的阻礙國家強盛的體制，「十九世紀以來，世界之大國，或為立憲，或為共和，其國民盡達其自由之目的而去矣。」[23]正是有了憲政分權和監督政府的政治意識，他們鼓動國民參與國政，「立憲云者，非空談事也，立憲政體之要素，在人民之有參政權，參政權者，所以表國民為國家之分子。」認為在國民獲得此權利之前，最重要的是先訓練國民的參政能力，「然其準備則今日其時矣」。如何準備？「而為練習之地步，地方自治之首端也」。[24]而當時宣導憲政影響很大、被梁啟超譽為「國士」的楊度，在批判清廷的「變法」時，提出要挽救危亡局面，必須實行立憲，而且認為國家的主體

22　《說國民》，《國民報》，1901 年第 2 期。
23　轅孫《露西亞虛無黨》，《江蘇》，1903 年第 4 期。
24　《敬告我鄉人》，《浙江潮》，1903 年第 2 期。

已不再是君主而是國民，必須以憲法來保護國民合法的政治權利。「今地球各國之政體於民主無論矣，其餘亦何莫非立憲政體，民與君約而限定其權力，使不得傷我主人之權利乎？而獨中國為君權無限之國，人民之學術、身家、財產皆壓於專制之下，無由自振，以期於發達。不明乎此而日言變法，雖百變而無一效也。故居今日而欲救中國，乃猶君主立憲之不敢言，民與君約之不敢請，則甯不談變法可也。」[25]立憲的目標就是使國民的權利在憲法上得到保證，由此激發國民的創造力。這種由憲政思想而來的權利觀念，為其後立憲團體的勃興創造了必要的社會文化氛圍。[26]

正是在民族危機的刺激下，在官員和士紳階層的促動下，在革命勢力日漸洶湧的情況下，清政府終於改變國策，將立憲政體的確立作為之後改革的基本國策，1906 年 9 月 1 日，清廷發佈預備立憲的上諭：

> 時處今日，惟有及時詳晰甄核，仿行憲政，大權統於朝廷，庶政公諸輿論，以立國家萬年有道之基。但目前規制未備，民智未開，若操切從事，塗飾空文，何以對國民而昭大信。故廓清積弊，明定責成，必從官制入手，亟應先將官制分別議定，次第更張，並將各項法律詳慎釐訂，而又廣興教育，清理財務，整飭武

25 汪康年《汪康年師友書劄》(三)，上海古籍出版社，1986 年，第 2379-2380 頁。

26 侯宜傑《二十世紀初中國政治改革風潮 — 清末立憲運動史》，中國人民大學出版社，2011 年，第 6~26 頁。

> 備，普設巡警，使紳民明悉國政，以預備立憲基礎。著內外臣工切實振興，力求成效，俟數年後規模粗具，查看情形，參用各國成法，妥議立憲實行期限，再行宣佈天下，視進步之遲速，定期限之遠近。[27]

預備立憲的國策一確立，士紳階層立即組織政黨團體，他們終於可以在憲政的框架內合法組織自己的勢力團體。預備立憲上諭發出後，康有為立刻把成立於海外的「保皇會」改為「國民憲政會」，時在日本的梁啟超在致康有為的信中商討說：「我國之宜發生政黨久矣，前此未有其機，及預備立憲之詔下，其機乃大動」[28]。正是在預備立憲國策確立後以黨會改造社會的急迫心情下，立憲團體紛紛成立。

梁啟超已經認識到當時組織政黨團體的方式和他們在維新變法時代有了很大不同，此前組織士人階層成為團體，依靠的是領袖的社會聲望，眾人圍繞在黨團領袖的周圍。但是在立憲原則之下進行黨團的組織，既不是為了經濟利益，也不是為了滿足個人野心：「但弟子以為今日之情狀，稍與前異，內地所辦之事，一不涉軍事，二不涉商務，故不至緣財權而召競爭；不緣財權而召競爭，則惟有政見不同可以致分裂耳。然今者明標黨綱，同此主義者乃進焉，否則屏絕，則此亦不起爭端，故雖多收人才，當不至生葛藤也。」預備立

27 故宮博物院明清檔案部編《清末籌備立憲檔案史料》（上冊），中華書局，1979 年，第 44 頁。

28 梁啟超《致康有為書》（1906 年 12 月中旬），李興華、吳嘉勳編《梁啟超選集》，上海人民出版社，1984 年，第 529 頁。

憲後，集團實力的融合，不再僅僅以個人號召力和領袖的聲望來吸引會眾，而是開始以主義來團結會眾。「東西各國之言政黨者，有一要義，曰黨於其主義，而非黨於其人。今此報告全文從先生本身立論，此必不足以號召海內外豪俊也。」如康有為起草的國民憲政會的宣言書中那樣，徒以個人資歷和聲望來號召和組織士紳階層，只能事與願違，「今此次報告文，若自矜其能而伐其功，此最足以失天下之望也」，故而必須將士紳階層團結在明確的政治主張之上，「鄙意以為宜暢發『黨於主義不黨於人』之義，大約自陳政見如此。今諸君既與我同，而欲推我統率，我雖無似，又安敢辭？自今以往，惟盡瘁以忠於此主義，盡瘁以忠於本黨，冀無負諸君推舉之誠意云云。如此措辭，似為最合。」[29]只有堅定的政治主張才能結合成穩固的黨團勢力。顯然，梁啟超對康有為以教主和聖人心態來實現社會動員和團體組織的方式有所不滿。此時士紳階層組織的黨會，已經是現代意義上的政黨組織。

當時立憲派紛紛組建立憲團體，其組建原則和理由，最具代表性的是梁啟超在《政聞社宣言書》中所做的闡釋：首先組織政治團體，是為了改造政府。至於如何改造政府，由什麼力量來改造政府，梁啟超對君主和國民做了比較後，認為君主不能也不必擔當改造政府的職責，而擔此重任的，必須是國民。「今之談政治者，類無不知改造政府之為急，然叩其改造下手之次第，則率皆欲假途於君主，而不知任責於國民」，「夫既已知舍改造政府外，別無救國之圖矣，又知

29 梁啟超《致康有為書》（1906 年 12 月中旬），李興華、吳嘉勳編《梁啟超選集》，上海人民出版社，1984 年，第 533-534 頁。

政府之萬不能自改造矣，又知改造之業非可以責望於君主矣，然則負荷此艱巨者，非國民而誰！吾黨同人，既為國民之一分子，責任所在，不敢不勉，而更願凡為國民之一分子者，咸認此責任而共勉焉。」因此組織「政聞社」這樣的黨團組織，就是為了發揮國民的作用，而且正是在組織黨團的過程中，社會上發起一場深刻的國民運動，旨在將國民由被動服從的臣民變為積極主動的國民，「遍翻各國歷史，未聞無國民的運動，而國民的政府能成立者；亦未聞有國民的運動，而國民的政府終不能成立者，斯其樞機全不在君主而在國民。」組織政聞社，既是盡國民的政治責任，也是對民眾的政治啟蒙：「故為政治團體者，必常舉人民對國家之權利義務，政治與人民之關係，不憚嘵音瘏口為國民告，務喚起一般國民政治上之熱心，而增長其政治上之興味。」「則政治團體，誠增進國民程度惟一之導師哉！」由此，政治改造成為當時文學書寫的主題，那麼多的政治小說，即是證明。

臣民變為國民，必然要有表達國民意見的團體和機關，而組織健全的黨團組織，正是國民表達心聲的最好途徑，這就是黨團組織成立的第二理由：「以吾平心論之，謂國民絕無反對專制之意思者，誣國民也；謂其雖有此意思而絕不欲表示絕不敢表示者，亦誣國民也。一部分之國民，蓋誠有此意思矣，且誠欲表示之矣，而苦於無可以正式表示之途。或私憂竊歎，對於二三同志互吐其胸臆；或於報紙上，以個人之資格發為言論。謂其非一種之意思表示焉，不得也，然表示之也以個人，不能代輿論而認其價值；表示之也以空論，未嘗示決心以期其實行。此種方式之表示，雖謂其未嘗表示焉可也。然則正式之表示當若何？曰：必當有團體焉。以為表示之機關。夫團體之為物，恒以其團體員合成之意思為意思，此通義也。……夫如是則所謂國民意思者，乃有具體的之可尋而現於實矣。國民意思既現於實，則必非漫然表示之而已，必且求其貫徹焉。國民誠能表示其反對專制之意思，而且必欲貫徹之，則專制政府前此所恃默認之後援，既已失據，於此而猶欲寶其敝帚以抗此新潮，其道無由。」[30]這樣以黨團組織發出的聲音，就不是處士橫議的個人性的批評意見，也不是旋生旋滅的報刊輿論，而是欲圖貫徹實現的堅定恒久的政治主張。有了民眾的組織，又有了表達集團聲音的機關，那麼如何將其主張在政府的行政作為中貫徹實現，也就是說如何通過集團力量將思想變為現實的政治力量，這是黨團成立後另一個欲圖解決的問題。近代以來，士人階層大抵通過報刊、黨會相結合而成為變革社會的力量，但所謂變成現實力量，就是將群體力量嵌入整體的政治結構中，這種嵌入，主要是和當朝官員互為援助，如在政聞社成立的過程中，梁啟超就非常注意拉攏當朝大員。其實此種模式，一直延續到北大變革，新文化人通過北京大學、教育部逐步實現自己的主張。

梁啟超所言「國民恒立於其所欲立之地位」，就是要將傳統社會處在被治理地位的臣民變為積極主動參政的國民。由臣民變為國民，並不僅僅是一個觀念的改變，而是整個社會結構的改變，以及在社會結構改變的同時，社會的政治空

30 梁啟超《政聞社宣言書》，李興華、吳嘉勳編《梁啟超選集》，上海人民出版社，1984 年，第 537-542 頁。

間也將發生徹底的改變。所謂代議制的國會，所謂立法權，所謂黨會團體的成立，皆是對社會結構與政治空間的改變。

在國會請願勢力的壓力下，清政府不得不縮短立憲時限，由 1908 年宣佈的九年預備立憲，改為宣統五年即 1913 年召開國會，實行憲政。在 1910 年 11 月 4 日的上諭中稱：「著縮改於宣統五年實行開設議院。先將官制厘訂，提前頒佈試辦，預即組織內閣，迅速遵照《欽定憲法大綱》，編訂憲法條款，並將議院法、上下議員選舉法，及有關憲法範圍以內必須提前趕辦之事項，均著同時並舉，於召集議院之前一律完備，奏請欽定頒行，不得少有延誤。」[31]其實就在 1906 年 9 月清廷宣佈仿行憲政的時候，已有「預備立憲宜先組織政黨」[32]的呼聲。而在 1910 年的第二次國會大請願中成立的諮議局聯合會，就是為給將來成立立憲派的大政黨做準備。既然要實行憲政，政黨政治是題中應有之意，「政黨者，必有一政黨之綱領主義，堂堂正正揭旗鼓以聲於天下」，政黨在朝執政，「必一力堅持實行其所主張之主義，以定一國政治之方針」，其在野則「事事攻擊當局者，指其瑕而摘其疵，使政府常有所警憚而不敢縱恣」。如此形成兩黨競爭，可以促進政府的高效與國家的進步，「一政黨雖操一國之政柄，以植其黨勢，而仍當先一國之大計，而不敢徒便一黨之私圖。此一國政治基礎所由立，而國家所貴乎有政黨也。」[33]中國

---

31 故宮博物院明清檔案部編《清末籌備立憲檔案史料》（上冊），中華書局，1979 年，第 79 頁。

32 《預備立憲宜先組織政黨》，《申報》，1906 年 9 月 7 日。

33 《論政黨與立憲政治之關係》，《時報》，1907 年 3 月 1 日。

專制政體時間太久，「執政者專橫成性」，人民對政府的所作所為難以有及時的監督，一旦有了政黨，其「勢力足使政府行政納於軌範之中，不致恣肆而謬妄」。[34]

立憲團體的活動為組建政黨提供了相關的組織管理經驗，特別是 1910 年諮議局聯合資政院召開的常年會，更加讓立憲團體感到組建政黨的迫切性，在 1911 年上半年，政學會、憲政實進會、辛亥俱樂部、憲友會相繼成立，中國第一批合法政黨開始出現。而在關於政黨的認識和宣傳上，杜亞泉的《政黨論》最為全面。杜亞泉從三個方面來探討政黨問題：

第一個問題，政黨在中國能否產生，是否必要。在杜亞泉看來，中國不行憲政則已，實行憲政，政黨的出現是必然，「我國不立憲則已，果其立憲，則不論何國，無不有政黨者」。立憲的直接結果是，每個國民無法脫離政治生活，政治生活是國民生活的必要組成部分，「立憲政治，重視輿論，國民漸自知其與政治之關係，於是由政治上之關係，而生政治上之研究，由政治上之研究，而生政治上之欲望。」立憲政治的實施勢必讓不同利益群體結合為政黨，為追求各自利益而相互競爭，以這樣的角度來看，政黨是立憲政治的必然產物。「是政黨者因立憲政治實施之結果而發生，所謂憲政下自然產出之子是矣。」政黨必然是兩個或多個對立黨並生，憲政的精髓即在於多黨存在並形成競爭模式。「故政黨者，必與其他政黨對立而後成。若一政黨併合他黨，而無反對黨存在時，則全失其政黨之性質而消滅（通例凡敵黨力薄或消滅時

34 《論今日亟宜組織政黨以促憲政之進行》，《申報》，1910 年 4 月 27 日。

則本黨必分裂）。」總而言之，政黨政治對立憲來說意義重大：「有憲政而無政黨，猶之航海者無燈塔無磁鍼，將不知其所向，而政治且因以紊亂矣。況政黨既由憲政之結果而自然發生，與憲政如形影之相隨而不可離，則雖以為不可有而欲刪除之，亦烏可得乎？」

第二個問題，成立政黨的目的何在。首先政黨的存在不是為了對抗政府，否則易造成議會與政府的對抗，兩者的衝突使得「政府屢屢被彈劾，議會屢屢被解散」，而給國家造成災難。政黨之目的也不是要在議會中占多數席位而成為執政黨以實行政黨政治，這樣易造成「以內閣之專制，加以政黨之專制，勢必濫用其權力而百弊叢出。」單純的政黨政治，易形成「多數專制」之弊。不能將政黨政治單純理解為「政黨之目的在取得政權，而議會將失其以公益為目的而議政務之性質，變為爭奪政權之地。」政黨不是以黨義壓迫束縛黨員自由從而形成輿論勢力，因為如此容易造成政黨的分裂，「且以黨義奪黨員之自由，必招黨派之分裂。」政黨的真正目的，在於「調查政務、研究政策、指導國民」。國家政治關係到每個人的利害，但因「各有職業之故，勢不能以政治為生涯」，現實中政治狀況紛繁蕪雜，非有專業政治家「考察之、討論之，而以利害之結果指示」國民不可。政黨的存在，在於「以為利者，則羅列其利之所在，使吾民得從而贊成之；以為害者，則備舉其害之所極，使吾民得從而反對之；各標其幟，以定吾民之趨向，任吾民之選擇焉。」杜亞泉的政黨觀是精英主義的政黨觀，在他看來，政黨的目的在於以精英意識為國民提供指導，讓國民趨利避害。

第三個問題，如何合理劃分政黨的類型。政黨類型的劃分，不是以社會等級來分成民吏兩黨。由社會上層形成的官僚黨派和由社會下層形成的民眾黨派只是不成熟的政黨類型的過渡形態，因為在民主政體之下，社會的上下層劃分是不穩定的，「有朝為吏而夕為民者，有父為吏而子為民者」，其利害並無穩定的標準。同樣，以地域劃分的政黨，更容易造成國家與地方的分裂。因此劃分政黨最理想的標準，是以思想立場為標準，「蓋政黨者以主義結合，非以感情結合者也。」主義的劃分，則分為保守與激進兩派，此兩類政黨，治國方式和手段有異，而在根本目的上則是一致的。「進步黨之主義，不惜犧牲國民之幸福，努力於政治之改革與國勢之振興；保守黨之主義，則在惜物力，重習慣，持穩健之方針，以改革政治，增進國勢。是二者之主義，孰優孰劣，孰利孰害，非一時之所能論定。予以謂此二黨者，如車之兩輪，鳥之兩翼，相扶相助而皆不可缺。進步過驟，則不免流於危險，當以保守主義維持之；保守過甚，則不免流於退弱，當以進步主義調和之。若二黨不失其平衡，則憲政愈形其圓滿。」[35]

在辛亥革命即將爆發的前夜，杜亞泉對未來的政黨政治做出樂觀的估計，而民初的政黨政治實踐，則將這種美好期待粉碎，這啟發人們從另一個思路探尋變革中國的理論路徑。

35杜亞泉《政黨論》，《東方雜誌》，第 8 卷 1 號，1911 年 3 月。

第二節　士紳階層的黨會實踐與社會結構的改變

晚清時代，首次以學會和報刊相結合的方式來發揮思想影響力的當屬康有為創辦的強學會與《中外公報》。光緒二十一年七月三日，北京的強學會成立；十月，康有為南下，上海強學會成立。強學會聚集了當時的社會名流與清廷官員，裡面既有戶部尚書、軍機大臣翁同龢這樣的朝中顯要，也有劉坤一、張之洞等地方重臣，還有傳教士李提摩太、李佳白等人，也有社會名流張謇、章炳麟等人。張玉法先生對參與強學會的組成人員做了詳細統計，該會以洋務派和維新派人士為主體。[36]因官場恩怨和內部矛盾，強學會創辦不久旋遭守舊派彈劾打擊，在當年十二月就被禁，北京的《中外公報》與上海的《強學報》也停刊。

強學會存在的時間雖然非常短暫，但社會影響力巨大，「然自此以往，風氣漸開，已有不可抑壓之勢」[37]。一者，參與其事者具有很高的社會地位與政治影響力；二者，強學會將久遭壓抑的士紳階層鼓動起來。參與強學會的官員本身是主政地方的大員，對地方的社會風尚變動具有很大的主導作用，先前參加強學會的人物，諸如江標、徐仁鑄相繼為湖

36 張玉法《清季的立憲團體》，北京大學出版社，2011 年，第 132-134 頁。
37 梁啟超《強學會封禁後之學會學堂報館》，見中國史學會主編《戊戌變法》（第 4 冊），上海人民出版社，1957 年，第 395 頁。

南學政，黃遵憲為湖南按察使，陳寶箴為湖南巡撫。這些人物秉承強學會精神，在維新變法時期又成立南學會，對南方社會風氣影響極大。當時黃遵憲延請梁啟超主講於湖南時務學堂，梁啟超曾這樣記述南學會成立時湖南官紳的風氣變動：

> 自甲午之役以後，湖南學政以新學課士，於是風氣漸開；而譚嗣同輩倡大義於天下，全省沾被，議論一變。及陳寶箴為湖南巡撫，其子三立佐之，黃遵憲為湖南按察使，江標任滿，徐仁鑄繼之為學政，聘請梁啟超為湖南時務學堂總教習，與分省紳士譚嗣同、熊希齡等相應和，專以提倡實學、喚起士論、完成地方自治政體為主義。[38]

梁啟超所言及的「新學課士」之所以能在科舉未廢除的時候出現在湖南，很大程度上得益於當時學會的作用。當時的學會雖然有一定的政治目的，但實際所發揮的最大社會影響力，則是對新學的宣傳，可以說在清廷預備立憲之前，學會的主要社會功能就是在宣傳西方新學的過程中鼓動士氣，更新士紳階層的思想觀念。

張玉法先生對自強學會遭封禁到戊戌政變以前的學會做了詳細的統計，除分會外，總會共有 63 個。[39]李文海先生將這些學會按性質分為三種類型：「一種是以政治性為主的，

38 梁啟超《戊戌政變記》，見中國史學會主編《戊戌變法》（第 1 冊），上海人民出版社，1957 年，第 300 頁。

39 張玉法《清季的立憲團體》，北京大學出版社，2011 年，第 142-147 頁。

如強學會、南學會、保國會以及保川、保滇、保浙等會。一種是以學術性為主的，如質學會、算學會、測量會、郴州學會、法律學會、校經學會等。一種是以改革社會習俗為主的，如不纏足會、戒鴉片煙會、延年會等。」李文海《戊戌維新運動時期的學會組織》，見胡繩武主編《戊戌維新運動史論集》，湖南人民出版社，1983 年。雖然這三類學會性質不同，但其主旨則是一致的，無論是對政治體制的改革，還是對新學的介紹，以及對社會風氣的改良，其目標皆是「專為中國自強而立」，「開會以講中國自強之學」。[40]其實從變法的政治思想，到聲光化電、格致測算的科技知識，再到社會風俗的科學化合理化，都是希望學習西方的思想文化來改變中國社會。強學會「最初著手之事業，則欲辦圖書館與報館」，首先派遣麥孟華「向上海購得譯書數十種」，「備置圖書儀器，邀人來觀，冀輸入世界之知識於我國民」。[41]而且強學會為避免守舊派以「黨會」之名來構陷罪狀，將強學會改名為「強學書局」以掩人耳目。當時北京的「翰文宅」自願捐書，英、美駐華公使也將西籍與圖器送來。強學會遭禁，「罪狀」之一就是「創立強學書院，專門販賣西學書籍」[42]。在湖南影響很大的南學會也是以藏書供大家交流學習為主，按照陳寶箴的話說，南學會雖然在戊戌年二月成立之初立下定

40 中國史學會主編《戊戌變法》（第 4 冊），上海人民出版社，1957 年，第 389 頁。

41 梁啟超《莅報界歡迎會演說詞》，見中國史學會主編《戊戌變法》（第 4 冊），上海人民出版社，1957 年，第 253、255 頁。

42 中國史學會主編《戊戌變法》（第 2 冊），上海人民出版社，1957 年，第 2 頁。

期舉辦講座的行動綱領，但開會不久，即「以閱經史文書為主，到四月即已停講，惟聽人時往翻閱書籍」[43]。當時南學會主要宣導者熊希齡動員官紳，「勸捐家藏書籍於南學會，准人入會看書，以益寒士」[44]。南學會的瀏陽分會也是「仿省城學會辦法，立定章程，招人看書」[45]。

早期學會基本上是以宣傳和交流新思想、新文化為主，很多學會還有學校的性質。當時新式學校有限，開辦學會來發揮學校的功能，是當時學會創辦者的共識。學校一般受辦學場地、規模、入學年齡的限制，但是學會則可避免這些不足。很多銳意進取的士紳都是傳統科舉教育出身，他們急需改變自身的知識結構，學會的研讀交流成為他們更新知識儲備的重要途徑。梁啟超認為：「學者一人獨立，難以成群，或力量不能備購各書，則莫若社立學會；大會固不易舉，則莫若小會。數十人可以為會，十餘人可以為會，即等而少之至三四人，亦未嘗不可以為會」[46]。這些學會雖然人數不多，但對那些年齡已大而希求追新的士人來說，具有非同尋常的作用，「欲實行改革，必使天下年齒方壯志氣遠大之人，多讀西書通西學而後可」[47]。可以說，正是這些學會，使得那

43 《陳寶箴致張之洞電》，見中國史學會主編《戊戌變法》（第 2 冊），上海人民出版社，1957 年，第 616 頁。
44 《上陳右銘中丞書》，見中國史學會主編《戊戌變法》（第 2 冊），上海人民出版社，1957 年，第 590 頁。
45 《致譚嗣同書》，見中國史學會主編《戊戌變法》（第 2 冊），上海人民出版社，1957 年，第 599 頁。
46 《西學書目錄》，見中國史學會主編《戊戌變法》（第 1 冊），上海人民出版社，1957 年，第 457 頁。
47 《上諭》，見中國史學會主編《戊戌變法》（第 2 冊），上海人民出版社，1957 年，第 29 頁。

些「年齒方壯志氣遠大」的士紳階層開始改變思想觀念，在參與學會的思想砥礪中成為變革社會的主導力量，而這也正是諸如強學會、保國會、南學會等學會的目標和功能所在，「天下之變，岌岌哉！夫挽世變在人才，成人才在學術，講學術在合群。」[48]他們在「合群」中成為整個社會最為活躍的分子，也成為中國近現代思想文化變革的主體力量。

士紳階層創辦學會，在於開風氣、伸民權，本是和封建專制政體及其意識形態水火不容，但康梁借助光緒皇帝的力量來推行維新改革，使得學會成為社會變革的組織力量。維新變法雖然在守舊派的聯合阻撓下失敗，但庚子拳變加劇了民族危機，守舊派因而遭到嚴重打擊。並且，隨著維新變法的推動，社會變革潮流也愈加活躍起來。在八國聯軍的打擊下，守舊派或被殺害或被流放，變法圖強的精神從上層到下層成為不可遏止的潮流。面對庚子拳變的殘局，還在西逃中的西太后也不得不一邊派遣李鴻章和洋人議和，一面以光緒皇帝的名義發佈上諭：「世有萬祀不易之常經，無一成不變之治法」，「深念近數十年積弊相仍，因循粉飾，以致釀成大釁。現正議和，一切政事尤須切實整頓，以期漸致富強」，命令各大臣兩月內上條陳討論如何革新圖強。[49]隨後張之洞、袁世凱、劉坤一聯合上書，著名的「江楚會奏變法三折」出台，隨即拉開了晚清轟轟烈烈的十年新政。

晚清新政在某種程度上是康梁戊戌變法的延續，從此清

48 《上海強學會序》，見中國史學會主編《戊戌變法》（第 4 冊），上海人民出版社，1957 年，第 385 頁。
49 朱壽朋編《光緒朝東華錄》，中華書局，1958 年，第 4601 頁。

政府從官制、法律、教育、經濟、軍事等方面展開了自強改革，此次改革同時也是同光之際展開的洋務運動的深化。「1901 年至 1904 年，清政府推行的新政主要有：改總理各國事務衙門為外務部，增設商部，裁撤詹事府、通政司、路礦總局、東河河道總督，考核部院司員，翰林院編檢以上官員學習政治，裁革書吏、差役，停止報捐實官；設立鐵路、礦務、農務、工藝各公司，訂立相應律例，設立商會，保護權利，整理財政，設廠鑄幣；科舉考試廢除八股，改試策論，增考中國政治史事論和各國政治藝學策，停止武科生童試和鄉、會試，複開經濟特科；各省府州縣設立大中小學堂，選派留學生；裁減綠營、防勇，編練新軍，設立武備學堂；辦理巡警；准滿漢通婚等」[50]。應該說晚清新政真正全面啟動了中國現代化變革的序幕，這一變革不再僅僅是部分士紳階層成員的想法，清廷本身也將新政看作挽救自我的途徑。新政變革幾乎涉及了社會的所有方面，從政府管理體制到社會風俗，全被納入變革計畫中。雖然真正實行的效果與變革的理想還有距離，但這畢竟是專制性的政治體制自己開始主動撬開僵硬的外殼，為各種新勢力、新思想的活躍創造了條件。

新政實行的同時，戊戌政變時的很多禁令也不宣而廢。1901～1905 年間，各種社團又開始蓬勃發展。據桑兵先生的統計，在「1901～1904 年間，江蘇（含江寧）、浙江、廣東、福建、江西、湖北、湖南、安徽、山東、直隸、河南、奉天、四川、雲南、廣西等省和上海，先後建立各種新式社團 271

50 侯宜傑《二十世紀初中國政治改革風潮 — 清末立憲運動史》，中國人民大學出版社，2011 年，第 21 頁。

個（不含分會）」[51]，桑兵主要是基於諸如《蘇報》《民國日日報》《申報》《東方雜誌》等報刊來統計的，這些報刊基本都創辦於上海，內地的情況並未統計，故而這一數字遠非完整，但整體上反映了這一時段社團勃興的景象。這些社團按性質和功能劃分，含「教育會 21 個，不纏足會 34 個，演說會 25 個，體育會 17 個，學生會 26 個，愛國團體 17 個，科學研究會 18 個，文學、戲曲、寫真等藝術團體 16 個，婦女團體 16 個，實業團體 17 個，衛生及風俗改良組織 8 個，師範研究會 5 個，宗教性社會團體 1 個，其餘為混合型，幾乎涉及各個領域」[52]。

與新政前的社團運動相比較，這時候的社團所涉及的社會面顯然更廣：從地域上看，從風氣開通的沿海向內地擴展，從都市向府州縣擴展；從參與者來看，參與的人員也更為豐富，不再僅僅局限於上層士紳，學生、婦女、實業界等也開始介入社團的組織活動中。這些社團活動最富有影響力的效果在於對中國社會結構的改變，以前封閉的宗法性的社會結構被打破，各種社群之間的流動開始活躍，人們在各自的群體中有了自覺的主體意識，不再被專制性的政治管理模式所統攝，正如桑兵所分析的：「各種新式社團組織的大量湧現，顯示出中國正在經歷社會關係重新分化組合的大變動。這一過程包括兩個相互作用的重要方面，其一，隨著社會分工的

51 桑兵《清末新知識界的社團與活動》，生活・讀書・新知三聯書店，1995年，第 274-275 頁。

52 桑兵《清末新知識界的社團與活動》，生活・讀書・新知三聯書店，1995年，第 276 頁。

細分化，各種社會群體的分界日益明顯，小群體意識普遍增強。……其二，由不同群體分化出來的趨新分子希望按照新的組織形式相互聯繫聚合，以增強自身能量，提高社會地位，擴大社會影響，在地方和國家事務中扮演更為重要的角色。社團組織作為新的社會聯繫紐帶，逐漸取代已經部分斷裂破碎的血緣、地緣等舊式紐帶」[53]。

這種基於群體自身利益和自覺意識來建構新的社會關係的社團活動，顯然和早期僅僅側重思想文化宣傳的學會組織大不相同，此時的社團實踐不僅僅是新思想的載體，他們也開始介入到新的社會結構的建構中，能夠真實地表達自己的群體意圖。因此他們意識中的政治空間和傳統士人所認為的大不相同。桑兵在分析紹興教育會成立的經過時，將其作為城鄉士紳結合的典型。仔細分析紹興教育會，我們可以清楚地看到新社團成立過程中，新勢力結合為整體時所具有的全新政治空間意識與主體意識。紹興本地的士紳想成立公眾學堂以開民智，但鑒於本鄉勢力不足，於是聯合在滬的紹興名流，成立教育會以促進公眾學堂的成立：「是會之設，固將以結合紹人團體，以組織我紹邑之教育也。初府中人士之有志者，冀於府中建設公眾學堂。以不集眾力，不足以成事，乃於府中組織一會，籌辦其事。今春之交，議有端緒矣，然力之不厚，非所以終其事，且非所以振動全郡也。以滬上為人士薈萃之區，乃公舉何君豫材至滬議此事，由蔡君鶴廎邀集同人，設會於徐園，開會之日，先由蔡君鶴廎演說建設教

53 桑兵《清末新知識界的社團與活動》，生活・讀書・新知三聯書店，1995年，第 276-277 頁。

育會之關係，杜君亞泉演說將來教育會之助力，繼由何君演說紹府公眾學堂之事。乃眾議建設紹府教育會於滬上」[54]。這些以開民智以自救圖強為目的而結合為整體的紹興士紳，他們所具有的政治空間意識和傳統士紳截然不同，在他們看來，組織士紳成立社團是基於中國乃中國人之中國的政治空間意識，「夫公等之所以潔身局外，以為名分天定，吾儕小人，不敢與國事，豈非以國者為君主一人之所獨有，吾不過附之以生活耳。殊不知國之名果何為而起乎？國者，猶言民之勢力範圍也，合一群之人而組織以成之者也。蓋必自有民而後始有國，亦必自成國而民有所歸。」[55]宗法社會之下的臣民，不會將自己與國聯繫起來，因為他們或地處偏僻，蒙昧無知，或被專制制度壓抑，不敢與聞國事，「吾意我民或地居僻荒，耳無所聞目無所見，時事至此，瞢然猶未之知也。不然則習居於專制政體之下，以為國勢雖危，非吾儕所得為也，不然則以為國之存亡，無預吾事，國雖亡而吾之身家資產自若也。」[56]正是有了自覺的政治意識，紹興士紳著手組建教育會，不再持為民請命式的卑順態度，而是基於自覺的主體意識，是對自身利益的積極維護。所以他們要將自己組建的學堂區別於政府所辦的學堂，認為只有在本鄉、本縣、本省基礎上開展教育，才能得到地方力量的支持。而且一個

54 杜士珍《論滬上建設紹興教育會事》，《新世界學報》，第 11 期，1903 年 2 月 27 日。
55 杜士珍《論滬上建設紹興教育會事》，《新世界學報》，第 11 期，1903 年 2 月 27 日。
56 杜士珍《論滬上建設紹興教育會事》，《新世界學報》，第 11 期，1903 年 2 月 27 日。

地方的教育只有在符合本鄉、本縣、本省實際利益的基礎上開展，才能真正發揮教育改造社會的功能，「然吾今日從事教育之方針，興之自下，不興之自上，興之自分，不興之自合。居今日之中國而猶望政府之有以教育我也，其勢決必不濟。居今日之中國而尤望合天下之力而興教育也，其勢又決無濟。」這就是自己組織社團自下而上改造社會，而不是借助政府主導力量自上而下改造社會。在這種自下而上改造社會的思路中，我們可以看到此時的社團就不僅僅是一個宣傳新思想的工具，而是地方主體意識的體現，士紳群體開始意識到地方群體的利益，並組織社團以結合成整體性的力量來彰顯自己的存在。「夫以今日之政治論之，決非分治不足以成其改革。而以今日之教育論之，尤決非分任不足以大興其風氣，此吾深覘夫中國人之弊竇而敢斷言者也，分任惟何？曰以一鄉之人從事於一鄉之教育，以一縣之人從事於一縣之教育，以一州之人從事於一州之教育，以一府一省之人從事於一府一省之教育，夫以一方之人僅從事於一方之教育，固宜為力，以本土之人從事於本土之教育，助者又眾，苟有一二稍有勢力之人具有熱心者為之首先從事，誘之以利害，激之以公義，示之以良規，則事或有可成者矣」[57]。所謂「非分治不足以成其改革」，就透露出地方團體是一個擁有自主權的主體，而且正是在其實現自己團體利益的基礎上，才能實現一國強盛的政治目的，從而奠定其作為權利主體的合法性。這樣的權利意識使士紳階層意識到要聯合各種新勢力壯

57 杜士珍《論滬上建設紹興教育會事》，《新世界學報》，第 11 期，1903 年 2 月 27 日。

大自己的聲威，正如蔡元培的演講中所提到的那樣，「以此煩重之重任，盡委之於家居之紹興人，風氣之未開，交通之不便，即有深識熱心者大聲而提倡之，殆不足以集事；是非合一切家居、遠遊之紹興人而合力以圖之不可。上海，全國交通之轂輻也，內之可以輸進文化，外之可以聯絡聲氣，非於此設一教育會以媒介之尤不可。且上海者，歐化輸入之第一步，無論工商，勢必多見聞，比例視內地各省為開通者也，於此而不能有所立，則亦何怪故鄉之無所鼓舞，而流寓各省者之莫視故鄉而一無助力乎？諸君果欲吾紹興之與世界進化而為世界極有關係之人，以至於衰歇而卑賤也，則請於今日贊成此紹興教育會之舉，以為合力行事之基地焉。」[58]在沿海以上海為連接點，將地方性事務變為具有世界眼光的事業，在內地則以風氣開通的省城為連接點，為偏僻地方輸入新空氣，如此帶動整個社會結構的大變動。可以說此時的社團真正具有了現代的政治空間意識和權利意識，新的政治空間意識使其對地方群體勢力的觀察不再是本土性的封閉性觀照，而是將自我的群體放在更為廣闊的政治空間中思考，並聯合各種新勢力以成為整體，而獨立的權利意識也使得社團在更為穩固的凝聚力中聯合為整體勢力。

士紳階層政治空間意識和權利意識的增強，為其後蓬勃發展的立憲團體奠定了基礎，特別是《欽定憲法大綱》的頒佈，以根本大法的形式確定了君主、政府、國民的職權範圍，為士紳階層進一步發揮自身的社會影響力提供了法權保障，

---

58 蔡元培《紹興教育會之關係》，《蘇報》，1903 年 3 月 12 至 13 日。

由此激起了士紳階層參政議政的高潮。

1905 年是晚清新政的一個轉捩點。受日俄戰爭的刺激，再加上各種力量的鼓動，1906 年 9 月清廷終於宣佈預備立憲，從此組織社團有了根本大法的保證，而此後各種社團會黨風起雲湧，數千個社團會黨在「立憲」和「革命」的基礎上成立。就清末十年的社團來講，隨著研究的深入，統計數字也在不斷變化中，張玉法先生統計為 668 個，而桑兵的統計結果則大大超過這一數字：「清末僅商會（含總會和分會）就有 900 餘個。到 1909 年，各地共建教育會 723 個，而上一年僅為 506 個，發展很快，並且仍在加速。例如江蘇 1909 年有教育會 55 個，三年後增加到 115 個，翻了一番。農學會到 1911 年至少有總會 19 處，分會 276 處。僅此三項相加，已達 2000 有餘，大大超過張玉法先生的統計數」[59]。如此快速增加的社團，表明了中國社會結構和政治生態日漸複雜和豐富。我們通過對 1906 年清廷實行新政之後的社團進行觀察可以看到，這時候影響力很大的社團不再僅僅以思想文化宣傳與社會改造為其實踐的目的，在權利主體意識之下，他們開始通過地方自治所、諮議局、資政院這些建制性的機構行使自己的權利。這一變化的根本原因在於清政府以國家大法的形式承認並賦予國民政治權利。從 1906 年清廷宣佈仿行憲政到 1908 年決定實行九年的預備立憲計畫的過程中，士紳階層紛紛組建立憲團體，在聯合請願速開國會的鬥爭中結合成聲勢浩大的立憲派。清廷在與立憲派的政治博弈中開始改革

59 桑兵《清末新知識界的社團與活動》，生活・讀書・新知三聯書店，1995 年，第 274 頁。

官制，允許地方自治，並且在保證皇室尊崇地位的基礎上，讓出皇權，制定《憲法大綱》《議院法要領》《選舉法要領》等法規。

《憲法大綱》在晚清到民初政治文化的轉型與發展過程中佔據著非常重要的地位。我們透過這個法律文本可以窺探到近代政治文化的特點。《憲法大綱》的立法精神，還是延續清廷仿行憲政諭中所確定的「大權統於朝廷，庶政公諸輿論」的精神，即在國家本位的基礎上劃分君權與民權的範圍。君權與民權之間的關係是以君權讓渡的方式體現出來的，《憲法大綱》的立法原則是：「竊維東西各國立憲政體，有成於下者，有成於上者，而良不有憲法，莫不有議院。成於下者，始於君民之相爭，而終於君民之相讓；成於上者，必先制定國家統治之大權，而後賜予人民聞政之利益。各國制度，憲法則有欽定、民定之別；議會則有一院、兩院之殊。今朝廷採取其所長，以為施行之則，當要內審國體，下察民情，熟權利害而後出之。大凡立憲自上之國，統治根本，在於朝廷，宜使議院由憲法而生，不宜使憲法由議院而出，中國國體，自必用欽定憲法，此一定不易之理。」[60]民定和欽定的區分，就在於權利是國民經過革命爭取來的，還是君主與國民協商讓渡出來的。在某種程度上，欽定憲法所讓出的權利，帶有很大賜予的性質，故而在自上而下的立法中，「統治根本，在於朝廷」。《憲法大綱》在承認中國政治權利專制傳統的基礎上制定，所以這個法律文本的撰寫原則是「兼采列邦之

60 故宮博物院明清檔案部編《清末籌備立憲檔案史料》，中華書局，1979年，第55頁。

良規，無違中國之禮教，要在不外乎前次迭降明諭，大權統於朝廷，庶政公諸輿論之宗旨」[61]。立法精神則是對「列邦之良規」的借鑒與學習。「夫憲法者，國家之根本法也，為君民所共守，自天子以至於庶人，皆當率循，不容逾越。東西君主立憲各國，國體不同，憲法互異，論其最精之大義，不外數端：一曰君主神聖不可侵犯，二曰君主總攬統治權，按照憲法行之，三曰臣民按照法律，有應得應盡之權利義務而已。自餘節目，皆以此為根本。」[62]憲法的權威開始超過君權，天子與庶人均接受憲法的統領。作為國家權威之象徵的君主與作為統率國家之最高準則的憲法之間有著深刻的矛盾，整個《憲法大綱》就著眼於如何調節這兩者之間的矛盾，將君權與民權的職責範圍劃分清楚，而協調兩者之間關係的政體形式，就是西方憲政的三權分立原則，「其必以政府受議院責難者，即由君主神聖不可侵犯之義而生，其必議院協贊立法監察財政者，即由保障臣民權利義務之義而生，其必特設各級審判官以行司法權者，即由保障法律之義而生」[63]，「君上有統治國家之大權，凡立法、行政、司法，皆歸總攬，而以議院協贊立法，以政府輔弼行政，以法院遵律司法」[64]。一面承認三權分立的制衡原則，一面則強調「立法、行政、

61 故宮博物院明清檔案部編《清末籌備立憲檔案史料》，中華書局，1979年，第67頁。
62 故宮博物院明清檔案部編《清末籌備立憲檔案史料》，中華書局，1979年，第56頁。
63 故宮博物院明清檔案部編《清末籌備立憲檔案史料》，中華書局，1979年，第56頁。
64 故宮博物院明清檔案部編《清末籌備立憲檔案史料》，中華書局，1979年，第57頁。

司法，則皆總攬於君上統治之大權」；[65]一面強調君權的神聖不可侵犯，一面則強調法律面前人人平等，「上自朝廷，下至臣庶，均守欽定憲法，以期永遠率循，罔有逾越」[66]。而訂立《憲法大綱》的最終目的，則是在理順君權與民權關係的基礎上，實現「鞏固君權，兼保護臣民」。所以在法律文本的安排上，君主權力的設定是主體，而保護民權的部分只是附則，「首列大權事項，以明君為臣綱之義，次列臣民權利義務事項，以示民為邦本之義。雖君民上下同處於法律範圍之內，而大權仍統於朝廷，雖兼采列邦之良規，而仍不悖本國之成憲」。[67]

君權與民權、「中國之禮教」與「外國之良規」、變法與圖強等諸多矛盾都要在這個憲法文本中取得協調。經過出洋五大臣對列強憲政的考察與憲政編查館和資政院的反復討論，終於制定出這一極富矛盾性和過渡性的法律文本。《憲法大綱》的撰寫基本上是對《日本帝國憲法》的借鑒和模仿。日本強盛的事實讓清政府將憲政認定為變法圖強的利器，而日本憲法是學習德國而來，與其他立憲國家的憲法相比，是專制性最強的憲法。雖如此，在中國這樣一個具有兩千多年封建專制傳統的國家，第一次將憲法作為統領國家的最高綱領，其所具有的重要意義仍不可低估。《憲法大綱》的頒佈，

---

65 故宮博物院明清檔案部編《清末籌備立憲檔案史料》，中華書局，1979年，第56頁。

66 故宮博物院明清檔案部編《清末籌備立憲檔案史料》，中華書局，1979年，第57頁。

67 故宮博物院明清檔案部編《清末籌備立憲檔案史料》，中華書局，1979年，第56頁。

標誌著憲法在國家治理中的合法地位，從而真正拉開了中國憲政史的序幕。憲法所確立的三權分立形式已經初步具備，預示中國專制政體的瓦解。口含天憲、任好惡而生殺予奪的無限制皇權終於在憲法面前低頭，法律開始超越於皇權之上。從司法角度來講，雖然名義上皇帝「總攬司法權」，但審判權「委任審判衙門」，由審判機關負責，並「遵欽定法律行之，不以詔令隨時更改」，[68]司法具有獨立性；從立法角度講，「凡法律雖經議院議決，而未奉詔命批准頒佈者，不能見諸實行」[69]，法律的產生在程式上先是由議院議決，然後君主批准頒佈，議決主體是議院，不經議院議決，君主不能發佈。憲法的權威開始得到上自皇帝、下至庶人的承認，正是有了根本大法的保證，資政院和諮議局的議員們才有了大膽上書、批評專制的法律保障，以及由此而來的政治勇氣。

《憲法大綱》雖然將臣民的權利義務以附則的形式安排在君主大權之後，但在「鞏固君權，兼保護臣民」的精神下，臣民的權利義務開始在根本大法中得到承認。《憲法大綱》第一次提出權利義務的概念，臣民的言論、集會、結社、著作、出版、私有財產等基本權利得到保障，與權利相對應，臣民有納稅、服兵役、遵守法律的義務。在《憲法大綱》頒佈前一年，黑龍江巡撫程德全上奏摺，就臣民權利義務的確立及如何進行啟蒙發表了自己的看法：

---

68 故宮博物院明清檔案部編《清末籌備立憲檔案史料》，中華書局，1979年，第58頁。

69 故宮博物院明清檔案部編《清末籌備立憲檔案史料》，中華書局，1979年，第58頁。

> 泰西各國鹹以法律學為權利義務之學，其人有不知義務權利者，群視為未開化之民，蓋立憲政體下固不能容彼孱民跧伏也。英人權利思想最重，故經濟戰勝於五洲，日人義務責任最大，故民氣郁勃於世界，此其性豈由天賦哉？法律思想之普及然也。我國能解權利義務者，百無一人，今若實行憲政，竊恐責以納稅義務，則以為煩苛，課以兵役之義務，更以為紛擾，且畀以選舉，被選舉諸權利，亦將委棄而不知惜。擬請於各學堂普通科學中添設法制一門，則國民皆知汲汲焉自保權利，自盡義務，合全國以精研法律，抵制列邦，臣知治化必日臻進步矣。[70]

封建專制時代的法律功能單一，基本以暴力性的除暴懲惡為目的：「法者，刑也」（《爾雅‧釋詁》）；「夫刑者，致生死之命，詳善惡之源，剪亂除暴，禁人為非者也」（《晉書‧刑法志》）。這種立法精神與權利義務思想相去甚遠。而《憲法大綱》明確認定，國人習法律即為了維護自己的基本權利，判定國民是否合格，也在於是否有權利義務思想。不懂法律、不明義務者是「未開化之民」「孱民跧伏」。憲政時代的法律較專制時代有了更為豐富的社會功能，在「臣民按照法律有應得應盡之權利義務」的基礎上展開立法，設立議院以行使立法權和監督權，設立各級審判廳以行使司法權。

---

70 故宮博物院明清檔案部編《清末籌備立憲檔案史料》，中華書局，1979年，第256頁。

《憲法大綱》的制定和出台是在救亡圖強的壓力下實現的。在列強的步步緊逼之下，救亡成為近代以來朝野的共識。以東鄰小國日本明治維新中通過憲政實現強盛的現實為參照，清政府開始認真學習西方的憲政模式，從派遣五大臣考察歐美憲政，到資政院和憲政編查館反復論證，清廷模仿《日本帝國憲法》制定了《憲法大綱》。所以該法律文本的制定與西方「天賦人權」的立法原則相去甚遠，在「天賦人權」的觀念中，主權在民是憲政的基礎。差異如此巨大，正如賀嘉所言：「這或許可以解釋為什麼法國的第一部憲法會是以《人權宣言》為序言，而中國的第一部憲法卻以權利義務部分為附則，這絕不是一個編纂體例或立法技術問題，也不應該單純從當權者政治上的保守與開明來解釋，其差異根植於中西不同質的兩種法律文化，奠基於不同的歷史背景。所以公民的權利義務要由『附則』上升到主文，由義務本位轉向權利本位，由重君權轉向重民權，在中國，特別是在中國人的觀念上，這將是一個極為艱難而又漫長的過程。」[71]如果我們將《憲法大綱》與南京臨時政府制定的《臨時約法》相對照，就會看到短短三四年間觀念的進步。《臨時約法》明確將主權在民原則確定為憲法的基礎，對人民權利義務的規定由《憲法大綱》的附則變為憲法的主體文本。

在當時來說，《憲法大綱》重要的社會意義就是以憲法的形式重新確立了中國政治權利的格局，特別是對作為議院基礎的諮議局和資政院的地位、功能的界定，為士紳階層參

71 賀嘉《清末制憲》，陝西人民出版社，2011 年，第 184 頁。

政議政提供了合法的平台和通道。其實在清廷宣佈仿行憲政的上諭中，即確定了「大權歸於朝廷，庶政公諸輿論」的變革方針，涉及民生庶政，士紳階層是有權參與討論和監督的。1907 年 8 月，成立憲政編查館，負責法規編訂、政況統計、民情調查等各項事務，相當於憲政國家內閣中的法制局；同年 9 月 20 日，宣佈設立資政院，以立議院為基礎，任命溥倫、孫家鼐為資政院正、副總裁，會同軍機大臣擬定資政院章程；10 月 19 日，上諭命各省省會成立諮議局。1908 年 7 月公佈了《諮議局章程》及《諮議局議院選舉法》，同時令各省迅速舉辦諮議局議院選舉，限一年內一律完成；同年 8 月在《九年籌備立憲清單》中規定：各省諮議局應於 1909 年開設，資政院應於 1910 年成立。因此在清政府統治的最後四五年中，無論是在政府建制上，還是在法律許可權的保證上，都為士紳階層參政議政創造了條件。從 1906 年 9 月第一個立憲團體「上海憲政研究會」在上海成立，各種圍繞立憲的學會、社團蓬勃發展。1909 年各省諮議局開始選舉，10 月 14 日各省諮議局同時召開第一屆常年會，士紳階層在各省議員中佔據了大多數席位。圍繞憲政的實現、憲法的實施、國會的運轉等問題，士紳階層組織社團、開學會、辦報刊、開演講會，特別是 1910 年的三次速開國會大請願，將憲政運動推向高潮，直至因請願失敗，在皇族內閣的刺激下與清廷決裂，大部分立憲派聯合地方督撫，與革命派一道將清王朝送進墳墓。

立憲派組織社團的活動，首先在中國社會展開憲政知識宣傳和教育。憲政救國幾乎是當時立憲派共同的信念，在愛國之心的強烈促動下，他們積極投身於憲政的宣傳教育活動。上海憲政研究會以「務求盡國民參預政事之天職」，以「考查政俗，研究得失」，「俟實行立憲後，代表國民，贊助政府」，「合群策群力，共謀所以利國便民」[72]為宗旨展開憲政的宣傳與學習，並出版《憲政雜誌》，闡述憲政理論，介紹國外憲政情況。成立於上海的「預備立憲公會」以「敬遵諭旨，以發憤為學，合群進化為宗旨」，「使紳民明晰國政，以為預備立憲基礎」[73]。該會涉及江蘇、浙江、福建籍實業、教育、文化界的知名人士，立憲派重要的領導人物諸如張謇、湯壽潛、夏瑞芳、孟森、雷奮、楊廷棟等人都參與其中。該會創辦半月刊《預備立憲公會報》，後改為《憲志》旬刊，又改為《憲志日刊》《憲報》，其內容涉及憲法、國會、官制、自治、政黨等。預備立憲公會翻譯出版了許多有關憲政知識的書籍，諸如邵羲譯的《日本憲法解》、湯一鄂譯的《選舉法要論》、孟昭常編著的《公民必讀》和《城鎮鄉地方自治宣講書》、錢潤的《地方自治綱要》、張家鎮的《地方行政制度》、孟森的《諮議局章程講義》等都暢銷一時，影響頗大，有的出版了 27 版，有的出版了 10 餘版，僅官方和各團體直接向該會訂購的《公民必讀》就將近 13 萬冊。由於其「事業多注目於全國，故文字所及，幾遍於各行省，往往有一通告輒遍發數百州縣商會、教育會、勸學所者」[74]。楊度在日本創立的「憲政講習會」（後更名為「憲政公

72 《憲政研究會草章》，《申報》，1906 年 12 月 10 日。
73 《預備立憲公會報簡章》，見浙江省辛亥革命史研究會、浙江省圖書館編《辛亥革命浙江史料選輯》，浙江人民出版社，1981 年，第 206 頁。
74 《預備立憲公會年會紀事》，《時報》，1909 年 12 月 28 日。

會」），更是以批評政府、呼籲成立國會為宗旨，認為「擔負國事，參與政權，公民之天職也」，立憲責任在國民，而不在政府，「有強迫政府立憲之國民，無自行立憲之政府」，「故我國民決不可守消極之態度，而立於受動之地位，坐待他人之以政權受我也。夫憲法之結果，以國民之血爭來者則有效，以政府之墨草就者則無功」。[75]後楊度歸國入京，於1908年3月在北京設立了「憲政公會」本部，聲言「圖強至富」，「無不以確定憲法、伸張民權為立國之要素」。其組織公會的目的，就是要「恢復國民正當之權利，破除古來專制之積弊，避流血暴動之慘禍，謀和平改革之要全……合國內種種歷史不同之民族，同舟共濟，內則使國民忠愛之忱悃上達於朝廷，外則使數千年文明之古邦爭雄於世界」。[76]「憲政公會」在北京、河南、安徽、山東以及上海、天津等地建有支部，該會聲勢頗極一時之盛，尤其在湖南、湖北，以學會形式擴充黨勢，到處皆其勢力範圍。[77]

可以說，這些社團在進行憲政知識的普及與宣傳的同時，竭力使國民意識到其自身的政治權利，將自身從專制體制下的臣民變為國民，這種政治意識的轉變對近現代中國的轉型影響深遠。從此，國民瞭解到另一種政治模式，另一種人生狀態，不再覺得皇權是那麼神聖不可侵犯，而意識到自己有權利有義務參與政治。立憲派的憲政宣傳首先在讀書人

75 《中國憲政講習會意見書》，《神州日報》，1907年7月18至19日。
76 《神州日報》，1908年3月21日。
77 以上關於上海憲政研究會、預備立憲公會、憲政公會的資料，參見侯宜傑《二十世紀初中國政治改革風潮 — 清末立憲運動史》，中國人民大學出版社，2011年，第85-87頁，第91-92頁。

中確立起權利主體的觀念，為近代中國文化的轉型奠定了政治基礎。憲政所設計的政治空間及政治主體，讓新一代的知識群體重新觀照傳統，理解自身和國家、社會的關係，由此開始了整個中國文化的近代轉型。

在士紳階層以社團、諮議局、資政院等方式組織起來參與國政的同時，圍繞速開國會的大請願活動，更是將分散的士紳階層組織成為一個整體，從而真正改變了近現代中國政治勢力的結構。如果我們分析 1910 年國會大請願活動，就可以明顯看到分散於各地的士紳階層變成一個勢力整體的過程軌跡。

第一次國會請願活動，由張謇發起，參與簽名請願的代表全是諮議局議員，他們在上海「預備立憲公會」事務所召開國會代表團談話會，商定好進京請願的條規。在諮議局議員們著手進京請願的同時，因當年於海牙召開的和平會議中傳出列強密議統監中國財政的消息，再加上當年清政府和日本簽訂新約，中國財權受列強脅迫，全國頓時形成一股籌還國債的熱潮。商界當時表現極為踴躍，認為以民間力量籌還國債，既可擺脫列強對國家財權的控制，也可借此力量推動清政府進行改革。當時天津商務總會總理王竹林發起籌還國債的倡議，該倡議得到全國商會的積極回應，「籌還國債會」「愛國公債會」等紛紛成立。「於是紳商士夫撙節日用以籌還國債，耕夫織婦盈餘布粟以籌還國債，傭工婢僕齒積薪勞以籌還國債，兒童孺子減縮餅餌以籌還國債，即下而至於倡優走卒，貧而至於乞丐，與夫凶而至於書吏丁役，亦莫不出其血汗所得，爭相解囊，以籌還國債。一時民情之踴躍，民氣之發舒，實為從古所未有。」[78]但是如此活躍和聲勢浩大的籌還國債運動並沒有和國會請願活動聯繫起來。在主導請願的立憲派代表看來，列強對中國財權的控制與對中國內政的干涉之動因不在列強，而在中國內政，「實因吾國政府對於憲政之事猶有半疑半信之心，半實半虛之舉動」[79]。由此，他們認為籌還國債運動和國會請願目的不同，不應聯合起來。可以看出，立憲派的政治視野相當狹隘，並未在請願活動中和更為廣泛的社會群體聯合起來。[80]

第一次請願失敗的打擊，讓立憲派認識到，請願活動不只是諮議局議員的倡議所能奏效的，必須聯合各個階層，在全國進行一次廣泛的宣傳與發動活動，才能成功。第一次請願失敗後不久，1910 年 2 月 6 日，在京代表開會將「請願速開國會同志會」進行改組，擴大範圍。他們首先成立報館，出版刊物《國民公報》，由原政聞社的常務員徐佛蘇任主筆。徐佛蘇的主筆原則是既「不對政府及私人上條陳」，也「不對革命黨及他派下攻擊」，而是「專對國民發言」，後來《國民公報》「痛詆清政府而鼓吹憲政」，「遂為立憲運動之大本營」，[81]通過報刊輿論造成極大的社會影響力。立憲派在第一次請願時未和商人聯合，這次則意識到商團已經在政治生活中佔有重要地位，主動聯絡商會，發表敬告商會書。「今

78 《慨籌還國債之結果》，《大公報》，1910 年 7 月 27 日。
79 《敬告籌還國債會及國會請願代表》，《時報》，1909 年 12 月 23 日。
80 關於第一次大請願的詳細過程，參見侯宜傑《二十世紀初中國政治改革風潮 — 清末立憲運動史》，中國人民大學出版社，2011 年，第 190-196 頁。
81 丁文江、趙豐田編《梁啟超年譜長編》，上海人民出版社，1983 年，第 513 頁。

日世界無不以工商業為立國之根本者。夫商人既一躍而居國中最重要之地位，則國中政治之得失自與商人有特別利害之關係，故吾國今日國會請願之事，尤應以聯絡商界為中堅」，因此他們呼籲：「急望各省商會共舉代表，大舉請願，而尤望彼此相約於四月中弦開聯合會於漢口，同時北上，借收聯絡接洽之效，益矢同舟共濟之心」。[82]正是在這樣的廣泛發動下，各省諮議局、教育會、商會和立憲團體積極活動，支持代表繼續請願，紛紛成立同志會支部。在第二次大請願活動中，改變了第一次請願時不聯合社會其他階層、立憲派單獨活動的狀況。在這種聯合中，可以看出，中國社會的政治重心已經開始轉移。而且在立憲派的鼓動下，整個社會的政治參與，不僅僅局限在士紳階層和有產者階層，社會下層也積極投入到當時的立憲運動中。在天津，「日來同志會迭接各處之簽名函件非常之多，而一般勞力家，親到該會簽名者，日必數十起……我國人民之渴望國會，熱心國事，已可概見」[83]。「法界儀品公司工人何茂林、徐翠璋、伍岳奎、許連仲等百數十人，日前開列名單，函寄順直請願國會同志會，請注簽名冊以盡國民天職」[84]。在黑龍江諮議局致請願代表團的函中說：「去冬發起請願會，雖兩次無效，而起動社會之力實為偉大。江省地處極邊，士民向不知立憲為何事，自有國會請願之舉，潮流所及，一般人民漸漸開明，近日江省之

82 《敬告各省商會請聯合請願書》，《大公報》，1910 年 4 月 22 至 23 日。
83 《本埠・愛國熱潮》，《大公報》，1910 年 10 月 2 日。
84 《本埠・工人愛國》，《大公報》，1910 年 9 月 8 日。

民望國會成立之志較他省為更殷。」[85]這樣，第二次大請願活動已經從地方督撫擴展到社會底層，在立憲派的鼓動下，整個社會圍繞國會、憲法而運轉。而且隨著請願活動的深入，結合為勢力群體的立憲派和清政府的對立情緒日增，逐漸脫離清政府控制，成為推動清政府滅亡的重要力量。而且在他們聯合請願的鬥爭中，群體意識已經開始變為政黨意識。

對於這兩次國會請願活動，可從兩個層次看：一是紳權開始高漲，並成為影響中國政局的力量，諸如諮議局聯合會的成立及其對國會權利的強調等；二是士紳階層由分散開始聯合，並超越本階層，成為全國性的領導力量，諸如聯合社會各團體並成為他們的領導力量，及至清政府拒絕速開國會，他們也由請願變為對清政府的威脅。1910 年 6 月 16 日請願代表遞呈了十份各團體的請願書，就在載灃召開政務處會議、討論起草詔旨拒絕第二次請願的前一日，孫洪伊等上書政務處大臣「力持速開國會之議」[86]，並以威脅的口吻指出：「各立憲國之所以尊重國會，與國會之所以能維持國家者，首在國會之握有立法權以編纂一切法律法規也……人民之所以要求國會者，必因目前極厭惡此種專制政體，極不信任此種官僚，故必欲參與立法，使之獨立於行政部之外……故吾國若一日不開國會，法律必無效力……政府既不授人民以立法之權利，人民即無遵守法律之義務。日後人民雖釀成大變，雖仇視政府，雖顯有不法之舉動，代表等亦無力可以

85 黑省致代表團之公函》，《盛京時報》，1910 年 8 月 10 日。
86 《國會請願代表第二次呈都察院代奏書匯錄》，1910 年，中國社會科學院近代史研究所圖書館藏刊本，第 51-52 頁。

導喻之，惟有束手以坐視宗社之墟耳」[87]。請願失敗即意味著士紳階層和清政府決裂，而清政府在狹隘的眼光中只知道維護皇族小集團的利益，他們越是加緊維護自己的利益，也意味著滅亡的命運已經加快步伐而降臨在他們的頭上。[88]

從強學會到立憲團體聯合起來和清政府決裂，一系列的事實意味著獲得政治權利的士紳階層將不再將自身命運寄託在皇權的轉變上，他們已經有了初步的憲政思想和政治實踐。其實到了辛亥革命前夜，整個中國社會已經被這些政治團體和地方勢力所控制，當革命派振臂一呼的時候，他們會順勢將清廷所具有的國家權力掌控在自己的手中，而得自於憲政的自由民主觀念也將進一步發酵，為下一步中國文化的變革奠定社會基礎和思想基礎。

第三節　民初黨爭的惡化與士紳階層的衰落

武昌城新軍倉促起義，反清勢力大聯合，南方各省紛紛獨立。立憲派和革命派聯合推翻了清王朝，由此結束了帝制，開啟了共和。辛亥革命的意義，一是開啟了民主共和的新時代，二是將專制王朝的上層組織摧毀。國家由專制轉入民主

---

87 中國第二歷史檔案館編《中華民國史檔案資料彙編》（第 1 輯），江蘇人民出版社，1979 年，第 131-132 頁。

88 關於第二次請願的詳細資料，參見侯宜傑《二十世紀初中國政治改革風潮 — 清末立憲運動史》，中國人民大學出版社，2011 年，第 199-206 頁。

共和的重建時代，對中國自鴉片戰爭以來的政治變革和學習西方是一次深刻的檢驗。從爆發過程來看，辛亥革命是近代中國各種矛盾彙聚起來的一次大爆發，在將專制帝國上層建築摧毀之後，掩伏其下的各種社會勢力紛紛湧出。概括來講，這些勢力分為三股：革命派、立憲派、軍人實力派。其各自的特點，如李劍農先生所概括：「第一派早已彰明昭著與清政府為敵；第二派想就滿清政府加以改良；第三派則尚無何種明瞭的色彩和宗旨，並且還沒有現出什麼派別系統的形式來，不過骨子裡面，隱隱以袁世凱為中心，成為一種獵官競權的團體。」[89]從民國建立到 1915 年《青年雜誌》創刊，正是這三派勢力在政壇上鬥法爭勝，結果革命派被實力派聯合立憲派打擊並遭解散，而立憲派的漸進改良政治路徑也被袁世凱的稱帝活動所粉碎。

如果我們分析民初政治生態環境的變化，可以說，這正是由立憲派而來的士紳階層逐步由活躍到消散的歷史過程，而這一階層的分化，恰恰和新文化的興起密切相關。在清政府實行預備立憲的改革中，立憲派已經通過立憲團體以及諮議局、資政院等建制性組織合法地擁有了部分政治權力。諮議局、資政院是上層士紳階層的聚合所在，而縣、鎮一級的鄉紳也通過代議制機構轉身為地方權力的實際擁有者。因此辛亥革命最為直接的結果之一是士紳階層的政治參與度獲得極大提高。在中國傳統的大一統帝制體系中，中央政府的政治權力只抵達到縣一級，連接府縣與村鎮的統治是依靠擁有

89 李劍農《中國近百年政治史》，商務印書館，2011 年，第 286 頁。

地位的鄉紳階層來完成的，形成了官紳合作模式。換句話說，傳統政治體制的政治參與形式是典型的精英政治，通過科舉的嚴格選拔，只有少數士人才擁有政治實權，鄉紳只是政府的輔助管理者，士與紳只是在意識形態的統一認同中保持一種協作關係。現在通過代議制，鄉紳轉身變為實際的政治權力擁有者，這種政治參與度的提高，極大地影響了民初的政治文化生態。辛亥革命的直接結果是將皇權專制體制的上層統治摧毀，但是中下層的政治勢力依然是官僚勢力，而且原來在野的鄉紳經過代議制機構的建制，變成合法的權力擁有者。如果對民初的士紳階層進行整體分析，我們會看到整個士紳階層從上到下，其思想觀念是一層比一層保守落後。活動在省、中央一級議會中的士紳階層雖然大部分是傳統教育出身，但是在從維新運動開始到民國建立的這十多年間，受時代風氣的影響，他們或通過學會接觸新學，或出洋考察、留學，在思想觀念上已經與傳統的士紳階層有了很大不同，他們對西方的民主政治、現代思想文化有了較為深刻的理解。但是處在中下層的鄉紳階層，思想觀念依然相當保守落後，雖然他們經過代議制的機構獲得了權力，但他們與民主共和制還有隔膜，傳統的宗法觀念依然是他們最為主要的思想意識。面對時代巨變，上層士紳能做出很快的反應，在保路運動、武昌起義、組黨參政等政治活動中，很快就能從立憲立場轉變到革命立場，無情地和清政府決裂。但是中下層士紳則多半是被動或者投機地捲入這場時代大變革中。如此一來，在政治參與度擴大之下而步入政治鬥爭的士紳階層難免形成魚龍混雜的政治態勢，民初的黨爭將這一階層在現代民主制中的缺點暴露無遺。從整體來看，這一階層在政治現代化中並未實現自身的現代轉變，反而成為政治和文化變革的阻力，新文化的興起，恰恰構成了對這一階層的批判與超越。而要探明新文化勢力的出現，首先要對士紳階層在民初政治文化演變中的分化衰落做出分析。

辛亥革命瓦解了清王朝的統治，在民主共和的政治體制建設中，軍人實力派和士紳階層幾乎壟斷了當時的政治格局。如果對照晚清的諮議局和民初的國會，就會發現清末的諮議局幾乎完全由士紳階層控制，革命後的直接結果，是原來被視為逆黨的革命黨可以名正言順地進入統治機構；而民初國會中的議員代表相比諮議局，組成更為複雜，但士紳階層依然是主體。

在清末 21 省的諮議局中，選舉產生的議員共有 1643 人。張朋園先生統計了 15 省的議員共 1288 人，占總數的 2/3，這其中進士占 4. 35%，舉人占 21. 27%，貢生占 28. 73%，生員占 34. 8%，約 80%的議員有傳統功名，應可清晰地反映議員的傳統教育背景。[90]但據賀躍夫的研究表明，實際情形遠超過 80%，士紳階層幾乎壟斷了諮議局的名額，因為議員登記冊不能完全反映議員的出身背景。各省諮議局議員名冊，固然以正途功名登記入冊者為多，但以官銜或地方公益資格註冊者，其實亦有可能有正途功名或有由納捐而來的監生或官銜等身份。如廣東諮議局的 94 名議員全部來自士紳階層，其中，有舉貢生員及進士等正途科舉功名者 85 人（進士 3

90 張朋園《民主政治的嘗試 — 清季諮議局議員的選舉及其出身之分析》，《近代中國 — 知識份子與自強運動》，食貨出版社，1977 年，第 135-137 頁。

人，舉人 26 人，貢生 32 人，生員 24 人），有官銜者 9 人。廣西諮議局的 64 名議員中，62 人有科舉功名（進士 3 人，舉人 13 人，貢生 15 人，生員 31 人），另外 2 人，一為清末大官僚唐景崧之子，得父蔭而為蔭生，並有陸軍部主事的官銜；另一為士官之後，襲世職，援例為蔭生。因此，賀躍夫推斷，清末各省諮議局議員基本皆來自士紳群體。[91]清廷決定諮議局議員名額時，也是以科舉取進學額的 5%為標準。選舉過程和民主制度下的公民投票有別，很多地方是指導投票，名義上是選舉，實際是官方指派。

張朋園根據日本人左藤三郎的《民國精華》一書，對書中收入的 499 位民初國會議員的年齡、教育背景、社會背景、經歷做了統計分析。兩院議員平均年齡為 36. 45 歲，30 至 34 歲者人數最多。在 499 名議員中有傳統功名者為 257 人（51. 5%），在這 257 人中 58 人（11. 66%）已轉而接受國內新式教育，105 人（21. 05%）前往日、英、美留學，只有 94 人（18. 84%）於傳統功名之外，未曾自求蛻變；499 名議員中新式教育出身且不具傳統功名的人數為 242 位（48. 5%），其中 89 人（17. 84%）為國內新式學堂畢業，153 人（30. 66%）留學日本。[92]因此在 499 名議員中，除去未曾自求蛻變的傳統功名者 94 人之外，籠統接受新式教育的議員有 405 人，應該說民初兩院中受新式教育影響的議員比

91 賀躍夫《晚清士紳與近代中國社會變遷 — 兼與日本士族比較》，廣東人民出版社，1994 年，第 178 頁。

92 張朋園《知識份子與近代中國的現代化》，百花洲文藝出版社，2002 年，第 314-315 頁。

重較之晚晴諮議局時代大有提高。但相對 36. 45 歲的平均年齡來講，這些擁有新式教育的議員，大部分都已完成了傳統教育，其思想觀念中傳統因素仍占主導。張朋園先生將這 405 名議員所受的新式教育分為留日、大專、法政、師範、自治五類，以法政學堂為主，可以看到這些新式教育其實都是相當短暫和淺近的教育。恰如張先生所分析的，新學的影響力是十分淺顯的。「法政學堂有一年、二年之不等，其程度不過今日之初級專科學校。自治研究所則為數月或半年不等之短期訓練，有無功名均可參加，程度不超過今日之高中生。師範學校則為培植師資而設，入學者亦多下層士紳，在學一年、兩年不等，程度與法政相當。此處之大專界說則甚鬆懈。清末民初國內已有大學堂，但其程度亦難與今日相提並論。留學日本，程度亦參差不齊。1900 年後中國留學生大量湧入日本，1906 年之際，已超過 2 萬人。日本為應付大量中國留學生之要求，速成學校如雨後春筍，亦不乏開學店圖利者，真正進入東京或京都之帝國大學者，十不得一。故此處之留學程度實不宜過於高估。惟本世紀之開始，日本維新已有三十餘年，氣象蓬勃，能至日本一遊，耳目為之一新，觀念自然隨之有所改變，留日學生雖未必深入書本吸收新知，所見所聞刺激其求變思想，實為回國後推動改革的原動力。然日本模仿西方，我們再模仿日本，一再轉手，欲求瞭解三百年來西方的巨大轉變，無異戴面紗者之觀察事物，難免有看走樣的地方。議員中留學歐美者僅數人，尚不發生作用。」張朋園《知識份子與近代中國的現代化》，百花洲文藝出版社，2002 年，第 321 頁。張先生的這種觀察相當準確，所謂新式教育之於士紳階層的影響，只是使其在政治變革的態度上有了很大的轉變，他們在遊歷日本的過程中對西方現代政治有了一種直觀的印象，但民主政治實踐所需要的知識、經驗則是相當粗淺。據江西眾議員文群 1958 年的回憶：

> 民初議員……除極少數留學歐美者，曾目擊彼邦國會實況，研習英儒洛奇（Locke）諸人學說，或服膺美國傑弗遜（Jefferson）等言論以外，其他多數人對於民主制度實尚隔膜，其中不少留學日本者，而四十年前的日本，亦並無民主規模可資學習。
> 民初議員……留學歐美者少，而留學日本及畢業國內者多，其所習多屬法律、政治、經濟各科……更有曾充任清末各省諮議局議員，有實際經驗者，如奉天吳景濂、湖北湯化龍、直隸孫洪伊等皆是。[93]

故而總體而言，士紳階層思想觀念並非保守，但是從教育程度及他們的社會經歷來看，他們處理民主共和的政治方式仍受制於傳統思維和經驗。而且最為重要的是，這樣一種群體結構和西方資產階級群體的最大不同點在於：西方議會中的議員以工商實業者為主體，而中國的這些士紳則少有工商經驗和背景。民主制度是資產階級為了開闢自由貿易而和封建階級搏鬥形成的政治制度，但中國推行民主制度的上層領導基本上是封建時代的士紳階層，他們為挽救民族危機而

93 文群《民主政治在中國》，《議會雜誌》，第 16 期，1958 年 7 月。

效仿西方。真正的工商業者在整個國會中僅占極少名額，張亦工對第一屆國會議員中的 438 人的身份背景做了詳細的統計分析[94]，將他的分析匯合成表格，結果如下：

成　分	人　數	百分比（%）
民族資產階級	12	2.6
職業革命家	28	6.2
政黨領袖	17	3.7
自由職業知識份子	157 （其中記者、律師 22 人、教育工作者 100 人，學生 33 人，學者 2 人）	30
新政府官員	73	16
原清政府官員	86	18.9
紳士	65	14.3

民族資產階級只占 2. 7%，可以說是微乎其微。就此問題金觀濤先生認為，這一階層基本上是自晚清新政，特別是預備立憲之後城市化士紳的擴張。他在分析 1912 年臨時參議院公佈的選舉法時指出，「第四條對選民資格作了如下規定：（1）年納直接稅 2 元以上者；（2）有值 500 元以上不動產者；（3）有小學以上畢業學歷者。根據這個標準，很多純粹的商人和新興資本家是沒有選舉權的。直接稅是指傳統的地丁漕糧，厘金不在其列。商人和資本家當然很容易有 500 元以上的資產，但只有房產還不行，土地等才算不動產。很多資本家用的廠房和土地是租來的，而且他們往往沒有學歷。根據選舉法，一個富有的農民可以有選舉權，而很多新興實業家卻沒有資格。因此，選舉法一公佈，就遭到商人的普遍

94 張亦工《第一屆國會的建立及階級構成》，《歷史研究》，1984 年第 6 期。

反對。」[95]最能為自身利益而擁護資產階級民主制度的工商業者的缺席，註定了這一制度建制本身的先天不足。

應該說與革命派相比，自晚清政治變革而興起的立憲派士紳階層在民主政治知識的學習和實踐上，經驗要更加豐富。清末新政期間，在組織學會、社團、黨派的政治實踐中，他們已經參與了議會政治的初步訓練。革命派則幾乎將全部精力用在革命上，對民主政治的建設並未留意，只有少數人如宋教仁等對民主制度的建設較為留意。而軍人實力派則基本上延續了清朝的官僚政治經驗。雖然從康梁創辦「強學會」時代起就積極學習西方現代民主制度，但是這一制度始終被傳統勢力所束縛而難以在中國的政治文化土壤中生根。在中國由傳統向現代的轉型中，政治文化是核心，應該說包括文學藝術在內的新文化要生根發芽，很大程度上取決於政治態勢的轉變。而新文化的興起，正是源於對士紳階層在實踐民主共和制度過程中的失敗的反思。這一反思的結果，無論是從文化變革的取向上，還是從文化實踐主體的更替上，都為新文化的出現創造了條件。

士紳階層首先是以黨派競爭的方式來進行代議制民主制度的建設，組黨建黨、展開黨際競爭對士紳階層而言是一種非常陌生的政治實踐。雖然他們有組織立憲團體和諮議局聯合會的經驗，但這還難以稱之為政黨實踐，在清政府存在的前提下，這些組織只能是諮議性或輔助性的社會組織，與以不同黨見展開權力競爭的黨派相差極大。據張玉法先生統

95 金觀濤、劉青峰《開放中的變遷 — 再論中國社會超穩定結構》，法律出版社，2011 年，第 163 頁。

計，武昌革命爆發後迄於 1913 年底，新興的公開黨會凡 682 個，計政治類 312 個，聯誼類 79 個，實業類 72 個，公益類 53 個，學術類 52 個，教育類 28 個，慈善類 20 個，軍事類 18 個，宗教類 15 個，國防類 14 個，進德類 9 個，其他 10 個。[96]其中 300 多個黨會演變的大致狀態是：從武昌革命爆發到 1913 年 6 月間為黨會勃興時期，1913 年 6 月以後，國民黨開始與袁政府從事武裝鬥爭，乃有不准私立黨會的禁令，許多激烈的黨會被封閉，一般性的黨會活動也趨式微。[97]

由臨時國會到正式國會遭解散的過程中，黨爭造成了士紳階層劇烈的分化組合。這一分化組合過程加速了各種派系的矛盾，也開始從政黨競爭中轉變出一支宣導文化思想變革的勢力團體。因此民初的黨際競爭直接導致了兩個後果：一是將士紳階層所代表的中國政治文化的缺點暴露無遺，將他們由時代變革的領導者變成了被批判者；二是隨著這些士紳階層的分化組合，中國近現代的社會變革出現了新的轉機，開始由制度建設轉向文化建設，人們開始從文化思想層面反思民初共和建設失敗的根由。

晚清時期，立憲派和革命派鬥爭的焦點都在清政府，立憲派是想通過改造皇權體制來實現君主立憲，革命派為推翻清政府統治而聯合成同盟會。清政府是維繫二者的共同焦點，一旦這個焦點消失，兩派內部的分裂隨之而來。南京臨時政府期間，同盟會暴露出年輕氣盛、舉動暴烈的缺點，飽受詬病。於是一些團體從同盟會中分化出來，和其他一些團

96張玉法《民國初年的政黨》，岳麓書社，2004 年，第 32 頁。
97張玉法《民國初年的政黨》，岳麓書社，2004 年，第 33 頁。

體一道，在與孫中山矛盾很深的光復會領袖章炳麟的領導下，組成「中華民國聯合會」。湖北軍政府中的孫武、藍天蔚等擁戴黎元洪，以湖北人為中心組織了「民社」。「中華民國聯合會」與「預備立憲公會」以張謇為領袖，並以江浙人士為中心，聯合成立「統一黨」，統一黨又和「國民協進會」「民社」聯合組成了「共和黨」。在北京臨時參議院中，首先是同盟會和共和黨相競爭，同盟會以「民權黨」自命，而共和黨以國權黨自命。兩者爭論激烈，但都難以左右政局，而居於兩黨之間的就是「統一共和黨」。統一共和黨既有先前加入同盟會的，也有原來的立憲派，其政治立場介於同盟會和共和黨之間。除了這三大政黨派系外，還有諸多小黨派，諸如陳錦濤、徐謙領導的「國民共進會」、以岑春煊、伍廷芳為名譽總理的「國民公黨」、董之雲領導的「共和實進會」、張國維領導的「國民公會」、潘鴻鼎領導的「國民黨」，還有諸如「共和俱進會」「共和促進會」「國民新政社」等小黨。

在正式國會成立後，黨際之間的競爭與分化更為劇烈。鑒於民初政黨混雜，章士釗主張「毀黨造黨論」，而同盟會的領袖宋教仁更是力主政黨政治。在宋教仁的努力下，1912年8月15日，同盟會便與統一共和黨、國民共進會、國民公黨、共和實進會等政團合併成立「國民黨」。而共和黨也聯合民社、統一黨、國民協進會、國民公會、前國民黨以擴大勢力，但章炳麟派的統一黨依舊分裂出去。

1912年10月，梁啟超回國。由「憲友會」分化出的「共和建設討論會」與統一共和黨聯合共和俱進會、共和促進會、國民新政社、「憲政黨」等合併為「民主黨」，該黨以梁啟超為幕後主腦，湯化龍為理事長，林長民、孫洪伊等為骨幹。「民主黨雖有與共和黨合併之勢，然民主黨主要分子多屬清季各省諮議局聯合會、國會請願代表及南方實業家，在漸進派中尚稱激進，初隻主張普及政治教育，不注重爭取實權。」[98]

國會選舉，國民黨在兩院中占絕對優勢，為了能和國民黨相抗衡，共和黨、統一黨、民主黨又進行了三黨聯合，成立「進步黨」，由此國會中形成了以國民黨和進步黨為兩大黨的格局。在這些政黨的分化組合中，既未能形成兩黨競爭的政黨政治，也未能將政局穩定下來，反而使得國家的上層建制越來越脆弱。很多政黨成立的目的並非實現政治抱負，而是迫於時勢，不得不借助黨勢獲取個人權勢。「這些小黨派小集團，往往是少數幾個人甚至一個人所發起，拉攏幾個見獵心喜的同志和可資號召的軍政界紅人，就把招牌掛起來，發表宣言，招收黨徒，到處活動。有的是為了擁護一個領袖共謀富貴而組織的，有的是為了乘機湧進行政機關，爭幾個人的地位而組織的，有的則是為了對抗其他集團而組織的。各個小黨派都紛紛派人進行聯絡工作；有許多被人爭相羅致或擁護的紅人，他們的名字甚至同時出現在好幾個黨派的檔上。這些黨派口口聲聲主張「共和」，事實上卻並沒有固定的政治綱領，哪裡有勢可借有利可圖便趨向哪裡，因而旋生旋滅，旋合旋分，流動不居。其中有許多到現在只剩下一紙宣言和簡章，究竟是些什麼黨派，已經很少有人知道了」[99]。這樣的描述雖未免有些偏激，但大體符合許多小黨派的

---

98 張玉法《民國初年的政黨》，岳麓書社，2004 年，第 106 頁。
99 黎澍《辛亥革命前後的中國政治》，人民出版社，1978 年，第 48-49 頁。

實況。同盟會未改組以前，規定 1911 年 10 月 10 日前入會者方可登記為黨員，其時同盟會氣勢正盛，在內閣和國會中佔據優勢，重要職位多由其黨員擔任，這些黨員固然包括很多豔羨權勢者，但也有很多懷有政治抱負的人，且這些有志者不借由黨勢也難以步入政局。

此外，士紳階層在當時黨爭中暴露出來的最大問題則是憲政原則的缺失。我們在前面分析了這些政黨成員的教育背景和從政經歷，他們是在中國傳統思維模式下著手組建政黨，如此一來，其所建設的民主共和體制難免走樣。金觀濤在分析民初憲政失敗的思想文化根源時認為，憲政之所以難以成功，根本原因在於這些城市化士紳階層在進行政黨政治時，其思維習慣依然是傳統模式，難以和憲政原則相相容。建立民主共和政治體制，關鍵在於確立憲法的權威。憲法權威和傳統專制體制背後的思想文化觀念有很大的差別。所謂憲法權威，就是在法的精神下所確立起來的規範認同。人們可以以不同的政治立場、不同的政治追求結合為政黨，通過議會中的黨爭來實現所屬黨派的政治綱領，通過各種法律諸如國會組織法、總統選舉法、憲法修改規則等來規範黨際之間的競爭，一旦大家所認同的立法機構制定了憲法，黨際之間的競爭必須遵從憲法規定的原則。對憲法的服從所體現出來的就是現代民主政治的理性原則，「追溯民主政治中『服從』的理由就可以發現，憲法或不成文的憲政傳統是政治統治權威和法律合法性的來源，人遵守憲法和法律，服從統治，是依靠超越特定宗教或意識形態的理性精神。這與傳統社會中人處於對上帝的敬畏或認同於某種意識形態而服從政治統治和法律，是大不相同的」[100]。在這種理性化的規範認同中，黨際之間沒有一個絕對的權威，將政見分歧的黨派統一在代議制機構中的是各種規範。黨際之間不斷競爭和博弈的過程，也就是理性化的規範認同越來越深入堅固的一個過程。人們可以有不同的宗教信仰、不同的思想觀念、不同的利益訴求，但是都可以在規範認同中尊重彼此的權利。民主政治所要求的這種理性認同所體現出的憲法權威，和士紳階層原來基於獨斷性意識形態的權威認同大相徑庭。

中國歷代封建王朝維繫國家體制的穩定基石是對權威意識形態的認同。王亞南分析中國官僚專制體制時認為，從秦漢開始中國國家體制的維繫是奠定在如下三個基礎上的：「一、天道觀念；二、大一統觀念；三、綱常教義」[101]。這三個觀念系統成為儒家意識形態認同的基石。「天道觀念」解釋的是君王統治權的合法性來源問題，君主權力得自天，君主代替天來管理民眾，由此決定了君權的神聖不可侵犯；在地方行政管理中貫徹「大一統觀念」保證君權不被地方諸侯和王公大臣所分裂；在家庭教育中貫徹「綱常教義」，則由對父權和夫權的維護來馴化個體對絕對君權的服從。基於這種倫理思想觀念教育出身的士紳階層在實施憲政建設時，雖然對民主共和充滿了非常高的期待，但在政治實踐中則難以和憲政所要求的憲法權威精神相通。民初黨際之間所表現出來的惡性競爭，正是這種憲政精神的缺失在士紳階層中的

100 金觀濤、劉青峰《開放中的變遷 — 再論中國社會超穩定結構》，法律出版社，2011 年，第 145 頁。

101 王亞南《中國官僚政治研究》，中國社會科學出版社，1982 年，第 70 頁。

體現。南京臨時政府期間同盟會制定《臨時約法》，不是將憲法的制定確立在規範認同的權威性基礎上，而是想盡辦法限制袁世凱，由開始的總統制改為後來的內閣制，在府院關係上不考慮權力制衡，而是將國會權力無限放大；宋案發生後放棄法治解決的途徑，匆忙訴諸武力解決；在第一屆內閣中，身為總統的袁世凱直接委任王芝祥為直隸都督，而在任命書上沒有讓內閣總理唐紹儀副署，引起唐紹儀的辭職和第一屆內閣的垮台。袁世凱可以輕易地將內閣制規則破壞，而其他黨派所爭論的焦點並非袁世凱是否違憲，而在於王芝祥是否勝任。正如李劍農分析此事時所指出的：「《臨時約法》此時已經等於廢紙，而那些反對同盟會派的參議院和新聞記者，不知此事關係的重要，因為平素不滿意於唐的緣故，對於唐的辭職出走，反加以嬉笑諷刺；就是同盟會的議員也只以王芝祥督直的目的不能達到為恨，對於副署的責任問題，好像也並未十分注意，何況一般的人民知道什麼共和約法，什麼內閣的去留呢？此種問題，莫說在英法，就是在天皇大權的日本，假使天皇發下一道沒有首相副署的敕任令來，日本的議會和新聞界要發生一種什麼喧嚣的狀況？是不是『違憲』、『違憲』的聲浪要震動全國？」[102]民初的黨際競爭，顯然和憲法所要求的規範認同相去甚遠，在憲法權威缺失之下的黨際競爭，逐步演變為朋黨式的權勢之爭，正如當時的評論指出：

---

102 李劍農《中國近百年政治史》，商務印書館，2011 年，第 354 頁。

> 甲黨與乙黨本無可以合併之理由，而欲利用以抵制丙黨也，則姑牽率而與之合，故有不崇朝而集三數黨為一黨者，而甲黨之聲勢，乃立超乎丙黨之上矣！丙黨知其然也，即還用其術以制之，而丁戊以下之各黨，亦不崇朝而被吸於丙黨，丙黨之聲勢，又突跨甲黨而過之矣……既合併矣，而或一黨之中有一部分之意未愜，而反對並黨者有之，或一二黨魁，以欲綜攬黨中之全權而不得，而宣告脫黨者有之，故方集合三數黨為一黨，曾不數日而分離之局已成，忽又化一黨為兩黨矣……即使合併以後而無分裂之事矣，而一黨之中內訌百出……遂寖寖分為數派矣！[103]

在這種惡性的黨爭之下，士紳階層由變革社會的主導力量成為被批判的對象。魯迅對四銘、假洋鬼子等人的批判，正是士紳階層社會地位的轉變在文學作品中的反映，他們已經難以肩負起推動社會變革的歷史使命。受傳統教育和政治經驗的局限，他們無法在憲政規範認同中形成良性競爭。這一階層已經迷失在歷史的混亂中，劉納先生曾經在《嬗變》中對這一階層的墮落做了仔細的分析，以「罵世」「警世」「混世」「避世」「售世」來概括當時文人群體的處世態度。「中國政治舞台上演著出出鬧劇，流品日濫的各類人物走馬燈似的上台表演，赳赳武夫們正翻雲覆雨、擁兵自貴，欺世盜名的政客們則播弄權謀、招搖煽惑、舞智弄巧。」在這樣的政治態勢下，文人群體的社會地位迅速下降，「這一時期

103 超然《中國興亡論》，《獨立週報》，第 10 期，1911 年 11 月 24 日。

的國家政治生活中，已經沒有持守文人立場的人可扮演的角色，他們的濟世精神無不受到極大的挫折」。[104]在晚清到民初的時代風雲中，他們已經耗盡了歷史動能。圍繞立憲和革命兩面旗幟的文人群體曾叱吒歷史舞台，而現在，群體中彌漫著巨大的無用感，「無用感、挫敗感、頹廢感充斥於這一時期文人們留下來的文字中。曾經自詡為『國之干城』的志士們束手無策了，曾經為民主自由而歌的詩人們一蹶不振了」[105]在士紳階層衰落的同時，新式教育群體逐漸興起（關於新式教育群體的形成，在論文第三章中有全面論述）。新式群體的結合，逐步擺脫了黨派性的政治之爭，轉變為思想文化之爭，而在《新青年》掀起思想文化變革的時候，新文化勢力群體首先從原來黨派性的士紳群體中分化出來。

第四節　文人群體的分化與新文學團體的形成

在士紳階層衰落的過程中，這一群體產生了分化，而分化的關節點在於二次革命的失敗。對於這場倉促革命的失敗，同盟會成員內部首先進行了反思，結果從革命群體中出現了一批以思想文化啟蒙為使命的成員，他們開啟了文化變革的前奏。

二次革命後，從同盟會演變而來的、宋教仁組建的國民

104 劉納《嬗變》，中國人民大學出版社，2010 年，第 115 頁。
105 劉納《嬗變》，中國人民大學出版社，2010 年，第 116 頁。。

黨，在內外矛盾的交困下開始分化。同盟會本由秘密會黨發展而來，本身就內部意見不統一。孫中山辭去臨時大總統後，並未注意組黨來進行議會政治，而是著手民生主義的宣傳與實踐；秘書長胡漢民赴廣州任都督；協理黃興留守南京，手無實權，亦未留心政黨建設；協理黎元洪另組民社；社會部主任幹事張繼宣傳無政府性質的社會主義運動；總務部主任幹事汪兆銘出國留學。只有政事部主任宋教仁一心專注於政黨建設和黨派競爭。[106]宋教仁認為，「以前，是舊的破壞時期；現在，是新的建設時期。以前，對於敵人，是拿出鐵血的精神，同他們奮鬥；現在，對於敵黨，是拿出政治的見解，同他們奮鬥」[107]。及至國民黨和袁世凱勢力的對立矛盾越來越嚴重，在對待袁世凱北洋勢力的態度上，國民黨內部已經分化出激進派和溫和派，如著名記者黃遠庸所分析的：「蓋國民黨中無論法律派與非法律派，其目的專在排袁，特其手段稍異。其先法律派之排袁，僅在政黨內閣，至宋案發生後，則一律主張不舉袁矣……於是，武力派主張以武力倒袁，法律派則主張以法律倒袁。」[108]武力派在江西倉促起兵討袁，結果很快被鎮壓。贛寧之役使得國民黨中的武力派遭到重創，更遭到輿論譴責。在革命派起兵的前夕，梁啟超就發表了《革命相續之原理及其惡果》，痛斥革命之非，「革命只能產出革命，決不能產出改良政治。改良政治，自有其塗轍，

106 張玉法《民國初年的政黨》，岳麓書社，2004 年，第 46 頁。
107 宋教仁《國民黨鄂支部歡迎會演說辭》，陳旭麓編《宋教仁集》（下冊），中華書局，1981 年，第 456 頁。
108 黃遠庸《遠生遺著・最近之大勢》（第 3 卷），商務印書館，1984 年，第 119 頁。

據國家正當之機關，以時消息其許可權，使自專者無所得逞」[109]。進步黨並在國會提出議案聲討國民黨，在維護國家統一的立場上反對國民黨的暴力革命。1913 年 11 月 4 日，袁世凱借國民黨在湖口倡亂之名，下令解散國民黨，並追繳國民黨議員之證書徽章。當日被追繳者，參議員 129 人，眾議員 225 人；翌日續行追繳者，參議員 3 人，眾議員 81 人；總計眾議員 306 人，參議員 132 人，共 438 人。以致兩院殘留之議員均不滿法定參會人數，不能開會。由此國會關閉，袁世凱獨攬大權。國會解散對當時的政局影響巨大，不願再與袁世凱合作的勢力重新尋找變革中國的道路。國會解散加速了內部矛盾重重的國民黨勢力的分化，孫黃矛盾進一步加劇，逃亡中的國民黨精英開始以不同的思路反思二次革命失敗的原因，形成了以「歐事研究會」為中心的溫和派和以「中華革命黨」為中心的激進派。

孫中山組建中華革命黨，認為二次革命之所以失敗，是因為缺乏具有絕對領導權的領袖以致組織渙散，「此無他，當時立黨徒眩於自由平等之說，未嘗以統一號令、服從黨魁為條件耳。殊不知黨員之於一黨，非如國民之於政府，動輒可爭平等自由，設一黨中人人爭平等自由，則舉世當無有能自存之黨。蓋黨員之於一黨，猶官吏之於國家，官吏為國家之公僕，必須犧牲一己之自由平等，絕對服從國家，以為人民謀自由平等。惟黨亦然，凡人投革命黨中，以救國救民為己任，則當先犧牲一己之自由平等，為國民謀自由平等，故

---

109 梁啟超《革命相續之原理及其惡果》，李興華、吳嘉勳編《梁啟超選集》，上海人民出版社，1984 年，第 640 頁。

對於黨魁則當服從命令，對於國民則當犧牲一己之權利……是以此次重組革命黨，首以服從命令為唯一之要件」[110]。所有黨員，不論資格，皆得按指印重立誓約，以示決心。黨員分為首義黨員（元勳黨員）、協助黨員（有功黨員）、普通黨員（先進公民），按等級享受革命成功後的待遇。孫中山特別強調「服從黨魁」，試圖延續同盟會時期秘密會黨的方式以加強國民黨的凝聚力，帶有強烈的幫派色彩，引起很多黨員的反對。

這種帶有會黨性質的組黨方式遭到黃興等人的反對。黃興認為國民黨應該戒除門戶之見，聯合各派人士，在磨煉中堅定黨員信念。「若從根本上做去，本吾黨素來所抱之主義發揮而光大之，不為小暴動以求急功，不作不近情言以駭流俗，披心剖腹，將前之所是者是之，非者非之，盡披露於國民之前，庶吾黨之信用漸可以恢復，又宜寬宏其量，受壤納流，使異黨之有愛國心者有所歸向，夫然後合吾黨堅毅不拔之士，學識優秀之才，曆百變而不渝者，組織幹部，計畫久遠，分道進行，事有不統一者，未之有也」[111]。面對國民黨當時從組織到聲譽方面受到的打擊，黃興更願意從思想文化方面強化革命意識，普及現代政法知識。1914 年 2 月，黃興即借「東京工科學校」，建立政法學校，向留學生和革命流亡者教授經濟、法律、政治知識。

110 孫中山《致陳新政及南洋同志書》（1914 年 6 月 15 日），《孫中山全集》（第 3 卷），中華書局，1981 年，第 92 頁。
111 黃興《復孫中山書》（1914 年 6 月 1 日或 2 日），湖南省社會科學院編《黃興集》，中華書局，1981 年，第 357 頁。

1914 年 6 月，第一次世界大戰爆發，流亡日本的國民黨人彭允彝、殷汝麗、林虎、程潛等認為歐戰對中國影響巨大，以跟隨黃興的李根源為核心，於 8 月 13 日發起組織了歐事研究會，對世界大戰與中國革命的關係做出詳盡的探討。相比中華革命黨，歐事研究會是一個思想立場相近的同人組織，沒有嚴密的組織，也不設最高領導人，連入會手續都沒有。其實歐事研究會的真正用意是以「一戰」為名目，來掩飾國民黨內部的分裂，正如當事人章士釗所回憶的：「顧黃派軍人不甚謂然，黃去而仍未即投孫，依舊別樹一幟，與孫對抗。歐事研究會，於焉支援一段較長時間。雖其時世界第一次大戰，業經爆發，此不過假借世運，掩飾內訌，非本會之真實職志也。」[112]歐事研究會基本是一個以黃興為核心的帶有思想啟蒙和宣傳性質的鬆散組織。研究會成立後，核心人物李根源即去信邀請遠在美國的黃興加入，黃興欣然同意，「知公等設立歐事研究會，本愛國之精神，主旨宏大，規劃周詳。其著手辦法，尤能祛除黨見，取人才集中主義，毋任欽仰。又承決議認弟為本會會員，責任所在，弟何敢推辭」[113]。歐事研究會成立初始，會員基本上是黃興的部下，他們推崇黃興為自己的精神領袖。雖然歐事研究會有和孫中山組織的中華革命黨相區別的意思，但在立會精神上並未表示和中華革命黨決裂。他們在成立過程中商定了四項「協定條件」：「一、

112 章士釗《歐事研究會拾遺》，《章士釗全集》（第 8 卷），文匯出版社，2000 年，第 280 頁。

113 黃興《復李根源等書》（1914 年 9 月 3 日），湖南省社會科學院編《黃興集》，中華書局，1981 年，第 388~389 頁。

力圖人才集中，不分黨界；二、對孫中山先生取尊敬主義；三、對於國內主張侵潤漸進主義，用種種方法，總期取其同情為究竟；四、關於軍事行動，由軍事人員秘密商決之」[114]。

歐事研究會的核心刊物是章士釗所辦的《甲寅》，雖然其創辦時間比歐事研究會成立早，但章士釗本人和黃興有很好的私誼，章士釗雖不是國民黨黨員，但和國民黨關係密切，而且章士釗獨立的超黨派政論觀察家的立場更是為黃興所看重。在胡漢民創辦《國民》和《甲寅》雜誌的時候，黃興就寫信讓章士釗在二者中擇一來主持：「雜誌之事，昨日漢民兄等仍要求兄主任其事，尚未得見承諾，殊為懸懸。弟思袁氏作惡已極，必不能久於其位，兄能於此刻為收拾人心之舉，亦不為早。兄前所談，弟亦主張，兩者之間，孰緩孰急，惟兄察之。至組織後，如最激烈分子，當可設法使其不僨事。」[115]從此信中可看出，黃興相當看重章士釗的獨立立場，並且希望章士釗能以雜誌宣傳的方式來「收拾人心」，既是為了振奮因二次革命失敗而消沉的社會情緒，也為了重塑國民黨飽受訾議的社會形象。

革命黨人以歐事研究會和《甲寅》雜誌為中心集結在東京，可以說，這次集結的重要意義分為兩個層面：一是超越了黨派偏狹的立場，容納了更多具有相近思想立場的新興勢力；二是將變革中國的思路從政黨政治的策略變為思想觀念的啟蒙，開始尋求較為統一的思想立場來聯合各派力量。這

---

114 蕭致治《黃興評傳》，南京大學出版社，2001年，第426頁。
115 黃興《致章士釗書》（1914年3月24日），《黃興集》，中華書局，1981年，第351頁。

就意味著在民主共和建設中，人們更為看重思想觀念的宣傳，不再局限於狹隘的黨派利益，這在當時的政治文化生態中開闢出變革中國的新空間。

1914 年末，歐事研究會成立不久，作為發起人之一的殷汝驪返回上海，於 1915 年春夏之交與國會解散後留在上海的谷鐘秀、歐陽振聲等一起發佈歐事研究會「活動計畫」。據日本學者松本英紀研究，「『計畫』中有兩條：（甲）對當代有影響力的人物，採取廣泛聯絡主義，以使人才集中，主張一致。（乙）對現在政局，採取穩健的改進主義，逐步使人心和輿論回歸。相對於民初黨派之間的惡鬥，歐事研究會極力強調如何聯合各派勢力，『力圖人才集中，主張一致』，『聯絡範圍不分黨派』，對於『即是反對過的黨員，能接觸的儘量接觸』。面對逆轉的政局，認為『全國人民已明其非，只是必須有連絡人心之道，繼而掌握他們的變化、趨向，然後著手進行改進』。」[116]「活動計畫」中另一個重要內容是辦學校和經營出版公司：聘請有名而又不遭當局忌諱的人才，在上海共同建立法政專門學校；在各學科中成立學會，聯絡有名望的人參加；以上海為據點，設立「泰東書局」「明明編譯社」。谷鐘秀、楊永泰等人則早在 1914 年 1 月，以「指導社會、忠告政府」為主旨，發行創辦了《正誼》雜誌，與《甲寅》共同探討挽救共和之道。在輿論界為袁世凱所控制而一致鼓吹帝制的當時，這兩份雜誌被看作「神州放出的一線光明」[117]。

歐事研究會除了在東京、上海展開活動外，在巴黎也同

116 松本英紀《中華革命黨和歐事研究會》，《民國檔案》，1990 年第 3 期。
117 蔣永敬《歐事研究會的由來和活動》，《傳記文學》，第 34 卷第 3 集。

樣得到支持。圍繞在《新世紀》雜誌周圍的國民黨流亡者，諸如蔡元培、吳稚暉、汪精衛、張繼等人也要求加入。吳稚暉、汪精衛和張繼先後在《甲寅》上發表詩文。他們也受「一戰」影響，聯合戰時法國工業界的中國工人於 1915 年初組織了「勤工儉學會」，1916 年 1 月，又成立了「華法教育會」，旨在引入世界文明，發揚先哲智慧，發展國民經濟。[118]這些組織的成員都反對激進派的武裝革命，開始從政治革命向社會改良與思想宣傳轉變。相比在東京和上海的歐事研究會成員的活動，在法國的成員將宣傳物件和活動方式更進一步明確化，即在下層社會中普及現代科技知識，從個人修身出發來引導社會、改良社會，特別是帶有強烈無政府主義色彩的勤工儉學會，幾乎就是對蔡元培等人「社會改良會」的延續，該會從自身的道德提升入手，以在下層社會中培養契合民主共和精神的國民為宣傳新思想的根本目標，以教育和思想宣傳為活動的主要方式。

這些流亡群體對民初政黨政治不斷進行反思，特別是「一戰」爆發後列強從亞洲返回歐洲角逐，日本成為主導中國政局的主要力量之後，這種反思得到進一步的深化。面對列國競爭的緊張局勢，流亡群體開始將中國放到更為開闊的世界背景中，從思想文化入手，在中西對比中思考中國的出路。如蔡元培再次返回巴黎後，與汪兆銘、張繼等創辦《學風》雜誌，在「發刊詞」中所言：

118 見《東方雜誌》，第 14 卷第 6 期，第 181 頁。

> 今日之時代，其世界大交通之時代乎？昔者吾人以我國為天下，而西方人亦以歐洲為世界。今也畛域漸化，吾人既已認有所謂西方之文明，而彼西方人者，雖以吾國勢之弱，習俗之殊特，相與鄙夷之，而不能不承認為世界之一分子。有一世界博覽會焉，吾國之制作品必與列焉；有大學焉，苟其力足以包羅世界之學術，則吾國之語文歷史，恒列為一科焉；有大藏書樓焉，則吾國之圖籍，恒有存焉；有博物館焉，苟其宗旨在於集殊方之珍異，揭人類之真相，則吾國之美術品或非美術品，必在所搜羅焉。此全世界大交通之證也。[119]

蔡元培等人在巴黎不僅僅具有了世界性的思想眼光，更為重要的是將中國效法學習的物件由日本轉向歐洲。從清政府新政時期起，不論是上層主導的新政，還是留學生海外留學，主要是以日本為效法對象，學習日本在明治維新中「和魂洋才」的策略。但是面對民主憲政瀕臨失敗的困境，特別是日本侵略野心因歐美列強退出中國而日漸膨脹的時候，很多反思憲政失敗根源的變革者，開始將目光投向歐美，在憲政發源地尋找思想文化的變革資源。而且此時對歐美文化的學習，不再僅僅局限在孤立的政治文化範圍內，而是將歐美文化和中國文化作為整體進行比照學習。蔡元培等之所以創辦《學風》雜誌，就是為了向那些因財力無法親赴歐洲學習

119　蔡元培《〈學風〉雜誌發刊辭》，《蔡元培全集》（第 2 卷），中華書局，1984 年，第 335 頁。

的國人介紹他們所瞭解的歐洲文化。這些思想變革取向的實現，雖然還有待於蔡元培主掌北京大學後真正展開，但此時已經具備了初步的文化基礎。

1914 年，陳獨秀受章士釗之邀，加入歐事研究會，並東渡日本幫助章編輯《甲寅》，同時入「雅典娜法語學校」學習法語。[120]1915 年 5 月，《甲寅》移至上海出版，後因袁世凱查封，章士釗參與護國軍軍務，《甲寅》停刊。9 月，陳獨秀經汪孟鄒介紹，和群益書店合作，創辦《青年雜誌》。到了 1915 年，一個散佈在全球的新文化勢力的鬆散網路已經形成，正如魏定熙所言：「二次革命失敗以後的三年裡，新文化運動的未來領袖們形成一個散佈於各大洲的非正式網路。……他們從政治運動中退了出來。很快，主張暴力革命的人對政黨政治的派系鬥爭大為失望，這些新文化運動的未來領袖們與孫中山的中華革命黨疏遠了，許多人加入中立的歐事研究會。在二次革命到袁世凱死去這期間，剛剛興起的新文化社團還是一個聯繫鬆散、不成體系的思想群體，他們主要是靠個人關係網絡結合在一起的，都普遍希望進行建立在合作、教育和道德提高基礎上的漸進變革。」到了袁世凱稱帝敗亡，這些被迫流亡的新文化變革領袖迅速集結，以蔡元培開闢的北大校園和陳獨秀創辦的《新青年》雜誌為核心，分散的網路開始結合成為一個更為密集的團體，預示著一場文化變革將要隆重登場。

在由國民黨中分化出的歐事研究會等團體從事思想文化

120 唐寶林、林茂生《陳獨秀年譜》，上海人民出版社，1988 年，第 62 頁。

變革的時候，具有新式教育背景、偏重於思想文化啟蒙的新一代也開始步入歷史舞台。歐事研究會及《甲寅》群體凝聚為群體力量的因素和他們早年從事反清革命的經歷有密切關係。1915 年陳獨秀創辦《青年雜誌》（第二卷起更名為《新青年》），前四卷的作者，除了個別 1860 年代出生的，如蔡元培（1868 年）、吳稚暉（1865 年），基本上以 1870 年代、1880 年代出生的人為主體。首卷的作者諸如陳獨秀（1879 年）、高一涵（1885 年）、劉叔雅（1889 年），第二卷的作者李大釗（1889 年）、楊昌濟（1871 年）、胡適（1889 年）、吳虞（1972 年）、光升（1876 年），第三、四卷作者錢玄同（1886 年）、章士釗（1881 年）、魯迅（1881 年）、周作人（1885 年），他們中除了胡適、周作人等外，幾乎都是從晚清開始的反清革命志士。政治活動經歷既是他們共同的身份認同的基礎，也是他們形成人際關係網路的主要管道。而革命的挫折性經歷，促使他們反思自己的革命生涯，開始從事文化啟蒙活動。作為《新青年》主編的陳獨秀的經歷，很明顯地表現出從政治活動向思想文化活動轉變的特徵。陳萬雄曾對陳獨秀在主編《新青年》之前的革命活動做了分析，在這段人生履歷中，參與反清政治組織和活動是其主要的社會活動：

（1）同潘贊化、柏文蔚、鄭贊丞等人組織學社、辦藏書樓，組織演說並宣傳革命反清，受追捕避遁日本。（1902 年）

（2）與張繼、鄒容等人強剪留學生監督蔡鈞辮發逋逃歸國。（1903 年）

（3）加入楊篤生、章士釗組織的暗殺團。（1904 年）

（4）任教安徽蕪湖公學，同柏文蔚、倪映典組織革命團體「岳王會」，並任會長，同年與趙聲等策劃吳樾炸出洋五大臣。（1905 年）

（5）因徐錫麟事件而走日本，再次赴日與章士釗、蘇曼殊、張繼及日人幸德秋水組織「亞洲親和會」。（1907 年）

（6）辛亥革命後任安徽都督柏文蔚秘書長，其後又積極投身於二次革命。

（7）與王正廷、胡漢民等組織「政餘俱樂部」，參加「歐事研究會」。[121]

這些政治經歷是當時這些群體構建身份認同的重要社會背景，相比陳獨秀，胡適的經歷則相對要單純得多，主要是赴美留學的教育背景，凸顯了他在思想文化方面的身份地位。

（1）考取清華留學獎金赴美入讀康乃爾大學農科。（1910 年）

（2）棄農學改入文學院主修哲學。（1912 年）

（3）投稿《甲寅》雜誌，結識章士釗。（1914 年）

（4）入哥倫比亞大學研究院從杜威學實驗哲學。（1914 年）

（5）投稿《新青年》，結識陳獨秀，回國任教北京

121 陳萬雄《五四新文化的源流》，生活・讀書・新知三聯書店，1997 年，第 2-3 頁。

大學。（1917 年）[122]

在陳獨秀等人因反思革命失敗而宣導國民政治並開啟文化啟蒙的時候，遠在美國的胡適已經開始思考並和友人討論如何變革中國文學。經歷不同的兩代人開始找到交集 —— 變革思想文化。雖然這兩代人有共通的社會關注點，但是源於他們不同的經歷，兩代人在身份認同方面存在不同點。楊念群曾這樣分析：

> 新文化運動的早期領導人尤多具有組織政治團體的經驗和團體關係認同的能力，他們互相援引的核心資本是曾參與反清運動的經歷，不少人還是老同盟會會員，而他們所受的留學教育（大多是留日教育）不過是這種政治資格的附屬背景罷了。這就決定了他們採取梳理政治的態度，決定其在新文化運動中之地位和聲譽往往仍可能是其早期社會資本的積累。這與稍晚進入新文化運動核心圈子的胡適等留美學人的境遇頗為不同。胡適等人在新文化運動中處於顯赫位置，並不取決於他們由政治經驗積累起來的社會資本的體現形式，因為他們恰恰闕失這方面的閱歷，而是採取展示比較純粹的文化教育、修養的具體形式，即留學歐美的經歷，以實現自己的文化資本積累過程，並通過這種積累獲取了體制對其身份的認同。北京大學

122 陳萬雄《五四新文化的源流》，生活・讀書・新知三聯書店，1997 年，第 7 頁。

作為一種新型教育空間為這種身份認同的強化提供了很好的場所。[123]

這種身份認同模式的轉移，表徵出新一代群體的出現。再加上北京大學所開闢出的學術性文化空間（見第三章論述），文化啟蒙不但有了群體勢力，而且有了相應的文化空間，由此預示了新文化的出場。

陳獨秀創辦《青年雜誌》，和《甲寅》最大的不同在於將自己的讀者群設定在新一代 — 受新式教育成長起來的一代。相比陳獨秀、章士釗這些老革命黨，這一代人關注的重心並不在政黨政治，而在於思想文化。陳獨秀創辦雜誌，就是要尋找和革命黨或者傳統士紳階層不同的一代人來改變中國。其實早在《青年雜誌》創辦兩年前即 1913 年，陳獨秀已經敏銳地意識到，必須培養和動員變革中國的新勢力群體，據汪孟鄒回憶，「民國二年（1913 年），仲甫亡命到上海來，『他沒有事，常要到我們店裡來。他想出一本雜誌，說只要十年八年的功夫，一定會發生很大的影響，叫我認真想法。我實在沒有力量做，後來才介紹他給群益書社陳子沛、子壽兄弟，他們同意接受，議定每月的編輯費和稿費二百元，月出一本，就是《新青年》』」汪原放《亞東圖書館與陳獨秀》，學林出版社，2006 年，第 33 頁。。因此在《青年雜誌》創刊號的社告中，明確將雜誌的讀者群設定為青年：

123 楊念群《「五四」九十周年祭 — 一個「問題史」的回溯與反思》，世界圖書出版公司，2009 年，第 86 頁。

一、國勢陵夷，道衰學弊。後來責任，端在青年。本志之作，蓋欲與青年諸君商榷將來所以修身治國之道。

二、今後時會，一舉一措皆有世界關係。我國青年，雖處於蟄伏研求之時，然不可不放眼以觀世界。本志於各國事情，學術，思潮，盡心灌輸，可備攻錯。

三、本志以平易之文，說高尚之理。凡學術事情足以發揚青年志趣者，竭力闡述。冀青年諸君於研習科學之餘，得精神上之援助。……

五、本志特闢通信一門，以為質析疑難發抒意見之用。凡青年諸君對於物理學理，有所懷疑，或有所闡發，皆可直緘惠示。本志當盡其所知，用以奉答。庶可啟發心思，增益神志。[124]

分析這則社告，可以說其後新文化運動的核心觀念已經隱藏其中，所謂「高尚之學理」所包含的科學理性精神，與青年平等對話中的自由民主精神以及放眼世界的胸懷。這些難以在士紳階層中實現的新精神，陳獨秀寄希望於青年一代，認為這一代人要承擔起救亡圖強的責任，必須在學理和世界眼光中培養自己，他願意通過自由平等的對話來提高青年一代的思想認識。這一點和章士釗的《甲寅》雜誌有很大不同，《甲寅》主要是針對有革命和改良經歷的士紳階層，重點在這一群體中展開對時政的分析評判，即所謂的「條陳

124 陳獨秀《社告》，《青年雜誌》，第 1 卷第 1 號。

時弊，樸實說理」；《甲寅》是「公共輿論機關」，其目標是在強調說理的普適性和輿論的公共性上，突破黨見和私人利益的束縛。換句話說，《甲寅》依然是伴隨改良和革命而來的士紳群體中的同人刊物，但《青年雜誌》則開始放眼在新一代上，而且其所強調的學理並不在政治層面上，而在思想文化層面上。

為此主編陳獨秀在其後的文章中不斷地強調代與代之間的區隔意識，不斷地比較老青年和新青年的區別。他要在思想立場和個性氣質方面，劃分出新的一代。陳獨秀認為挽救民初困局，關鍵在於青年一代有新的思想意識。因此老青年和新青年的區分不在生理體征上，而在思想觀念。當時流行的社會進化論觀念認為社會遵循新陳代謝的原理，新一代必然要取代老一代，如何加速這種代謝，則關鍵在於新一代自覺意識到新何為新、舊何為舊。循此思路，陳獨秀標識出他在代與代之間的區隔標準，即新青年區別於舊一代的六條標準：「自主的而非奴隸的」「進步的而非保守的」「進取的而非退隱的」「世界的而非鎖國的」「實利的而非虛文的」「科學的而非想像的」。[125]從思想文化的變革方面來講，陳獨秀的這種劃分顯然是相當空泛的，但這種劃分所激發的青年自覺意識則意義重大，意味著新一代開始崛起於歷史舞台。可以說《新青年》將自晚清以來的「崇新」「重少」傳統又一次啟動[126]，「『尋找新青年』成了五四時期一個持續

125 陳獨秀《敬告青年》，《青年雜誌》，第 1 卷第 1 號。
126 楊早《清末民初北京輿論環境與新文化的登場》，北京大學出版社，2008 年，第 164 頁。

而熱烈的命題」[127]。而很多如陳獨秀一樣曾經從事政治的老革命黨，則以青年導師的身份對新一代進行召喚。在當時的政治局勢之下，陳獨秀的召喚恰逢其時。到了 1915 年，隨晚清教育體制變革而接受新教育的一代人已經完成了中小學教育，他們由少年步入青年階段。他們有著不同於陳獨秀一代人的人生追求，他們更看重新思想和新觀念對自己人生的啟迪作用。陳獨秀和青年一代的互動，最明顯地表現在《新青年》「通信」欄中。《青年雜誌》第一卷第一號中，讀者王庸工希望陳獨秀就當時熱烈爭論的國體變更問題為讀者作答，陳獨秀則強調雜誌對青年一代思想的啟蒙，認為政治問題不是《青年雜誌》所要討論的內容而拒絕回答。應該說作為老革命黨出身的陳獨秀並非不願意討論時政問題，時政依然是他念念不忘的根本問題。但在當時來說，一方面整個國家的政治逐步陷入無序的混亂狀態，另一方面頻繁的黨爭使得討論時政問題有非常大的風險，而青年一代更渴望能在逐漸惡化的黨爭之外，開闢出一個清明的思想文化變革領域來。到了第二卷《青年雜誌》改版為《新青年》後，陳獨秀的這一辦刊方向得到了青年一代的強烈呼應。在第二卷第一號的「通信」欄中，署名「貴陽愛讀貴志之一青年」的讀者來信中有很明確的表現，他認為：

> 記者足下，近年來各種雜誌，非全為政府之機關，即純粹系黨人之喉舌。皆假名輿論以各遂其私，求其有

---

127 楊早《清末民初北京輿論環境與新文化的登場》，北京大學出版社，2008 年，第 162 頁。

> 益於吾輩青年者，蓋不多見。唯甲寅多輸入政法之常識，闡明正確之學理，青年輩受惠匪細。然近以國體問題，竟被查禁，而一般愛讀該志之腦海中，殆為餉源中絕。（邊遠省分之人久未讀該志矣。）饑餓特甚，良可惜也。今幸大志出版，而前之愛讀甲寅者，忽有久旱甘霖之快感。謂大志代甲寅而作也。愚以為今後大志，當灌輸常識，闡明學理，以厚惠學子。不必批評時政，以遭不測，而使讀者有糧絕受饑之歎。

由此在《新青年》的「通信」欄中形成了主編和青年的互動，最能表徵這種互動的，則是畢雲程的五次來信。仔細閱讀畢雲程的來信，可以看到，《新青年》宣導的思想文化變革非常準確地切中了當時青年一代的心理需求。畢雲程在上海工商界奮鬥十多年，幼時接受了傳統教育，但在上海奮鬥的經歷使他深刻體會到，青年一代急需新的思想文化啟蒙教育，他結合自己的人生經歷，希望陳獨秀堅持辦刊方針，為青年一代輸入從西方而來的新思想新觀念。在第一封來信中，畢雲程表達了對《新青年》的強烈期盼：

> 半年以前，居恒自思，非有一良好雜誌，改良我青年界之身心者，則此社會終莫有改良。而起視出版界，足為我青年界之良師益友者，實乏其選。迨見大志出版露布，私心竊竊希望曰：庶乎能應我心之所希望，而能供我之所日夜以求者乎？未幾大志出版，僕已望眼欲穿，急購而讀之，不禁喜躍如得至寶。若大志者，

> 誠我青年界之明星也。嗣是以後，僕隨時隨地，凡遇良好青年，必以有無青年雜誌為問。其未讀者，必力為介紹。至於今日，大志五號出版，又急購而讀之。須知僕已問過數次。今已不能須臾緩也，迫展讀數頁，覺語語深入我心。神經感奮，深恨不能化百千萬身，為大志介紹。請大志廣登告白，並用其他種種方法，推廣銷路於各地方。俾一般青年，均得出陳陳相因醉生夢死之魔境，而覺悟青年人之責任，及修養身心之方法以改良個人者改良社會，並改良一切。[128]

從畢雲程的第一封信中，我們可以看到，《新青年》必然會獲得新一代的肯定，他們已經開始了和上一代人不同的人生追求。他們更看重新思想對自己人生的指導作用，認為改造自己就是改造社會，改造社會必先從自身入手。這些抱有不同人生旨趣的青年一代成為接受和傳播新思想的最為重要的群體。陳獨秀是帶著挫敗的心理才轉入辦雜誌來啟迪新一代的，加之第一卷銷量不佳，必然有激憤的情緒流露其中。畢雲程就在第二封信中直接批評陳獨秀的悲觀情緒，認為「先生撰著，雖多鞭策勖勉之語，然字裡行間恒流露一種悲觀」；而陳獨秀也坦然接受批評，「今而後惟期有則改之，無則加勉而已」。《新青年》，第 2 卷第 2 號。在第三封信中，畢雲程進一步鼓勵陳獨秀，認為只要堅持思想啟蒙，必然會對青年一代產生巨大影響力，「先生既以青年教育為己任，宜

128 《新青年》，第 2 卷第 1 號。

有但事耕耘，不問收穫之決心，勿挾言者諄諄臨者藐藐之成見。當知有許多青年，以大著為菽粟水火而不可一日缺者，目下雖無明驗大效之可言，然先生既以墨以心以血為之下種，為之栽培，則五年十年二十年後，收穫之豐，不可言喻」。而陳獨秀也深受激勵，「惟既生斯土，聊盡我心。一息尚存，寸心不懈，此可告愛我責我之良友者也」。[129]在第四封信中，畢雲程提出一個在當時具有重要意義的命題，即以新的理想來激勵民眾和改造中國的問題。自晚清以降，先覺者的理想多為國家的富強，但畢雲程所言的理想，則是切合新一代的人生理想，是用新思想點燃新一代的人生希望，鼓勵新一代在現實的困頓中殺出一條出路，「吾人既已身陷重圍之中，豈遂可束手待斃，努力奮戰，殺開一條血路，從萬死中求一生，固我儕天職也」[130]。而陳獨秀的答語，更可看出其作為老革命黨的不懈意志，他認為中國陷入困頓局面，就是因為不明理想之於人的重要作用。針對用各種藉口堵塞新思想傳播的現象，陳獨秀做出強烈的批判：

> 國人進化之遲鈍者，正以囿於現象之故。所謂國粹，所謂國情，所謂中西歷史不同，所謂人民程度不足，所謂事實上做不到，所謂勿偏於理想，所謂留學生自海外來不識內情。是皆囿於現象者之心理也，一切野蠻風俗，皆為此等心理而淹留，一切文明制度為此等心理所排棄。亡中國者，即懷此等心理之人耳。反不

129 《新青年》，第 2 卷第 3 號。
130 《新青年》，第 2 卷第 4 號。

> 若仇視新法者或有覺悟之日也。[131]

陳獨秀如此堅定的意志對推動文化變革意義重大，從此封答信中，我們已經可以看出其掀起文學革命浪潮的決絕態度。阻礙中國變革的並非守舊的態度，而是其信中指出的這種騎牆的、中庸的態度，在這樣的態度之下，新難以新，舊也難以舊，從而使得社會變革陷入泥潭中不能自拔。對於此種社會意識必須以毫不妥協的決絕態度進行刺激和反撥，如此才能產生變革文化的社會效應。

陳獨秀和畢雲程的往返通信，引起了同為青年一代的顧克剛的強烈共鳴，顧克剛也從自己的人生經歷出發，堅決支持陳獨秀和畢雲程：

> 僕幼即失學，少長所與周旋接觸者，類皆先生所云之陳腐朽敗之老者壯者。互相傳染，熏受其毒。故僕年雖未及弱冠，而腦筋中已滿貯舊式思想，及今春一讀大志，如當頭受一棒喝，恍然悟青年之價值，西法之效用，腐舊之當廢，新鮮之當迎，於是連續購讀，如病者之吸新鮮空氣，必將濁氣吐出，迄今雖不能入先生所云之完全新青年，然自認確能掃除往日腦中之舊式思想。此非先生挽救青年之功而誰哉？僕讀畢雲程君之通訊，而深表同情，先生幸勿以青年墮落、萬象消沉而抱悲觀。[132]

131 《新青年》，第 2 卷第 4 號。
132 《新青年》，第 2 卷第 5 號。

同樣在「通信」欄中，更有許多類似畢雲程、「貴陽愛讀貴志之一青年」、顧克剛這樣的青年，如日後成為著名教育家的「湖南高等師範英語本科學生舒新城」，日後因發表新文學作品而成為著名文學家的「山東省立第一中學學生王統照」，日後加入孔教之爭和文學革命討論的「北京高等師範預科生常乃德」，日後成為著名軍事將領的「湖北陸軍第二預備學校葉挺」；還有其他署名諸如「三馬路中國銀行收稅處沈伸乃」「法文專修學校一民」「揚州第五師範學校孫斌」等的青年；還有很多人未做過多介紹，只署其名，諸如王醒儂、王庸工、李平等。借助「通信」欄，青年一代發出自己的呼聲。他們探討人生問題，探討如何學習外國文化，甚至婚戀觀、性欲都是探討的內容。

而由新文化運動中出現文學性的團體，更是和新一代個體成長的經歷有密切關係。特別是 1900 年之後出生的一代，相比晚清以來陳獨秀等人的政治經歷、胡適等人的留學經歷，這一代新群體在社會資本和文化資本上更為欠缺，而傳統教育已經不能束縛他們，他們的人生經歷更多地回歸到了個體自身。如果說上兩代人還可以將文言作為他們身份認同的文化符號的話，那麼 1900 年代出生的人已經無法將文言作為自我身份認同的文化符號。他們的個體生命體驗需要更為切近自身的文化符號來表達。由新文化運動所推動的語言變革而來的白話文，則成為他們進行自我身份認同的重要文化符號。李歐梵曾以漫畫式的方式描述了這一代的人生經歷和人生體驗：

> 他（或她）生於上世紀末或本世紀初的南方某省（譬如浙江、湖南），幼年受過私塾教育，一知半解地念過四書五經。少年時候，新式學堂在省城成立了，於是他（或她）奮而離鄉背井，甚至不顧父母之命所訂下的舊式未婚妻（夫），到省城去受新式教育。在這些新式中學裡，他（她）開始念英文、學幾何、算數、礦冶。但課餘卻看嚴譯的《天演論》，林譯《茶花女》和梁啟超的《新民叢報》，未幾國民革命，他（她）也在私生活上「革命」起來，剪了辮子鬧學潮，寫情書，她的第一個戀愛對象往往是中學時代新派的國文教師。《新青年》發行後，當然大家人手一冊，「五四運動」一起，全國回應。[133]

可以說，後來的新文學主將郭沫若、郁達夫、茅盾、冰心、廬隱、王統照等人都有與之大致不差的人生經歷。他們開始用白話文書寫自己的人生體驗，並由對家國的關注轉變到對自我人生體驗的書寫，這意味著中國文學的徹底變革。而到了「文學研究會」「創造社」等文學社團開始勃興的時候，新式教育群體也開始擁有了自己的勢力群體和組織方式，由此完成了從文人群體到新文學群體演變的歷史軌跡。

133 李歐梵《五四文人的浪漫精神》，見周陽山主編《五四與中國》，時報文化出版公司，1979 年，第 296-297 頁。

第二章　現代國家觀念的重建與政治文化空間的變革

辛亥革命之所以迴異於中國歷史上改朝換代的農民起義，關鍵不在於政權的轉移，而在於政權的重建。而重建的動因和仿照的對象，是西方經過幾百年演變而成的現代民主政治體制。在內憂外患中起而革命的人民，認為清朝專制政府不可能使中國強盛，專制更是導致中國積貧積弱、民智低下的根本原因，因此人們不但要完成民族革命，更要完成民主革命。革命後重建政權，以西方現代民主政治體制為參照，如何形成現代民主政治的權力制衡與政府行政高效運作，成為當時的焦點。在整個民國初期，各派勢力圍繞立法權限、政體、國體等問題展開了複雜的政治博弈。經過反復錯綜的政治博弈，基於民主共和理念的新文化勢力，在現代國家的政治建構中，為自己開闢出一個相對獨立的文化生產空間。

在現代民主國家的重建中，如何將國家權力即「國權」、政府權力即「政權」、人民權利即「民權」三者的法權關係厘清，使得三者在各自的許可權內展開活動，並構成一個良性迴圈的整體，是在中國建構現代政治文化的關鍵。從民初開始強調強力政府、國權至上，再到 1913～1914 年間關於國體問題的論爭，變革中國的勢力群體在國家與個人關係上反復論爭，並在論爭中逐步明確個人法權的來源與保障，從而在國家與個人關係的調整中，也在現代國家文化的建構中，開闢出具有現代意義的文化生產空間。

第一節　對國權主義的反撥與現代國家政治空間的重建

清鼎既移，國家的權力結構隨之被打破，首先形成了南北對峙的格局。在南北議和的基礎上，清政府、北洋勢力、新軍勢力、獨立省份在國家權力的歸屬和重建上達成了一定的共識。但是國家重建最為困難的地方在於，由於沒有一個可以控制全域的政治重心，整個社會處於極度的不穩定狀態中，如何迅速穩定因政治權威空缺而造成的社會動盪是當時亟待解決的核心問題。以新軍為主體的革命派雖然在南京成立了臨時政府，但以當時的實力無法北伐徹底消滅北洋勢力和清政府，而南方宣佈獨立的省份之間也矛盾重重，特別是南京和武漢之間的內鬥，南京臨時政府的控制力相當微弱；而袁世凱依仗一手培植起來的北洋勢力，一面挾持清政府和南方和談，一面利用南方革命勢力打壓清政府和宗社黨。當時因袁世凱擁有實力較強的北洋六鎮軍隊的支持，社會普遍寄希望於袁世凱來穩定局面，這也是孫中山被迫將權力交給袁世凱的根本原因。雖然南北議和達成了共識，以北京政府為國家政治權力的中心，但由於財政困難，不得不在承認列強在中國既得利益的基礎上，以不同程度出讓的主權為抵押，向外借款以穩定局勢，這也為其後的善後大借款和日本提出「二十一條」留下了隱患。當時列強就是看准了中國政局的脆弱性，加緊了對中國的入侵。對中國威脅最大的日本，加緊經營「南滿」，又派兵進入延吉。1914 年「一戰」爆發，日本強迫中國劃出所謂的日德交戰區，從龍口、嶗山一帶登陸，迅速控制膠濟全線，進佔青島。乘中國內亂急需貸款穩定局勢的情勢，日本進一步計畫出妄圖吞併全中國的「二十一條」，於 1915 年 5 月 9 日向袁世凱政府正式提出。歐洲酣戰，但歐洲列強並未放鬆對中國的入侵，英國教唆藏兵內亂，煽動西藏獨立，並且和西藏地方政府簽訂秘密協定，將 9 萬餘平方公里領土劃歸印度，並公然派兵侵入西藏，進入拉薩。俄國鼓動蒙古獨立，簽訂《俄蒙協約》，派兵進入伊犁，並將唐努烏梁海地區的大片土地據為己有。

在外患加劇的情況下，內亂也時有發生，兵變民變迭交而來。僅 1912～1914 年，據不完全統計，或因蓄意製造，或因欠餉，或因派系鬥爭，或因上下級衝突，全國兵變就有 30 餘起，涉及奉天、吉林、黑龍江、北京、天津、河北、山東、江蘇、廣東、湖北、安徽、江西、四川、雲南、陝西等 15 個省市；而這期間或因反對租稅，或因反對清丈土地，或因反抗當局壓迫等原因，民變也有 20 多起，涉及北京、上海、南京、河北、山東、奉天、河南、陝西、江蘇、安徽、浙江、福建、湖北、雲南、新疆等 15 個省市。再加上當時學生罷課、工人罷工、商人罷市，整個社會的不穩定感在加劇。

清政府的垮台，很大程度上是晚清以來地方勢力坐大的結果，武昌城一聲槍響，由諮議局和督撫控制的湖北、湖南、陝西、山西、雲南、江西、貴州、江蘇、浙江、廣西、安徽、廣東、福建、四川 14 個省紛紛宣佈獨立。這些獨立的省份，南京臨時政府也難以控制，「中央行政不及於各省，各部亦備員而已」[1]，南京臨時政府基本上是獨立各省在短暫的利益權衡之下的一個鬆散組織。迫於各省獨立的事實和對專制體制的反駁，民初出現了短暫的聯邦制建國的呼聲，當時的地方勢力傾向於建立聯邦體制。「言論界頗有主張聯邦說者」[2]，江蘇、浙江、山東、湖北等省則公開要求建立聯邦制政府，以弱化中央政府權力，增強省的自治權。[3]但是面對這樣的分裂傾向，無論是革命派還是立憲派，以及袁世凱勢力，都反對地方分裂，強調國家集權的重要，認為只有建立強固的政府，才能維護國家統一，實現國家富強。而只有國家富強，才能在強力政府的保障之下有個人的獨立自由，如蔡鍔在統一共和黨雲南支部會議上就闡述了這樣的思想：

> 天賦人權之說，只能有效於強國之人民，吾儕焉得而享受之。故欲謀人民之自由，須先謀國家之自由；欲謀個人之平等，須先謀國家之平等。國權為擁護人權之保障。故吾黨主義，勿徒鶩共和之虛名，長國民凌

1 胡漢民《胡漢民自傳》，見邱權政等編《辛亥革命史料選輯》（上冊），湖南人民出版社，1981 年，第 220 頁。

2 傖父《中華民國之前途》,《東方雜誌》，第 8 卷第 10 號。

3 胡春惠《民初的地方主義與聯省自治》，正中書局，1983 年，第 117-126 頁。

> 囂無秩序之風，反令國家衰弱也。苟國家能躋於強盛之林，得與各大國齊驅並駕，雖犧牲一部（分）之利益，忍受暫時之痛苦，亦所非恤。國權大張，何患人權之不伸。[4]

革命派如此，尊孔派康有為也是如此，認為「若當列國並爭之際，則宜齊心並力於國權，而不可使個人之權利過伸焉」。[5]其他各黨派也在集權強國上達成共識：「非特進步、民主、共和諸黨同倡中央集權主義，即素以民黨自命之國民黨，其大多數亦莫不曉然於為國乃為民之意，而欣然和之。」[6]普通民眾也是希望以強有力的政府維護社會穩定，都強調建立「強有力政府」「強固政府」:「立國大地之上，必有強固之政府，始足以謀戰守之道……國必有強固之政府，國民始有依託。」[7]面對國家日趨分裂、列強侵略加劇的局面，再加上中國文化中大一統思想的影響，各派勢力都渴望通過加強中央的權力以實現社會的穩定，並把國家引入到和平建設中。

各派政治力量雖然在各自的主張與口號上爭論不休，但在國權主義上則達成高度的一致。由同盟會而來的國民黨以民權黨自居，他們對民權的理解和國權等同，認為民權就是

---

4 蔡鍔《在統一共和黨雲南支部會議上的演講》（1912 年），毛注青等編《蔡鍔集》，湖南人民出版社，1983 年，第 237 頁。

5 康有為《問吾國四萬萬國民得民權平等自由乎》（1913 年 7 月），湯志鈞編《康有為政論集》（下冊），中華書局，1981 年，第 887 頁。

6 曼公《大統一論》，《新中華》，第 1 卷第 1 號，1915 年 10 月 1 日。。

7 《國民協會為提議組織國民參事院與全國同胞商榷意見書》，《民立報》，1911 年 12 月 29 日。

參與議會選舉的公權，而有關個人言論、人身自由的私權，並不是他們關注的重點。大多數革命黨人認為：「共和之國，國即政府，政府即國民，絕無衝突之虞」[8]；「民主立憲之國，主權在民，民權與國權一而二，二而一也……鞏固國權，即所以擴張民權；而欲張民權，尤不可不先鞏固國權。蓋對內而言，民為邦本，本固邦寧；對外而言，國皮民毛，皮之不存，毛將附焉？若使國權侵削，日蹙百里，浸至於不國，國民之權，無論如何強大，吾未見其能朝夕保」[9]。他們認為民權沒有獨立性，是由國權所派生出來的，擴大了國權即是擴大了民權，在國家、政府、國民三者的建構中，以國權為核心，從而派生出政府權力和國民權利。國民黨如此強調國權，其中心在強調議會大權，認為以黨派勢力在國會中占絕對優勢而實現內閣制，既是對袁世凱權力的限制，也是對一己黨之政治目標的實現，所以強調要在國會中集中立法權、行政權，進而組織強有力的政府。以梁啟超為首的進步黨，也是強調國權至上，認為「國家為重，而人民為輕。苟人民之利益與國家之利益相衝突時，只能犧牲人民之利益以殉國家，而不能犧牲國家之利益以殉人民，蓋國之不存，人民且無所依命，而奚論其利益也。」[10]他們擔心鼓吹民權會導致「暴民專制」，「鈍國權之作用，不獲整齊於內竟勝於外」，故而主張「稍畸重國權主義以濟民權主義之窮」。[11]進步黨強

8 海鳴《治內篇》，《民權報》，1912 年 10 月 8 日。
9 海空《中華民國制定憲法之先決問題》，《民立報》，1912 年 2 月 8 日。
10 吳貫因《憲法問題之商榷》，《庸言》，第 1 卷第 10 號，1913 年 4 月 16 日。
11 梁啟超《憲法之三大精神》，《庸言》，第 1 卷第 4 期。

調國權，側重點在政府，反對國家權力諸如立法權等集中在國會，擔心國民黨以議會挾持政府，所以強調在立法與行政兩方面都實行中央集權。因此國民黨與進步黨兩派在以國權彰民權方面的重點並不一致，但他們都忽視民權中對個人權利的獨立性和個人性的強調。二次革命的失敗，一是在於國民黨的倉促起義，而最為重要的是當時的社會心理厭煩內亂，寄希望於袁世凱的北洋勢力控制全域，進步黨在試圖將袁世凱帶入憲政軌道的政治追求中，聯合立憲派和袁世凱將國民黨擊垮，但是袁世凱的集權建國也逐步走向反面。

作為民國重要標誌的「國會」與「約法」，在二次革命後被迫解散和廢除。1913 年 11 月，國民黨被解散，國會不足法定人數而無法召開常會，而由國會內憲法起草委員會起草的《天壇憲法草案》也無法通過被擱置。1913 年 11 月 26 日，袁世凱發佈《政治會議組織令》，據此成立了政治會議，政治會議於 12 月 15 日召開，並於 1914 年 1 月 9 日通過了增修約法程式案，根據這個議案設立一個以改造民國國家根本法的造法機關 — 約法會議。政治會議在 26 日公佈了約法會議的組織法，由此新的造法機關成立。通過名額分配和選舉，約法會議在 1914 年 3 月 18 日成立，由這個造法機關制定了《中華民國約法》（即《新約法》）。5 月 1 日，袁世凱公佈了《新約法》；1914 年 12 月 29 日，又公佈了《修正大總統選舉法》。以這兩項法取代了國民黨主導制定的《臨時約法》與《總統選舉法》。前後約法的修改，最大的區別是政體由內閣制變為總統制，總統行政權力被急劇擴大。這兩個法案的成立，是在美國憲法專家古德諾的指導下完成，「被任為憲法顧問的古德諾教授，對於這一文件的規定，是起了很大作用」，這兩個法案所產生的實際效力，就是「中國看來已趨向於一個在民主外貌下的專制政府」[12]，這兩個法案也集中反映出當時的國權至上論和強力政府論的影響。法案的制定就是為了「力謀國權之統一，以期鞏固國家之基礎」，《新約法》的制定，不只是袁世凱個人獨裁野心使然，更是當時情勢使然，「方今共和成立，國體變更，而細察政權之轉移，實出於因而不出於創，故雖易帝國為民國，然一般人民心理，仍責望於政府者獨重，而責望於議會者尚輕，使為國之元首而無權，即有權而不能完全無缺，則政權無由集中，群情因之渙散，恐為大亂所由生」[13]。《新約法》和《修正大總統選舉法》將立法、行政、司法三項大權統一集中在大總統手下，立法及行政監督權被極力縮小，改內閣制為總統制；總統任期 10 年，且可連任，由大總統推薦下一任總統人選，即大總統不但是終身制，而且可以世襲。

民初的政治實踐之所以如此強調國權至上，很大程度上是因為列強的侵略壓迫。歐事研究會本是主張以政治和法律手段在漸進的方式中揭露和批判袁氏專權，從成立起，就從學理上探討共和國的國本所在，並在海外宣傳袁氏專權的惡政，如黃興在美國各地的演講，就揭露了袁世凱破壞共和、實行專制獨裁的事實，「我國名為共和，乃袁世凱所行暴政，尤甚於專制君主」[14]。但是到了 1915 年初，日本乘歐美列強

12 胡繩《帝國主義與中國政治》，人民出版社，1978 年，第 134 頁。
13 孫曜《中華民國史料》(第 3 卷)，上海文明書局，1929 年，第 57~58 頁。
14 《黃興集》，中華書局，1981 年，第 380 頁。

忙於「一戰」，加快了侵略中國的步伐，提出妄圖從軍事、財政、政治等方面全面控制中國的「二十一條」。歐事研究會立即調整活動方針，1915 年 2 月 11 日，李根源、程潛等人在東京通電提出：「乃先國家而後政治，先政治而後乃黨派，國若不成，政於何有？」[15]立即停止內爭，一致對外。黃興與李烈鈞等聯名通電表示，在政府與日本交涉期間，支持袁世凱政府使其能拒絕「二十一條」。鈕永建代表研究會於 2 月 28 日在紐約第二次救國大會上公開呼籲：「一、全國人民，不論何黨何派，應協力一致為政府之後援，俾政府得以全力為對日之交涉；二、我民黨中人，亦勿於此日期內為掣肘政府之動作，且當勸國民實行第一項義務。」[16]在外敵侵略面前，所有國內政治矛盾都可暫時壓下，以求在國家的層面上獲得統一。

清末民初之所以如此強調強力政府，在國家權力建構上採用中央集權，很大程度上迫於外在壓迫。列強的蠶食侵略，迫使中國進入民族國家的競爭之林。特別是在強調生存競爭的社會達爾文主義成為人們認識國與國關係的指導思想之後，人們普遍希望政府能夠在拯救民族危機、實現國家富強方面發揮主導作用。而西方民族國家的建構是自發形成，是政治經濟文化自然發展的結果。中國則需要改變這種自發狀態，以人為干預的方式加速國家現代化的轉型，這是在西方國家的逼迫與範導之下展開的。而東鄰日本以國家集權建國

15 《林虎、熊克武等聯名通電》，《正誼》，第 1 卷第 7 號。
16 轉引自張勁《「歐事研究會」述評 — 紀念辛亥革命 100 周年》，《同濟大學學報》（社會科學版），2011 年第 6 期。

的成功模式，更加劇了先進中國人對西方現代國家模式的崇拜，他們希望在強力政府的主導下用幾十年時間完成西方幾百年所走過的歷史，一方面完成民族獨立和強盛，一方面形成現代政治體制而重塑中國形象。在這樣的心態和指導思想下，中國的集權建國和西方模式有很大的差異，盛行於歐美的自由主義思想對政府始終保持警惕，認為政府本質有專制性的惡的成分，而中國則希望從國家建設到社會習俗的改變再到文化變革，都經由政府的介入而徹底完成。「使政府之作用大而於一國，中而一州，小而一市，皆有無對之效力」，「使政府對於國民之欲望之需要負完全之責任」。強力政府不僅關係到國家強盛，就是在社會風俗改善上，也介入到方方面面中。「利國善群，首重風俗。吾國風俗之惡，全球無對，故政治之惡亦全球無對。試觀今之政象，雜出於聲色貨利賭博無賴之中，即可概見，其所以然，則所得小己之自由過多，而國家制裁之力未至。在文明諸國，此種惡習，雖不得言無，而於社會風紀尚無大礙，故彼中法家尊重社會秩序，不輕以干涉為言。而吾由寧在此列者。吾之政客直為博徒，吾之勾欄即為政海，他國寧有此耶？他如廣置姬妾，濫吸鴉片，窮奢極侈，縱欲敗度，財賂公行，棍騙遍地，綱紀墮地，廉恥蕩然，他國寧有此耶？愚嘗謂吾人治國首當以國家絕對之權，整齊社會風俗之事」。[17]如此一來，從國家的上層建築，到社會風俗的改良，都可憑藉強力政府而改善，個人自由和幸福，在強國的目的下幾乎可以置之不論，「今所急者，

17 秋桐《讀嚴幾道民約評議》，《甲寅月刊》，第 1 卷第 1 號。

非自由也，而在人人減損自由而以利國善群為職志」[18]，個人幸福，也可以憑藉國權的強大而獲得，「立振中國之危亡，且謀最大多數人之幸福」。[19]

一面是人們對強權建國的期待，一面是人們對民主自由的渴望，在這一矛盾的追求中，民主自由只得暫時為國家的強盛讓路，但是現實並未如人們所期待的那樣 — 通過集權使得國家的建設步入正軌，反而逐步走向反面：國權被袁世凱一步步集中，但外患與內亂的形勢反而更加嚴峻。逃亡海外的章士釗，對民初以來的集權建國做了沉痛的反思，指出集權建國不但沒有減輕列強的侵略，反而較清政府時有增無已；內政不但沒有走向穩定和清明，反而日益混亂和腐敗：

> 夫夙昔以為憂者，非外力之深入乎，而今則有加無已也。有加無已，而吾惟解所以媚之。於是媚外之道，亦與之繼長而增高。前清之外務部，宜望塵而莫之及也。夙昔以為憂者，非財力困乏乎？而今則有加無已也。有加無已，而吾惟知借債以彌縫之。愈彌縫而愈困乏，愈困乏而愈不得不彌縫，坐是外人益益持吾短長，國款日見押，國產日見消，路礦日見失，甚且土地日見麼也。夙昔以為憂者，非人民生命財產之危險乎？而今則黃河以南，長江以北，數千里之地，悉蹂躪於豕狼，焚燒淫掠，無所不至。政府傾南北勁旅數萬眾以合圍之，卒莫能克。不僅不能克，時乃兵匪交

18 行嚴《論強有力政府》，《民立報》，1912 年 3 月 1 日。
19 秋桐《政黨政治果適於今日之中國乎》，《帝國日報》，1911 年 5 月 29 日。

> 通，共肆荼毒也。前者南京不毀於所謂亂黨，而毀於所謂國軍。而今則西北之元元，困於匪而又困於兵也。夙昔以為憂者，非行政不能統一乎？而今則內而部自為政加甚也；外而省自為政加甚也；地方財政之不可理加甚也；人民之感其痛苦又加甚也。夙昔以為憂者，非革命之子起自田間，粗鄙近利，不解政治乎？而今則方鎮大員，莫或識丁；清流之士，四方屏跡。其他販夫走卒刁生惡胥革員廢吏之蠅集蟻附，儼然操數萬萬人之生命於其手而惟所欲割，其勢日進而未有已也。夙昔以為憂者，非天下不定，商工失所乎？而今則「兵亂日聞於郡縣，盜賊遍擾於城鄉，商賈不行，農機停業」，又烈於前也。而且武夫屠伯，奸紳猾吏，日借法律以為殺人之具，人不自保，何意謀生。因之企業愈停滯，利子愈下落，誠不知伊於胡底也。夙昔以為憂者，非黨禍之烈乎？而今則無京無外，暗鬥彌厲，掌政權者非某派不能；掌兵權者非某系莫可。大派之中，又含小派，正系之內，複分旁系。派派相牽，即系系相抵，恍若國家可亡，派若系不可亂。見象之惡，又非可以言語形容也。[20]

面對如此具有諷刺意味的結果，整個社會幾乎陷入悲觀絕望的境地，理想和現實的巨大反差，幾乎讓當時的人們看不到任何希望。就連一貫以樂觀著稱的梁啟超，面對如此局

20 秋桐《政本》，《甲寅月刊》，第1卷第1號。

面也發出了這樣的感歎：「吾於讀者諸君不敢有所隱，吾富於感情人也。自吾之始有智識，既日與憂患為緣。一二年來，悁傷孤憤，益以日積，及今殆不復能以自製。獨居深念，則歌哭無端；嘯儔晤言，則唏噓相對。嗟夫！以人生所托命之國家，孰知其即於淪胥而末由以手援。譬之所親，慘瘻痼疾，醫藥雜進，浸淫轉劇，洞垣一方，明示死期，殘燈熒熒，料量後事。其為楚毒，寧復堪忍？吾固深感厭世說之無益於群治，恒思作壯語留余望以蘇國民已死之氣。而吾乃時時為外境所刺激所壓迫，幾於不能自舉其軀。嗚呼！吾非傷心之言而復何言哉！」[21]作為進步黨的領袖，梁啟超認為只要將暴烈分子驅除於國會，就可慢慢引導袁世凱走向憲政的軌道，孰料開明專制會引出一個洪憲皇帝。在梁啟超看來，民國這個新生兒，已經到了病篤亂投醫的境地了。被人引用最多的證明當時社會氣氛的話，就是逃亡在上海的陳獨秀給在日本辦《甲寅》的章士釗的信中寫到的：「自國會解散以來，百政俱廢，失業者盈天下，又複繁刑苛稅惠及農商。此時全國人民，除官吏兵匪偵探之外，無不重足而立，生機斷絕，不獨黨人為然也。」[22]。陳獨秀認為如此局面，亡國難免，剩下的事情就是在國家被列強瓜分之後國民如何謀生的問題。

一面是日本「二十一條」的提出加劇了亡國感，一面是整個思想界陷入困局而找不到變革的新方向。但正是在萬分悲觀的危急關頭，中國思想界出現了一場前所未有的大轉變。這一轉變既是對民初憲政實踐失敗的反思，也是對自晚

---

21 梁啟超《飲冰室合集‧文集之 33》，中華書局，1989 年，第 54-55 頁。
22 《陳獨秀文章選編》（上），三聯書店，1984 年，第 68 頁

清以來的國權主義思想的反撥。在國家危機的關頭，思想界不像以往，在社會上掀起一場愛國動員，以國家的名義來聯合各派力量以抵抗外來侵略，反而是破除國家至上的觀念，把束縛在國家至上的思維困局解放開來。他們開始對當時的國權主義、強力政府論、開明專制論進行批判，並重新思考國家權力的來源，以及君主、國家與政府之間的區別。一旦將壓在人們心頭的國家至上觀念破除，就為各種思想文化的興起開闢了廣闊的社會空間。

對國權主義的反思，以章士釗、李大釗、張東蓀、陳獨秀為代表，特別是章士釗，在他所主持的《甲寅》上連續發表政論文，在《政本》《讀嚴幾道民約平議》《國家與責任》《自覺》等文章中，對現代國家的內涵進行了法理性的闡釋，破除了人們以道德熱情愛國的盲目性，認為愛國必須以理性精神來審視國家，並闡釋了人民權利自主、民約論的積極意義等思想命題。由此構成了新文化興起的前提。

雖然社會籠罩著一片灰敗情緒，但是章士釗以敏銳的政論家眼光看到，人們並不安心於共和重建的失敗局面。大多數人「莫不以當今政象有所未安，其本心以為當然，與實境之所逼而至此者，決不相合」，雖然心有未安和未合，但要找到變革的出路，大多人卻為「感情之所傷，客氣之所中，俗論之所囿，見象之所局，據理斷事之勇氣不生，憑需證實之機會絕罕，遂令所有思潮失其條理，迷離惝恍，不可窮究」，困擾人們思想的癥結何在？在章士釗看來，問題的癥結在於人們沒有從傳統的國家觀念中解放出來，認為犧牲個人利益、公而忘私的愛國精神是不容置疑的，而統治者正是以這種觀念來束縛和榨取人民。中國傳統政治文化的核心，就是在禮教的服從觀念中，將極具分散性的農業社會凝聚為整體，在這樣的政治文化中，個人的利益和自由都是以服從家族集體、集權國家為前提的。這一文化心理嚴重禁錮著人們的思維，數千年來諸多救國英雄都不敢也不能在這一原則上有所突破，「恒數千年中間，命世之英雄無慮數百，知言之聖亦且迭興，類皆略心理潛滋之勢，而崇倫理矜持之義，舉世習焉而不敢以為非。既不敢以為非，而又無法以通其欲，公私不得其平，弛張一無所當，而國家根本問題，坐是無由了處，而真正之和平幸福，舉冥冥墮壞於名分經制詩書禮儀之中。且民欲不以正通，必以變通，不以緩通，必以急通，而吾有史以來之改姓易朔，狐火篝鳴，皆可由此點，窺其真蘊。」所謂改朝換代都不是基於民眾的個人利益與自由，被壓抑的民權民福，沒有正常申訴和表達的機會，革命只是集權的輪回，而沒有為民眾的生存取得符合個人利益的社會政治空間。要破除這千年迷霧，一是要批判集權文化，二是要重新奠定現代國家文化。

要找到救國或者說救民的新出路，必須破除傳統的國家觀，與此同時對基於傳統國家觀的政教倫理進行反思。傳統國家觀，是基於君權神授的觀念確立君權的至高無上，君主等同於國家，即所謂的「朕即國家」。「以為君者即國之所寄也，報國之事，同於報君，為君致身，無異以身許國」。君權等同於國權，政府是君主權力的延伸，是以禮教的等級秩序而建立起來的官僚體制，維護著以君權為核心的大一統國家，而貫穿大一統國家的意識形態則是從儒家學說提煉出來的三綱五常的等級服從思想。「荀卿為儒作詁有曰，『儒者法先王，隆禮義，謹乎臣子，而致貴其上者也』，夫曰致貴其上，則將自損其所有，或為物質，或為精神，悉以加於君焉，殆無疑義，儒家既以此垂為大訓。曆世之獨夫民賊，復崇其說以取便於己，以是舉世之聰明才力，悉為所禁制，而不敢為非常之思」[23]。在國權至上論占主導地位的時候，束縛人們思維的專制性文化不會成為人們反思的物件，一旦傳統國家觀念被破除，基於這一觀念的文化思想也就成為人們批判反思的對象。

一個社會的政治文化生態中，最為核心的就是國家觀念，以及在國家觀念基礎上建立起來的政府管理體制。社會的空間結構就是由政府管理體制與國家觀念系統所組成的。政府管理體制規範著人們的行為準則，而國家觀念系統為政府管理體制提供了合法性。在傳統的社會文化空間中，政府、國家、君權不分，特別是不受法律約束的君權彌散在政府管理的各個層面，人們很難突破君權帶來的約束。在所謂的普遍王權的文化空間內，形成了人們文化空間意識中的中心與邊緣、正統與異端的二元排斥性機制。而現代國家觀念，將國家、政府、與人民以憲法的形式區別開來，在理性化的過程中，文化空間的屬性是多元並存的，那麼如何以現代國家觀念的重建來形成一個多元化的文化空間，是現代文化生產的關鍵。

袁世凱主持的憲法會議又是一次對國家政治空間的重新

---

23 秋桐《自覺》，《甲寅月刊》，第 1 卷第 3 號。

設計，和清政府時期所確立的《欽定憲法大綱》相似，該會議試圖將分散的權力進行集中。而章士釗的《國家與責任》一文就是對袁記約法的反駁，並以此為出發點，對民初的國權主義、強固政府思想進行反思，對國家權力、政府責任進行重新闡釋，從而釐清當時的社會政治權利空間的內涵。

要建立現代國家，必須理解現代國家的法權內涵。現代民族國家的觀念是由西方傳入中國的，人們對這一概念相當陌生，問「國家者為何物？」「詢之當今師尹，與夫政社名賢，必且瞠目不知所答」。在章士釗看來，正是不明白現代國家為何物，才導致了盲目的救國行動。普及現代民族國家觀念，首先要破除君國一體的傳統國家觀念，在普遍王權傳統深厚的中國，國家和君主不分，國家成為一姓之私產，君主以國家為獲利的工具，正是辛亥革命才將這一觀念打破，「一言以蔽之，吾國蓋實行以國為貨之說，茲說至滿清既倒而始衝破者焉」。根據袁世凱主導的約法會議所制定的《新約法》（即袁記約法），其集權強國的思想依然未脫離君主與國家一體的觀念，約法第三章第四條規定：「大總統為國家之元首，總攬統治權」，顯然是將主權與統治權合為一體。但現代主權國家，恰恰是要將這二者分離開來。國家主權是國家成立的前提，但統治權是主權的具體行使形式，如果二者不分開，集中在一個人身上，顯然和君權一樣，「總攬統治權，是不啻曰總攬國家也，國家而有總攬者，是別建一人於國家之上也……是吾為民國立法，其結果乃至貨國家於一人，而所謂民者，將自屠毒其肝腦，離散其子女以博一人之產業外，可無他事也」。號為民國國體，在立法上卻步入了君主國體。約法會議的立法是學習日本的帝國憲法，但日本明確規定其國體是君主立憲國。如此立法，顯然是更改了國體。在現代國家觀念中，必須首先將國體和政體分開，也就是將國家與政府分開，「國家者何？亦如前言，統治權之本體也；政府者何？領受國家之意思以敷陳政事者也。統治權之本體與敷陳政事之機關，在法理絕非同物」。在中國這樣有著漫長君主專制歷史的國家中，國家與政府的觀念能分開，正是辛亥革命的歷史成果，它徹底將君主專制國體打破，「蓋革命既成，國家以立，由國家編制憲法，憲法定而政府之形式以生，政府者，乃依國憲之條文，體國憲之法意，以施行政事者也，政府由憲法而生，國家絕非由憲法而生。國家者，造憲法者也，憲法者，非造國家者也。有國家而後有憲法，有憲法而後有政府。國家者，乃純乎立乎政府之外而又超乎政府之上，立國至此，而國家政府之觀念，乃真分明矣。」之所以要把國家和政府分開，在法理許可權上明確各自的地位和職責，就是因為擔心政府假借國家的名義形成專權。這也是西方憲政三權分立原則的體現。

區分國家與政府，目的在於明確各自的職權範圍，更進一步而言，一旦職權分清，意味著責任也就明確。君權專制時代，君主只受道德的譴責和王朝更替的革命撻伐，而缺乏穩定法治的制約。而現代國家，就是以國家根本大法的形式限定國家、政府、人民的權力，並在法律上明確各自的責任。袁記約法會議的諮大總統文中這樣闡釋立法動機與大總統的責任：「改造民國根本大法，首在力求實利，而不在徒飾美觀，首在為多數人謀幸福，而不在與少數人言感情，救國但出於至誠。毀譽實不敢計及，是以此次增修約法之結果，名以隆大總統之權，實以重大總統責任」，並強調總統對國民負責。但是如此強調總統責任，顯然是沒有分清楚國家和政府的區別。統治權是討論國體問題，所謂「隆大總統之權」，應屬於國體範圍的問題，而責任則是指政府對憲法而言。因此，在立法上陷入矛盾，一面強調大總統總攬統治權，一面又強調大總統負責，而所謂負責，只是象徵性地對國民負責。「若以國家之本體起而負政府之責任，則為之首長者勢將行其絕對無限之權而莫能制止之，苟制止之，其事即等於革命」，約法會議將政府與國家之間的總統許可權混淆，但又不是美國式的總統制，在美國，總統所主導的行政權與國會之間的立法權並立，實行的是三權制衡。因此在中國實現現代國家的建構，必須在法權上將政府與國家嚴格區分，使得政府在憲法的許可權內負責。「憲法云者，其在歐文，首以限制為義，而政權所使，舉有一定之範圍，不得逾越，設或逾越，而即有法督乎其後也。」即政府必須有政治責任和法律責任，所謂政治責任，就是政府受到國會的監督，一旦國會投不信任案，國務員即當負政治責任而辭職下台；而法律責任則是所有政事，有國務員副署，一旦失職，可據法律進行審判問責。如果不在法律上限定政府責任，即「凡政治上之救濟，必以政治手腕出之」，政府就會受到革命的威脅，而在暴動中導致國家的不穩定。「苟或於此期中其所行政大不滿於人民之所欲，而在法人民無如之何，勢唯有出於驅之殺之之一途也」，革命恰恰就是專制的產物。

一旦在法權上闡明國家與政府的區別和責任，那麼進一步就要追問的是，建立國家的目的是什麼。章士釗借鑒美國國會在立法時給國家所下的定義：「國家者，乃自由人民為公益而結為一體，以享其所自有而布公道於他人者也。」立國的根本目的在於保障人權和人民的自由幸福。基於對民初國權主義的反駁，把立國的目的由追求國家強盛變為對人民自由幸福的保障，從而扭轉人們思考國家的方向，人們用邊沁的功利主義政治思想來闡釋國家的目的，認為現代國家的建立，「不外創一組織，使同一社會之人，其所懷趨樂避苦之感，有共同之法以通之，苟無法以通，此則其所謂組織，決無一顧之價值，惟其所謂苦乃己之所謂苦，非他人所能想像也，其所謂樂乃己之所謂樂，非他人所能代謀也。又其所謂苦，乃人人之所謂苦，非法家拂士感之而悲匹夫匹婦感之而不悲也。其所謂樂，乃人人之所謂樂，非大人先生得之而笑庸童小夫得之而不笑也」[24]。以邊沁功利主義闡釋國家的定義和目的，就是將國家建設的重心由國權變為民權，強調國民在國家中的主體性，這一主體性是以人民自感自樂、自受自苦為出發點，所有立法的精神必須體現出人民的平等和自由屬性。

在重新闡釋盧梭的民約論和天賦人權觀念的時候，章士釗在闡釋國家權力和政府責任的基礎上進一步對個人權利自主性進行分析，由此在權力來源、國家意義、政府責任的層面上確立了個人合法合理的權利觀念和政治空間，將國家利益轉變為國民的利益。國家的主體必須是國民，國民有自身

24 秋桐《國家與責任》，《甲寅月刊》，第 1 卷第 2 號。

的主體性，而國民的主體性體現在法律上，即對自身自由平等權利的維護。這一點正是針對當時國體論爭中否定盧梭民約論者的觀點。否定民約論者擔心天賦人權說和民約論會讓民眾誤入盲目追求自由平等的歧途，並滋長民眾的囂亂無序之風而危及國家的建設。嚴復否定民約論，認為所謂民約就是對權勢競爭中弱者無由反抗的既成關係的認同，而不明白盧梭所謂「民約」之「約」，是有嚴格的限定：「民約」之「約」，「約以意而不以力，『屈於力者乃勢之事，非意之事』」。而所謂的「意」，正是對「力」的反撥，以權勢壓人的政治秩序，必須以體現民意的「約」來重新調整。而「約以意」之「意」究竟指的是什麼呢？在盧梭看來，就是人生而平等自由的權利。民初國權主義至上的時候，否定這種以天賦人權為立法根據的理念，認為人權是由國權所賦予的，故而人權必須服從於國權。嚴復等國權至上者之所以反對天賦人權中的自由平等，其根據在於，人生下來無論從體質、智力、家庭教育和地位上而言，都不是自由平等的。嚴復引用生物學家赫胥黎的觀點，「吾為醫，所見新生之孩為不少矣，壘然塊肉，非有保赤之勤，為之時其寒饑，曆十二時寡不死者，是呱呱者，安得有自由之能力乎」，顯然是以生育之生代替天生之生。所謂天生之生，是在理念上強調人的自由屬性，是對人存在狀態的一種預設，這一預設就是對不自由不平等現實的反撥，強調不能借後天的不平等不自由抹殺人天賦的自由平等。以這種天賦人權的預設作為民約即立法的本源，「民之初約，在不違反天然平等之性，而以道德法律之平等，取體質之不平等而代之，以體質之不平等乃造物以加於人，無可解免者也，由民力民智縱或不齊，而以有約之故，其在法律乃享同等之權利」。以天賦人權的自由平等在法律上保護弱者不被強者欺壓，要求政府不能借國家壓制民權，其現實意義重大，「有權者不當使之為暴，其行權也，務准乎位依於法，富者不當使之足以買人，反之貧不當使人不足以自存至於自鬻」。不但在保護人民人身財產上要以平等為原則，就是在社會生活的其他方面，也必須貫徹平等原則：「資地平等，置爵授勳之制宜除；裁判平等，普通行政之別宜廢；信仰平等，國教不宜設；婚姻平等，姬妾不宜有。凡類於此者，可以推知」。

現實社會中往往是以權勢壓人，而在真正民約的法權內涵中，權勢並不具有權利的合法性。「群之權利，以公約為之基礎，征服者之權利非權利也，凡物之以力而有者，義當以力而奪之」，權勢之力並不能自己產生權利，權勢之力形成的是征服，而不是基於民約的權利。其遵循的是弱肉強食的暴力原則，而不是約法原則。民約所限定的權利原則是人民為了保護人身財產不受侵犯，將各自所擁有的部分主權讓渡給政府，在契約的精神中，政府和人民達成約定，政府保護人民，人民出讓部分權利。這就是洛克對自然法的設定，在自然法中逐步形成了政府與人民之間的約定，一旦民約成立，「茲約也，首長與焉，其不得有違，與平民等。如或所托人權，未之能保，則前約當然消失，而人民有權立複其原有之自由，重劫政府。」國家、政府、憲法都是在民約的基礎上成立或制定的，因此歷史上的湯武革命，不是以力奪權，而是對被國家和政府壟斷的民權的光復。「湯武征誅，乃正桀紂違反民約，蹂躪人權之罪，而回復人民之自由以劫造新政府也。故曰順乎天而應乎人，順乎天即本自然之法，以用事應乎人，乃謂民意所歸，猶言約也。」[25]而中華民國的由來，就是對民權的光復，而不是權勢爭奪之下的政權轉移。如此，章士釗等人在天賦人權的基礎上，以民約論論證國家與政府的合法性，對國家與政府的認識也就由國權至上和強力政府的迷思中清醒過來，使國權轉而為民權，並且在國家、政府、人民三者關係中限定了各自的許可權，從而規範出不同於傳統皇權和國權的政治文化空間的法權內涵。

正是闡明了國家、政府、人民的法權內涵，章士釗、陳獨秀、李大釗等人才區分出愛國的真正含義，也就是所謂的愛國心與自覺心的問題。按照陳獨秀的說法，人心由情和智組成，愛國心是情感的自然流露，自覺心是理智的分析運用。「殉乎情者，孤臣烈士，遊俠淫奔，殺身守志，不計利害之所為也；昵於智者，辨理析疑，權衡名實，若理學哲家是矣。情之用，百世之貞而其蔽也愚，智之用，萬物之理而其蔽也靡」[26]。愛國心是生於斯長於斯的自然情感，幾乎是自然而然的良知良能，「人為一國之民，不能自立於國家之外，祖宗邱墓之鄉，飲食歌哭之地，尚曰不愛，豈複人情」[27]？正因為愛國心的這種自發性，它才在亡國危機刺激之下成為鼓動人們片面愛國、為國家犧牲個人利益最為便利的入手處。破除這種迷信般的愛國情感，必須喚醒人們的自覺心，即理

---

25 秋桐《讀嚴幾道民約平議》，《甲寅月刊》，第 1 卷第 1 號。
26 陳獨秀《愛國心與自覺心》，《甲寅月刊》，第 1 卷第 4 號。
27 秋桐《愛國儲金》，《甲寅月刊》，第 1 卷第 8 號。

性地分析何為國家，國家與我是什麼關係，正是在這樣的理性化意識的指導下，愛國心才不會蔽於愚。這也是章士釗等人闡釋現代國家觀念的初衷。如上分析，政府不能等同於國家，「有國而不知愛，是謂大瞀；謂吾應於惡政府而愛之，是謂大愚。……愛國可耳，決不能使倚國為惡之政府並享受吾愛也」[28]。在這種理性化意識的分析下，愛國是以保證個人權利、增進個人幸福為前提的，個人在現代國家這一空間內，能獲得安全自由的社會空間，並以此來成就自身的潛能。「愛國決不在犧牲所有，而在致其所有者於相當之位」[29]。國家是保障人民幸福的政治組織，國家必須保障人民實現個人身上的真我價值，而不是片面地要求個人犧牲自身利益。那麼在個人與國家關係上，個人就成為國家核心，只有個體健全發達，才會有國家的健全發達。對於這一點，章士釗做了全面的闡釋：

> 為國之道，不在毀民之所有以集乎公，而在致民之所有於相當之位，斯而可致，國已隆興，反是而行，靡不衰敗，故今茲舉國怨嗟，民氣抑塞，即而察之，亦人人失其所以相當者一語盡之矣，政士以失其相當之地位，無所行其志，言論以失其相當之機關，無所盡其說，農賈失其相當之機會，無所致其利，推之財產生命，全失其相當之保障，予奪唯命，生殺唯命，萬民耗其生機，社會成為枯臘，而當今政蠹，猶且假託

---

28 秋桐《愛國儲金》，《甲寅月刊》，第 1 卷第 8 號。
29 秋桐《國家與責任》，《甲寅月刊》，第 1 卷第 2 號。

儒言，肆為顢頇，非曰國家必為前提，即曰統一萬不可缺，無論溝壑所委日有幾何，閭閻所苦已至何度，而名分一日可假，即泰然而以自安，至持論之家，中流之士，率皆困於久假不歸之說，震於一時無對之威，理想與實際，二者皆無能抗，實則所以不抗於自然則亦已耳，而叩其本懷，則耳目接觸，何者為可傷何者為極戾，舉非漠然無所動於其心，以是社會之感情日益損傷，非入於消沉即流於偏宕，正氣不生，全力皆廢，國本之拔蓋已成於不知不覺之中矣，此又豈盡當局之咎耶，愚今請正告天下曰，民利不張，國利胡有，民力不堅，國力胡生，民求民利，即以利國，民淬民力，即以衛國，凡言毀民而崇國家者，皆偽國家主義也，此種偽義無論倡之者動因何似，吾人一例辭而辟之，一切拘墟之詞，籠罩之說，荀子所謂以古持今，以一持萬，諸謬悠之談，其在今日皆當絕其本根，使無遺孽，號稱國家，凡隸其下者，對於已有之利益，已有之主張，苟屬正當溫和，率自有其邏輯之位置，應保持而不失，若以國家之故，而致兩者成為齏粉，則必非國家本義，如是而為假借國家以售其奸者之所偽託可以斷言，於時吾之本意遵於常經，其為自矜抑為自克，一視事實都可不論，苟或外境所接，與此相反，可一本乎主觀，絕不蒙於客觀而以片言決之，曰：吾有心之所安，國家當安吾所安，吾知理之所合，國家當合吾所合，如其不然，則其國家已不成為適於人類之一組織，或存或亡，了無關係，必議存

> 之吾人，亦惟求其所以相當者而已矣。……人或以國家主義以及他種類似之語來相間執，吾人可立批其偽，絕不以亂吾人心曲，凡關於權利欲望之種種主張，直主張之無所容其囁嚅，無所容其消阻。[30]

從法理上厘清了個人與國家之間的關係，任何人都不能憑藉國家、集體的名義壓制個人，這樣個人就不是傳統社會中在專制權力壓迫下被動服從的奴隸，而是有自我權利和義務的國民，這樣的國民在現代國家的政府架構下，有其獲得法理支撐的自由活動空間。這一觀念的確立，正是現代文化有別於傳統文化的關鍵。從思想觀念來說，在傳統社會人們的思想意識中，政統和道統互為表裡；而現代國家中，個人有了自我的觀念，自我的確認不必和國家的政統相一致，從而有了表述自我的新動力。在社會空間中，傳統社會中身份政治規定著每個活動空間的大小，個人無法逸出身份政治的限定；而在現代國家中，個人的活動空間和身份無關，在法權的平等自由保障下，個人可以生產出屬於自我的獨立政治文化空間。正是在國家觀念的重建、個人與國家關係的重新調整中，以《甲寅》為代表的文化建構為《新青年》宣導的新文化變革奠定了基礎。

30秋桐《自覺》，《甲寅月刊》，第 1 卷第 3 號。

第二節　現代法權之下的個人與國家

近代中國是民族國家觀念形成的時期，在中國傳統中是沒有民族國家這一概念的。儒家意識形態所強調的是天下觀，國家和天下是不同的，顧炎武對此概括得非常準確：「有亡國，有亡天下。亡國與亡天下奚辨？曰易姓改號，謂之亡國；仁義充塞，而至於率獸食人，人將相食，謂之亡天下。」[31]人們對政治空間的接受是以是否涵蓋儒家意識形態為標準的，因此「夷夏之辨」就是人們認識不同族群的根據。近代中國被西方的堅船利炮打開國門，面對一個陌生的世界秩序，人們不知如何應對，從用「夷」「萬國」「列強」到「世界」來指稱西方的概念變化中，可以看出中國對自身所處的世界秩序的逐步理解和對民族國家觀念的緩慢接受。辛亥革命猝然成功，要人們一下接受西方經過漫長歷史演變所形成的民主共和國家觀念，顯然是不現實的。陳獨秀創辦《新青年》，以實現對青年群體的政治啟蒙，必須首先對民族國家觀念之下的民主共和國概念進行學理闡釋，即我們為什麼要建立一個這樣的國家，這樣的國家和每個人有怎樣的關聯？

《新青年》創辦的時候，正值「一戰」爆發，國與國之間激烈的軍事殘殺，讓人們意識到現代民族國家之間實力競爭的殘酷性。劉叔雅認為，從星雲到地球的形成，再到人類

---

31 顧炎武《日知錄集釋・正始》（第 13 卷），黃汝成集釋，欒保群、呂宗力校點，上海古籍出版社，2006 年，第 756 頁。

社會的出現，其背後的動力是普遍存在於世界的「求生意志（Wille zum leben）」，「蓋眾生由求生意志而生，互爭其所需之空間、時間、物質，而競存爭生之事遂起……邦國交鬥，殺人盈野，實起於匹夫之彎弓，匹夫之彎弓，又起自爪牙之相搏。求生意志乃世界之本原，競存爭生，實進化之中心，國家者，求生意志所構成。」劉叔雅《軍國主義》，《新青年》，第 2 卷第 3 號。但是人們因為專制束縛及目光短淺，並未意識到國家所具有的軍國主義性質，劉叔雅從「秉鈞當國者」、軍人、政黨、工人到學子，逐一批判這些只顧私人利益，不知自己所作所為對國家的意義的人。更為嚴重的是，國家作為求生意志的結合體，本應將每個人的求生意志激發起來合成一個整體，但中國當時面臨的問題是，從政治體制到道德意識，都對個人的求生意志構成了嚴重的壓抑。劉叔雅以德國的強盛及日本的變法圖強證明求生意志並不以種族為決定前提，而是普遍存在於人性中的本源力量，「好戰乃人類之本性，進取實立國之原則。吾諸華既為人類，又葆有國土歷數千年，其間捍拒異類，討滅敵國之事，無代無之。本能縱麻痹於一時，決非汨滅已盡，徒以受毒於腐敗政治過久，民族精神，無由發揚，遂有今日之衰頽。苟蕩滌其瑕穢，灑掃其積垢，則發揚蹈厲，必能為人類歷史增其榮光。」[32]在人們因當時武人嚴重干涉政治而對軍國主義的合法性提出質疑時，劉叔雅回應道，那些「佩文虎章帶劍而禦黃色衣者」，根本是一些不懂得軍國主義的「鹽梟馬賊」「巡防統領」，

32 劉叔雅《軍國主義》，《新青年》，第 2 卷第 3 號。

他們以「數千無賴」和「數千廢槍」敢恣睢無所忌憚，正是因為「吾民皆怯弱卑劣，戀戀於偽和平耳」，如果全體國民「能力行軍國主義，堅貞剛毅如德意志之民，則四裔猶不敢不享，何此曹之足云」。[33]

顯然，劉叔雅以生存意志為出發點的軍國主義國家建構思路是較為簡單的，但其中卻包含著當時國家文化建構的重要思路，即如何形成一個有效的國家體制，將國民的自由創造力發揮出來以建設強大的民族國家。近代中國要完成從傳統到現代的轉化，必須完成這樣兩大目標：第一就是將個人從專制體制下解放出來，在社會層面實現民主自由以激發個人的創造力；第二就是完成民族國家的建構，在整個世界的民族競爭中實現國家的獨立富強。梁啟超在戊戌變法失敗後就曾這樣概括這兩大目標：「其在於本國也，人之獨立，其在於世界，國之獨立。」[34]但是民初的國權主義顯然將側重點放在了國權即國家權力的集中上，結果民主共和國剛建立不久即被舊勢力拖入皇權復辟的泥潭。於是，如何調整個人獨立與國家富強之間的關係，就成為當時人們思考的核心問題。

高一涵是在《新青年》前兩卷中發表文章最多的人，他當時正在日本明治大學攻讀政法，訓練有素的政法修養讓他的國家文化建構理念更富有現代政治學的學理性。在《共和國家與青年之自覺》《民約與邦本》《國家非人生之歸宿》《自由與自治》《樂利主義與人生》《一九一七年豫想之革

33 劉叔雅《軍國主義》，《新青年》，第 2 卷第 3 號。
34 梁啟超《國家思想變遷異同論》（1901 年 10 月），李華興、吳嘉勳編《梁啟超選集》，上海人民出版社，1984 年，第 191 頁。

命》等文章中，高一涵系統闡釋了民主共和國的國家文化建構思路及原則。他首先認為國家是人類創造發明的物件，是人本身意志和目的的體現。因此他在追問國家存在的目的和意義的時候，並不是像劉叔雅一樣，以國家自身的強盛為出發點，而是基於個體的自由和幸福，認為國家強盛是人本身強健的結果而非目的：「所建者國家，而所以建者則為人生自身之問題。故國家蘄向，即與人生之蘄向同歸。」[35]國家不僅是個人希望和意志的體現，形成之後，其職責就是幫助個人實現人生追求：「蓋國家為人類所部勒，利用之為求人生歸宿之資，其職務之均配，必視所建設者當時之缺憾所在，合為群力，以彌縫而補救之也」[36]。而且從根本意義上講，個人是可以脫離國家，而國家則不能脫離個人：「然則國家為人而設，非人為國家而生，離外國家，尚得為人類；離外人類，則無所謂國家」[37]。因此高一涵的國家文化建構思想，首先從根本上廓清了近代以來建構國家文化的思想誤區，強調了國家為維護和發揚人的價值而設立，而不是個人為國家的成立而存活。

明確了國家建立的目標和意義，也就明白了國家的作用和職責。從理論上講個人優先於國家，但現實中個人權利卻往往被國家權力侵佔，限制國家權力，成為憲法所需具備的重要功能。人民基於自覺的個人權利意識，欲圖在契約的基礎上建立近代意義上的國家，並重新定義國家的概念：「夫

35 高一涵《國家非人生之歸宿》,《青年雜誌》，第 1 卷第 4 號。
36 高一涵《國家非人生之歸宿》,《青年雜誌》，第 1 卷第 4 號。
37 高一涵《國家非人生之歸宿》,《青年雜誌》，第 1 卷第 4 號。

立國之始，必基於人民之自覺。且具有契合一致之感情、意志，居中以為之主，製作典章制度，以表識而顯揚之，國家乃於是立」[38]。但基於國民意志、情感而在契約精神之下建立的國家還只是抽象意義上的國家，與國家觀念相伴而生的就是發揮國家職能的政府機關的建立：「故國家之設，乃心理之結影，而非物理之構形。自覺心理，懸而非察，故國家本體，亦抽象而無成形，非憑一機關，則不克行其職務，此機關之設，必與國家同時並生」高一涵《民約與邦本》，《青年雜誌》，第 1 卷第 3 號。。但體現國家本體的機關一旦建立，在「執行國家之職務」時，「其勢常易於攘國家權力，據為己有也。」[39]為了防止國權對個人權利的侵害，必須將憲法懸置於國家之上：「政府之設，在國家憲法之下；國家之起，見於人民總意之中。政府施設，認為違反國家意思時，得由人民總意改毀之，別設一適合於國家意思之政府，以執行國家職務。政府之權力，乃畀托而非固有。固有之主，厥惟人民，是之謂人民主權（popular sovereignty）。」[40]這樣以「人民總意」形成憲法，國家權力來自憲法，政府執行國家意志。「人民總意」、憲法、政府就構成了國家的整體。

顯然，在人民、國家、政府三者之中，人民是核心，國家和政府的權力都來源於人民的意志。因此建立現代國家的關鍵，是國民應具有明確的權利意識。面對當時人們熱衷討論的國體問題，高一涵認為國體是細枝末節的技術問題，關

38 高一涵《民約與邦本》，《青年雜誌》，第 1 卷第 3 號。
39 高一涵《民約與邦本》，《青年雜誌》，第 1 卷第 3 號。
40 高一涵《民約與邦本》，《青年雜誌》，第 1 卷第 3 號。

鍵問題是國民意識中共和精神是否存活，因此他單刀直入，抓住問題的核心而討論如何發揚國民的共和精神：「然國體之變更與否，乃形式上之事；不佞所論，乃共和國民立國之精神。政府施政之效，其影響不逾乎表面之制度；而政治實質之變更，在國民多數心裡所趨，不在政治之形式」[41]。只要共和精神在國民心中不滅，共和國家就不會滅亡：「可知立國精神，端在人民心理。人人本其獨立自由之良心，以證公同，以造輿論。公同輿論之所歸，即是真正國體之基礎。……吾輩青年責任，在發揚立國之精神，固當急起直追，毋以政治變遷而頓生挫折，令吾人最貴之精神，轉役於曲折迴圈之時勢，而為其奴隸焉，則庶幾歟！」[42]

可以說，正是在建構國家文化的整體性視野中，《新青年》才建立了具有法權意義上的個體權利自主的個人主義觀念。在中國傳統文化資源中，沒有個體權利自主的概念，個體只是家族、國家的依附性存在。《新青年》同人借鑒歐美憲政思想，重新界定個體和國家的不同職責和許可權，正是在古代和現代的區分中，他們才認識到個人自由的法權內涵：「自由有表裡兩面，自消極方面言之，為不羈；而自積極方面言之，為權利。自由思想即權利思想，由人格主義而來，人格者即法律上能享權利盡義務之主體也。古代專制國家，持國家萬能主義，而不認有個人人格，遂無自由權利之可言。自近世進步之國家理想，承認人格主義，而個人乃獲得法律上之地位……個人服從國家，與奴隸牛馬之服從於人

41 高一涵《共和國家與青年之自覺》(二),《青年雜誌》, 第 1 卷第 2 號。
42 高一涵《共和國家與青年之自覺》(二),《青年雜誌》, 第 1 卷第 2 號。

者不同，奴隸牛馬無人格，一切待命主人，故鞭撻戮辱任意，而個人則一方立於國權之下，一方猶自有獨立之人格。故國家與人民，乃兩人格者間之法律關係，即權利義務之關係也。」[43]這種在國家文化的整體視野中所建構的「自由思想即權利思想」的個人主義觀念，正是《新青年》中最富學理性的個人主義思想，這一思想顯然和學界以往所側重的陳獨秀、魯迅、胡適、周作人等人所建構的個人主義思想不同。魯迅在日本留學期間，寫下《摩羅詩力說》《文化偏至論》《破惡聲論》等文章。魯迅的個人主義思想，旨在破除近代洋務運動之後國人對西方文明中「物質」與「眾數」── 船堅炮利的物質文明和議會民主的政治文明 ── 的迷信，認為學習「物質」與「眾數」所代表的科技文明和政治文明並不能觸及西方文明的根底。在魯迅看來真正能產生這些文明的根源在個人，即承傳於拜倫至尼采的「摩羅詩人」和「新神思宗徒」。這兩派力量在反抗專制政治和理性文明對感性實存的扼殺中，注重人的「心聲」和「內曜」，[44]提出「掊物質而張靈明，任個人而排眾數」[45]，個人應該做到「惟聲發自心，朕歸於我」，「天下皆唱而不與之和」，實現「人各有己」的個人主義[46]，才能將個人的創造力發揮出來，推動中國文化

---

43 光升《中國國民性及其弱點》，《新青年》，第 2 卷第 6 號。

44 魯迅《破惡聲論》，《魯迅全集》（第 8 卷），人民文學出版社，2005 年，第 25 頁。

45 魯迅《文化偏至論》，《魯迅全集》（第 1 卷），人民文學出版社，2005 年，第 47 頁。

46 魯迅《破惡聲論》，《魯迅全集》（第 8 卷），人民文學出版社，2005 年，第 25-26 頁。

的變革，並實現民族的獨立強盛。顯然魯迅的個人主義更具有文學性和哲學意味，顯得深刻而和自己所處的時代拉大了思想距離。而陳獨秀的個人主義在傳統和現代二元對立的思路中以批評性的議論來建構，顯得空泛而缺乏現實針對性。其後周作人的《人的文學》和胡適的《易蔔生主義》是在世界主義的視野中，在人的共性和個性、神性和獸性的對立統一中確立個體的正當性，並不是在政治權利和法律許可權中建構個人權利的自主正當性，其個人主義的建構更多體現在對理想人性的文學想像中，雖然這種想像對現實批判有很大的號召力，但因缺乏對個人自由權利正當性的來源論證，因而在和現實的對接上表現出很大的懸浮性。

以政法思想來建構個人主義觀念的思路在《新青年》的整體性文化訴求中顯然具有非常重要的價值，因為只有在政法意義上確立個人權利的正當性，個人主義才能落到實處，顯然這樣一種個人主義不是文學性的想像所能完成的，但卻對文學中的個人主義的表現具有非常深遠的學理性影響。

如上所述，高一涵認為憲法、國家、政府是緊緊圍繞個人而建立的制度文明，個體生命價值的實現是這些制度文明的目的所在。高一涵正是在這樣的思路中，在國家和個人的統一性中，更為深刻地建構了現代意義上的具有政治權利與法律許可權的個人主義。在高一涵看來，共和國家分形式和精神兩個層面，就形式言：「其主權非為含靈秉氣之生人所固有，而實存於有官智神欲、合萬眾之生以為生之創造團體」；就精神言：

> 共和原文，謂之 republic。考其字義，含有大同福祉之意於其中，所以表明大同團體之性質與蘄向者也。就法律言，則共和國家，畢竟平等，一切自由，無上下貴賤之分，無束縛馳聚之力。凡具有獨立意見，皆得自由發表；人人所懷之意向、蘄求、感情、利害，苟合於名學之律，皆得儘量流施，而無所於懼，無所於阻；就政治言，使各方之情感、思慮，相劑相調，互底於相得相安之域，而無屈此伸彼之弊，致國家意思為一黨、一派、一流、一系所壟斷。故民情舒放，活潑自如，絕不虞抑鬱、沉淪，以消磨其特性，而拘梏其天機。[47]

無論是從法律的角度還是從政治的角度來講，國家的生命力皆源自獨立個人的自由創造性，而國家、政府、法律讓個人自由獲得可靠的保證，這就是國家對個體存在的重要意義。個人的自由創造性從本源來講，是內在於人性中的：「不佞以為，道德為人心之標準，本心之物，惟有還證自心，以求直覺，則所謂求之天性是已。」[48]這一點高一涵和劉叔雅是相一致的，只不過劉叔雅強調的是人性中的生存意志，高一涵強調的則是自由創造性。在將個人的創造力和道德意志奠基在人性本身中的同時，高一涵分析了專制制度對人的壓制與束縛的非正義性：「顧王由天亶，故道德淵源，亦由天出。於是有天命、天罰、天幸之詞見焉」[49]。不論是神權政

47 高一涵《共和國家與青年之自覺》(一)，《青年雜誌》，第 1 卷第 1 號。
48 高一涵《共和國家與青年之自覺》(一)，《青年雜誌》，第 1 卷第 1 號。
49 高一涵《共和國家與青年之自覺》(一)，《青年雜誌》，第 1 卷第 1 號。

治還是聖王政治，都是剝奪個體獨立自由的合理性，用外在權威壓制個人，所謂「懲忿窒欲」，就是壓制和剝奪人的自由意志和反抗能力：「專制之朝，多取消極道德，以棄智黜聰，為臣民之本。如『不識不知，順帝之則』、『民可使由之，不可使知之』諸詞，見諸經傳，利其無作亂之能與犯上之力故也。故往古道德之訓，不佞敢斷言，其多負而寡正，有消積而少積極者」[50]。

那麼根源於人本性的獨立意志和巨大創造力如何在現實層面實現？從個人層面來講，個體首先要對自我本性中的自由意志有高度的生命自覺，「道德之基，既根於天性，不受一群習慣所拘，不為宗教勢力所囿矣。顧啟淪之機，將誰是賴？則自由尚焉，」[51]一旦人自覺到本身的自由本性，那麼遵從這樣的自由本性就是個人對自己和社會的最大道德，反之，壓制個性，不發揚自己的生命意志力，依違於他人和習俗，則是最大的不道德：「蓋受命降衷，各有本性。隨機利道，乃不消磨，啟瀹心錄，端在稱性說理，沛然長往，浩然孤行，始克儘量而施，創為獨立之議。故青年之戒，第一在扶牆摸壁,依傍他人；第二在明知違性，姑息瞻依。自賊天才，莫過於此二者」[52]。從國家層面來講，就是保護個人自由：「定自由之範圍，建自由之境界，而又為之保護其享受自由之樂，皆國家之責。自由之界，隨文化之演進而彌寬；文化

50 高一涵《共和國家與青年之自覺》(一),《青年雜誌》，第 1 卷第 1 號。
51 高一涵《共和國家與青年之自覺》(一),《青年雜誌》，第 1 卷第 1 號。
52 高一涵《共和國家與青年之自覺》(一),《青年雜誌》，第 1 卷第 1 號。

愈高，斯自由愈廣」[53]。有了個人對自由的自覺和國家對自由的保護，整個國家文化將會形成一種自由平等的競爭態勢，「以尊重一己之心，推而施諸人人，以養成互相尊重自由權利之習慣，此謂之平等的自由也。」高一涵《共和國家與青年之自覺》（一），《青年雜誌》，第1卷第1號。正是有了個人自由和對個人自由的國家保護，才能實現真正的個人主義，即高一涵所言的「自利利他主義」：「所謂自利者，即欲使一己之利益，著著落實，非特不害他人之利益，且以之贊助他人之利益之謂也；所謂公共者，即以為社會一員之我，借公同之事業，而以謀全社會之利益者，遂其一己之生活也」[54]。在自利和利他的統一中，國民「互相需待，互相扶持。凡一己所為，莫不使及其效力於全體，各盡性分，以圖事功。考其所為，果為自利，抑為利他，舉莫能辨，」[55]即在真正的個人主義的落實中，自利和利他是相互統一、互為促進的。

以個人主義完善自我人格和幸福的過程中，國家始終是起輔助性作用的，「國家為達小己之蘄向而設，乃人類創造物之一種，以之保護小己之自由權利，俾得以自力發展其天性，進求夫人道之完全。」[56]因此必須反對以慈惠和犧牲為藉口而損害個人獨立性的行為。慈惠主義表現在個人放棄對自我幸福的追求，而以別人的施捨和恩惠來實現個人幸福，

---

53 高一涵《共和國家與青年之自覺》（一），《青年雜誌》，第1卷第1號。
54 高一涵《共和國家與青年之自覺》（二），《青年雜誌》，第1卷第2號。
55 高一涵《共和國家與青年之自覺》（二），《青年雜誌》，第1卷第2號。
56 高一涵《共和國家與青年之自覺》（二），《青年雜誌》，第1卷第2號。

這首先是違背了獨立人格所設定的道德價值：「人生幸福，首貴自謀，呼蹴而與，乞人不屑，奚況其他。故保重人格之道，第一即在有自求幸福之能力。喔咿儒兒，突梯滑稽，是喪其人格者也。見真樂所在，則挺身拔劍奮起而爭之，見他人以偽樂欺我，則揭其虛偽，一鼓而破之，決不受其束縛，是之謂尊重人格，是之謂有自立之能，是之謂深知愛護自由幸福之民」[57]。其次，既然個人幸福是自我能力和自由的證明，那麼必須以此為出發點奪回立法權：「近世立法之權，所以操之群眾者，亦以吾人一群之苦樂，惟吾人本身自感自覺自享自受之耳。以吾人身受之利害，非還叩諸吾人之本身，則忻喜厭惡，必不克適如吾人之所願」[58]。如果立法權在別人手中，則「是故望他人體量吾身之苦樂，任其代定標準者，是奴隸牛馬之事，非人類之事也。甘受他人代定之標準，帖然服習而不辭者，是麻木不仁之身，良心上毫無感覺者也。非他人所能感覺之苦樂，而必仰他人鼻息，讬其代為判定者，是之謂自尋苦惱以戕其生者也，近世深愛自由幸福之民族，所以斷脰焚身以爭民政而踣專制，收回立法之大權者，其用心正在此耳」。因此國家和法律的根本目的，不是替代個體來訂立幸福的準則，而是保護和激勵人們獲得幸福的能力：「故國家職務，即在調和群類，擁護機宜，俾人各於法律範圍之中，謀得其相當之幸福而已。幸福之求，專恃人民之自覺自動，國家之責，惟在鼓舞其發越之機，振興夫激揚之路。故凡物質上之快樂，體育上之歡娛，務使發揚至盡，俾得與

57 高一涵《樂利主義與人生》，《新青年》，第 2 卷第 1 號。
58 高一涵《樂利主義與人生》，《新青年》，第 2 卷第 1 號。

精神煥越之程度相應相調，以遂其演進文明之願，此晚近國家奉為職志之唯一大則也」[59]。

與慈惠主義相對應的，則是犧牲主義。奉行此種主義的人，打著國家的旗號，強調犧牲和奉獻，這種片面的道德，違背人生而求幸福的本性，「使我盡受勤勞之苦，而勤勞結果之樂，乃盡讓他人享之」[60]。對社會而言，這種不合理的道德，則易導致國家萬能主義，並導致專制的復活：「多宗數千年前之古義，而以損己利國為主。以為苟利於國，雖盡損其權利以至於零而不惜。推厥旨歸，蓋以國家為人生之蘄向，人生為國家之憑藉。易詞言之，即人為國家而生，人生之歸宿，即在國家是也。人生離外國家，絕無毫黍之價值。國家行為茫然無限制之標準，小己對於國家絕無並立之資格，而國家萬能主義，實為此種思想所釀成。」[61]

高一涵在國家職能與個人發展、政權許可權與個人自由的關係中確立個人獨立自由的合法性，個人在國家和法律的保護中獲得自由權利。那麼有法律支撐的個人如何將自己的創造力與國家聯繫起來？高一涵認為獨立自由的個人通過輿論和國家結合成為一個整體。民國建立之初，各政黨紛紛建立自己的報刊，但這些報刊往往淪落為各黨派相互指摘攻擊的工具，並未成為表達民意與發揮自由創造精神的平台。輿論在整個國家體制中，並不是工具性的存在，而應是共和國的立國之本。「執行國家意思，為政府之責；而發表國家意

59 高一涵《樂利主義與人生》，《新青年》，第 2 卷第 1 號。
60 高一涵《共和國家與青年之自覺》(二)，《青年雜誌》，第 1 卷第 2 號。
61 高一涵《國家非人生之歸宿》，《青年雜誌》，第 1 卷第 4 號。

思，則為人民之任」[62]，輿論即是「人民總意」的體現，進言獻策也是人民對國家應盡的職責。輿論不必糾纏於對錯，而在於是否有獨立見解，是否遵從個人真實的心聲，輿論必須是自由創造力的體現，「道德之根據在天性，天性之發展恃自由，自由之表見為輿論」。只有這樣的輿論，才能「以獨立之見相呼，必有他人以獨立之見相應。相應不已，而輿論成焉。輿論在共和國家，實為指道政府、引誘社會之具。」[63]通過媒體人民以輿論的方式結合為一個整體，在輿論的上通下達中，人民的智慧和力量就變成了國家的智慧和力量。

我們看到在以高一涵為代表的《新青年》同人前期的國家文化建構的整體框架中，有三個政治要素：人民、國家、政府。三者中以人民為核心，但人民不是指實際群體，而是代表人民的「國民總意」。在「國民總意」中，也包含著三個關鍵元素：自由、權利、輿論。自由是人性中的本源性力量，這種力量被專制神權和王權壓迫束縛在人性深處，而且在歷史的演進中變成了依附性的被動道德，那麼在現代國家文化中，必須重新通過啟蒙，讓人民意識到自己人性中的自由本性，只有自由本性被激發，國民的創造力發揮出來，以這樣的人民所構成的國家才是有生命力的強盛的國家。但人民的自由在現實中必須獲得權利的保證，如何保證人民的權利不受破壞和壓制，則是政府的職責，政府必須依據法律的形式賦予人民權利。而人民以自己的權利發展自由創造性的時候，是以輿論的形式表達這種自由創造力的，並通過輿論

62 高一涵《共和國家與青年之自覺》(一)，《青年雜誌》，第 1 卷第 1 號。
63 高一涵《共和國家與青年之自覺》(一)，《青年雜誌》，第 1 卷第 1 號。

將這種力量注入政府的管理體制中。這樣人民和政府就在互動中獲得了高度統一，國家成為全體國民自由意志和創造力的結合體，從而實現個體自由與國家富強的雙重目的。因此《新青年》在前期探討立國之本的思路中，建構出了現代憲政意義上的具有法律權利的個人主義，真正從法律的高度肯定了人民作為國家主人的信念，由此而分辨出專制與民主的區別，而這也為新文學在建構現代國家文化的層面上來想像人、書寫人確立了堅實的學理依據。個人的獨立自由，就是新文學為之追求與書寫的文學理想。而正是這種理想激發了新文學對自身和社會的問題意識。圍繞家庭倫理和婚戀的「問題小說」流行一時，其背後所表徵的正是現代國家中獨立個體與傳統國家中依附個體的衝突，個人不再為君、為父、為夫而存在，而且個人的言說自由也有了權利正當性的理念支撐，人們開始以懷疑批判的眼光對既存的一切進行審視，因此「問題小說」不只是對個人權利正當性的辯護，也包含著對改造整個社會體制、重建民族國家的歷史訴求，新文學在現代民族國家的文化空間中開啟了文學想像與敘述的現實性與可能性，因而從根本上促動了中國文學由傳統到現代的深刻變革。

第三節　禮法分離與現代文化生產空間

新文化（新文學）作為一種新的文化力量要獲得發展，必須要有適應其產生和發展的文化生產空間。《新青年》前期的國家文化建構，正是在與孔教會的論爭中，重新闡釋了有別於傳統國家文化的現代國家文化生產空間。在新文化興起的時候，傳統文化、西方文化、新文化三種文化力量展開複雜的博弈，如讓各種文化的博弈獲得適合的文化生產空間，就必須對新建的民主共和國的國家文化做出新的闡釋，即在這樣一種新建的政治體制之下，各種文化力量和整個國家的建構應該是一種怎樣的關係，各種文化力量應該在整體性的國家文化中處於怎樣的地位。這是當時《新青年》雜誌必須要面對的一個重要問題，這一問題是以和孔教會辯論的形式展開的。對於新文化宣導者所發動的批孔運動，必須分清楚兩個層面的問題，即反對孔教會立孔教為國教和評判孔子思想這樣兩個問題。新文化宣導者和孔教會的辯論有很強的現實針對性，在這一問題的辯論中，雙方的分歧並不在於孔子自身，癥結在對現代國家的不同理解上。通過論辯，我們可以看到新文化宣導者對現代國家的文化空間場域的捍衛。第二個問題是通過對孔子的評判，引發出人們對傳統社會向現代社會轉型的討論，即傳統政教合一的社會向現代法治社會的轉型，這一轉型涉及的是禮和法的分離問題。禮法不分的傳統社會，人們注重的是道德的政治意義，即通過道德教化維護社會結構的穩定，在政教合一的規訓中以道德意識的提純，即通過天理人欲之辨，將個體的感性生存欲求完全限定在固定的禮教秩序之中；在禮法分離的現代社會，道德只是涉及個人性的問題。在新舊道德觀的嬗變替代中，人們的道德意識由傳統的守成，轉變為實踐中的開放，即不再強調道德維護社會結構穩定的功能，這一功能為法律所替代，道德涉及的是人們在實踐中是否真誠、是否能將個人的自由意志表達出來的問題。可以說，這兩個層面的問題互為表裡，共同推動了中國文化和社會的深刻變革，由此確立了個人言說的自由空間與社會活動的自由屬性，為新文學的發生奠定了基礎，個人的價值得到了肯定並開始尋找屬於自己的話語 —— 白話新文學。

繼清政府停止科舉考試，北洋政府廢除了中小學讀經，以孔子為代表的道德權威失去了其曾經在傳統社會中的崇高地位，人們面臨一個道德重建的價值空缺時代。袁世凱敗亡後，社會進一步失去了維繫統一的政治權威。道德重建和政治變革一起加劇了人們的不穩定感，再加上當時南北分裂的趨向，以及與民主共和相適應的新道德信念並未深入人心，一些士紳階層轉向傳統，企圖恢復孔子的社會地位，以傳統道德挽救世態人心。這些士紳階層建立孔教會，辦雜誌，宣導傳統倫理道德的重建，並試圖尋求政府和國家的支持，在社會上形成一股尊孔復古的思潮。民國初年的孔教運動是一場有相當影響力的社會運動。以康有為和陳煥章為領袖的孔教會發起了定孔教為國教的請願運動。據張衛波統計，「截至 1913 年年底，孔教會的各地方分會共有 130 個，其範圍涉及上海、北京、山東……廣東等 21 個省市，並在海外的紐約、橫濱、東京、費城等地設有分支。宗聖會僅在山西一省就有 70 多個分會。孔道會則在直隸、河南、山西、山東等省份有數十個分會。同時，這些社團也有相應的入會程式和宣傳刊物。其規模之大和組織之完備，即使是民初一些政黨也無法比擬。」[64]參與者既有偏僻小縣的舊式文人，也有上層軍政要人如閻錫山、黎元洪、陸榮廷等人，既有曾經領導社會變革的激進人物如康有為、梁啟超，也有受西學影響很深的嚴復、陳煥章、張東蓀等。1913 年 9 月，孔教會在山東曲阜召開了第一次全國代表大會，參會的人除了有孔教會和其他尊孔社團的代表外，還有副總統、國會、內務部、大理院和 19 省市以及港、澳地區的代表，人數多達 3000[65]。孔教會在全國範圍內掀起聲勢浩大的國教請願運動。1913 年 6 月 22 日，袁世凱發佈《尊孔祀孔令》後，孔教會便迫不及待想立孔教為國教，並試圖在學校教育中恢復讀經。1913 年 8 月 15 日，孔教會代表陳煥章、嚴復、梁啟超等人向國會提交《定孔教為國教請願書》，可是因為其他教派的反對，孔教會的目的並未達到。1913 年 10 月 13 日，《天壇憲法草案》第 19 條附文規定：「國民教育以孔子之道為修身大本」。在北洋政府的行政干預下，部分中小學恢復了尊孔讀經。1915 年 1 月 12 日，《特定教育綱要》要求中小學以「尊孔尚孟」為教育宗旨，明確規定小學讀《論語》和《孟子》，中學讀《禮記》和《左氏春秋》，在大學校外單獨成立經學院，在各省、各處設立經學會。1916 年 9 月，國會召開憲法審議會，決定否決定孔教為國教案時，孔教派乘機向參眾兩院請願，再次要求定孔教為國教。在中央，100 多名議員組成「國教維持會」，大肆鼓吹定孔教為國教；在地方，孔教派則依靠地方軍閥實力支持，向國會施壓。

64 張衛波《民國初期尊孔思潮研究》，人民出版社，2006 年，第 35 頁。
65 張衛波《民國初期尊孔思潮研究》，人民出版社，2006 年，第 78 頁。

孔教會之所以如此急迫地要求國會定孔教為國教，除了他們想用孔子重新樹立傳統倫理道德的威信來制止民初社會的道德滑坡與重整社會秩序外，更為重要的是他們意識到傳統儒學在急劇的社會變革中，逐漸失去了號召人心的力量。特別是廢除科舉和新式教育的推廣，從根本上取消了儒學作為國家文化代表的正統地位。千百萬受新學教育的讀書人，即陳獨秀們所要啟蒙的「新青年」，再也不會把代表儒學的四書五經作為謀生和晉升的必讀書。恢復曾經作為他們立身與治世之本的儒學在國家中的地位，就成為孔教會所要完成的目標。從康有為以經文經學改造儒學為變法圖強尋求傳統的支持開始，對孔子的改造就已經在近代重新啟動了，可以說，民初的孔教會活動把復活孔子的運動推向了高潮。皇權未倒的時候，儒學本身就代表著國家意識形態教化的正統，但是民國一建立，儒學代表整個國家文化的象徵地位已經不復存在，並且教育領域也逐漸拋棄了儒家經典的正統地位。孔教會恢復儒學正統地位的途徑只有一條，就是通過新建共和國的國會，以民意的形式迫使代表國家的憲法重新確立儒學的正統地位，由此來發揮儒學的社會影響力。所以在孔教會不斷地向國會施壓、請立孔教為國教的同時，他們首先要重新定義國家的概念。在前面的論述中，我們看到高一涵明確認定國家是人們為了自身而建立的保護自由權利的一個物件。「國家為事而非物，一事之起，必有其所以起之因。事客而所以起之因乃為主，至於物則不然，一物之生長，其有所以生長之因乎？其生其長，乃因其自然，無所謂當然」[66]。而孔教會則認為國家不是人造物，是自然生長物，國家仿佛一棵大樹，是在民族文化（孔教會認為主要是儒家文化）的滋養下生長、發育、壯大的。因此他們不斷地用「國魂」「國本」「國性」等概念論證國家作為一個文化共同體的意義。如康有為就以「國魂」為概念論證孔子之道對立國的重要意義：

> 凡為國者，必有以自立也，其自立之道，自其政治教化風俗，深入其人民之心，化成其神思，融洽其肌膚，鑄冶其群俗，久而固結，習而相忘，謂之國魂。國無大小久暫，苟舍此乎，國不能立，以弱以凶，以夭以折。人失魂乎，非狂則死；國失魂乎，非狂則亡。此立國之公理，未有能外之者也。[67]

「國魂」既然如此重要，那麼代表「國魂」的孔子之道如果死亡，也就意味著國家的滅亡，「諸君子無意於保中國則已也，諸君子而有意保中國，則不可不先保中國國魂也，中國之魂維何？孔子之教是也」[68]。孔子之道不但是維繫國家生命的靈魂，也是發揮政教意義的「國本」：「孔教者，我中國所以立國之本也。我中國人所以相維相系，歷數千年

66 高一涵《國家非人生之歸宿》,《青年雜誌》，第 1 卷第 4 號。
67 康有為《中國顛危誤在全法歐美而盡棄國粹說》（1913 年 7 月），湯志鈞編《康有為政論集》（下冊），中華書局，1981 年，第 890 頁。
68 康有為《中國學會報題詞》（1913 年 2 月 11 日），《康有為政論集》（下冊），中華書局，1981 年，第 797－798 頁。

而不滅者，系惟孔教之故。」[69]並且也是最能代表民族身份的「國性」所在：「中國之特別國性，所賴以結合二十二行省，五大民族於以成今日莊嚴之民國，以特立於五大洲之中，不若羅馬希臘波斯各天下之雲散煙消，泯滅具亡者，豈非恃孔子之教化為之耶？」[70]應該說孔教會對國家的理解並沒有超出顧炎武對「亡國」與「亡天下」所做的界定。在他們的心中，最能代表國家、凝聚認同力的因素不是這個國家的政治體制所發揮的職能如何，而是在其中所灌注的文化精神。當他們把以孔子為代表的儒學推至如此之高的地位之後，他們得出國家滅亡並不可怕的結論，可怕的是代表「國魂」「國本」「國性」的孔子之道的死亡。「孔教為吾國根本命脈之所存，其教義之入人也，深效力等於無形之憲法，其教旨之及人也，普勢力廣於學校之教育，故孔教與吾國為存亡，孔教存吾國萬無滅亡之理，孔教亡，吾國萬無生存之理」[71]。「夫我孔子之教，中國國性所系，環球推為文明冠，古今教主，舍孔子莫定一尊，是故中國孔教存，斯國存，孔教亡，斯國亡。夫亡國亦常事，特未聞國亡而國粹與之俱亡者。若滅絕孔教，則真滅絕國性矣」[72]。因此現實中的政治體制並不是他們關心的重點，並且孔子自身的學術思想也不是他們

---

69 陳煥章《論廢棄孔教與政局之關係》，見經世文社編《民國經世文編》（第39冊），上海經世文社，1914年，第38頁。

70 嚴復《讀經當積極提倡》（1913年），《嚴復集》（第2冊），中華書局，1986年，第330頁。

71 廑廠《孔教救亡議》（1913年），《孔教十年大事》（第1卷），太原宗聖會，1924年，第26頁。

72 廖道傳《請尊孔教為國教議》，《孔教會雜誌・論說》，第1卷第7號，1913年8月，第17頁。

探討的核心，他們最為關心的是中國將要建立一個什麼性質的民族共同體 —— 國家，在他們眼中，孔子只不過是他們完成這一歷史訴求的一個工具性人物。在這一點上，他們延續了從晚清開始的「中體西用」的思路，而且和章太炎、劉師培等國粹派沒有根本區別。孔教會認為代表「國魂」「國本」「國性」「國粹」只孔子一家，而國粹派則認為孔子只是代表「國魂」「國本」「國性」的先秦諸子中的一家。也就說兩者所言的「國魂」「國本」「國性」只有廣狹不同，而無實質不同。但是新文化的宣導者則從根本上推翻了這一看法，在他們看來，國家只是人們為了保護自己的自由權利而製造的物件，只是一個工具性的存在。因此孔教會和新文化宣導者就如何建立一個什麼樣的現代國家產生了難以彌合的分歧。

新文化宣導者認為極力強調和突出代表所謂「國魂」、「國性」的孔子之道，容易將國家變成一個淩駕於個人之上的專制工具。因此他們要摘除附著在國家之上的所有神聖光環，將國家的職權限定在憲法所允許的範圍之內。高一涵批駁國家非人生之歸宿，國家只是人們在追求幸福之路上的一個輔助工具，「人生歸宿，既在於樂，國家者，以人生之歸宿為歸宿者也。」他進一步將人的行為分為兩個層面，即無形的精神層面和有形的行為層面，認為國家職能負責有形的行為層面的協調，而不能涉及無形的精神層面：

> 凡人為之發見於外者，國家可加以制裁。至蘊於心意中之思想、情感、信仰，雖國家亦無如之何。以國家

> 之權力，僅及於形式，而不能及於精神。國家可頒佈一切制度，以獎勵人民之行為，不能代人民自行、自為之；國家可以權力鼓舞文化、學術之動機，不能自行進展文化、學術之事。蓋精神上之事，國家僅能鼓其發動之因，不能自收其動作之果。[73]

這種劃分的根據就在於國家被視為一個以法律理性管理人民的機構，還是被作為一個道德化的精神象徵。顯然在新文化宣導者看來，過分抬高孔子在國家中的位置，突出以「國魂」「國性」「國本」的形式表現出來的孔子之道，容易引導國家走向以精神權威壓制個人自由的專制老路。「人類之所以形成國家者，乃以保安全長幸福，與增進道德之目的，殆不相關。故曰：國家者，形式的強制組織也，即國家強制作用只能為形式上之干涉，而不能為精神上之干涉也」。「若法律者，微美雖不可定，而矩矱則有可循。弱者得依託以為安，即強者亦範圍而不過，蓋德治者，不恃法而恃人，人之性格不定，法之程限有常，故德治易流為專制，而法治可企於平等也」。[74]

顯然在新文化宣導者看來，相對於以孔子之道作為精神權威的人格化的國家，以法律理性運作的工具化的國家，更能給人自由空間。因此新文化宣導者和孔教會之爭背後的另一個核心問題是如何在國家文化的建構中，開闢出一個富有生產性的文化空間。新文化宣導者正是抓住這一點，在反復

73 高一涵《國家非人生之歸宿》，《新青年》，第 1 卷第 4 號。
74 光升《中國國民性及弱點》，《新青年》，第 2 卷第 6 號。

闡述自己的現代國家理念的同時，表達了他們所理解的現代國家中的文化空間。這一點陳獨秀表現得非常明顯，針對孔教問題，陳獨秀連續發表了《駁康有為致總統總理書》《憲法與孔教》《孔子之道與現代生活》《再論孔教問題》等文章。在第一篇文章《駁康有為致總統總理書》中，陳獨秀的批駁並沒有擊中孔教會的要害，他以對西方宗教發展史的誤讀為前提來駁斥立孔教為國教的錯誤。認為西方經過宗教改革，宗教地位在下降，教主權威被取消，宗教儀式被弱化，「教律宗風，以次替廢，唯一神教，但奉真神，不信三位一體之說，斥教主靈跡為惑世之誣言，謂教會之儀式為可廢，此稍治宗教史者所知也。」「審是西洋宗教，且已由隆而之殺。」並且認為隨著西方科學文明的發展，宗教逐漸被科學所替代，「歐洲『無神論』之哲學，由來已久，多數科學家，皆指斥宗教之虛誕」。[75]認為西方宗教為了解決宗教衝突，實行宗教信仰自由，因此如立孔教為國教，則適得其反，反而會引起宗教衝突。這些誤讀的發現並不足以構成對立孔教為國教主張的有力反駁，但是在《憲法與孔教》等後面的幾篇文章中，陳獨秀立足現代國家理念中的自由文化空間場域來批駁孔教會，則抓住了問題的實質。他認為「蓋憲法者，全國人民權利之保證書也，決不可雜以優待一族一教一黨一派人之作用」陳獨秀《憲法與孔教》，《新青年》，第 2 卷第 3 號。。參照西方政教分離的建國歷史，陳獨秀意識到憲政國家應該有什麼樣的文化空間。「蓋政教分途，已成公例，

75 陳獨秀《駁康有為致總統總理書》，《新青年》，第 2 卷第 2 號。

憲法乃系法律性質，全國從同，萬不能涉及宗教道德，使人得有出入依違之餘地」[76]。在憲法所允許的自由文化空間中，不但孔子之道不能定於一尊，就是新文化宣導者自己的文化信念也不能定於一尊：「憲法中不能規定以何人之道為修身大本，固不擇孔子與盧梭也，豈獨反對民權共和之孔道，不能定入憲法以為修身之大本。即提倡民權共和之學派，亦不能定入憲法以為修身之大本。蓋法律與宗教教育，義務有畔，不可相亂也。」[77]因此，與其說陳獨秀等新文化宣導者在反孔教，不如說他們是在維護現代國家之下平等自由的文化空間。如果孔教不以獨尊的面目出現，而是以民間化的一家之學出現，新文化的宣導者們並不反對。「使孔教會僅以私人團體，立教於社會，國家固應予以與各教同等之自由，使僅以『孔學會』號召於國中，尤吾人所贊許（西人於前代大哲，率有學會以祀之）」[78]。

因此，與其說新文化宣導在「以西代中」的激進變革中中斷了傳統，不如說他們以西方憲政國家的發展歷史為參照，開闢出了真正復活傳統的全新的文化空間場域。他們和孔教會的論辯，就是要讓世人明白，「使國人知獨夫民賊利用孔子，實大悖孔子之精神，孔子宏願，誠欲統一學術，統一政治，不料為獨夫民賊作百世之傀儡。」[79]儒學因被國家過度徵用而日趨政治化和僵硬化，只有將其解放在一個真正

---

76 陳獨秀《再論孔教問題》，《新青年》，第 2 卷第 5 號。
77 陳獨秀《再論孔教問題》，《新青年》，第 2 卷第 5 號。
78 陳獨秀《憲法與孔教》，《新青年》，第 2 卷第 3 號。
79 易白沙《孔子評議》，第 2 卷第 1 號，1916 年 9 月 1 日。

的自由文化空間中，才能獲得煥發思想活力的歷史契機，因為孔子學說只有像其曾經在先秦時代那樣，真正以民間化的姿態發揮建構中國文化的作用，才會和每個個體的歷史訴求產生精神的共鳴。這個時候的孔子，正如李大釗所言，不是國家化的孔子，而是個人化的孔子：

> 惟取孔子之說以助益其自我之修養，俾孔子為我之孔子可也。奉其自我以貢獻於孔子偶像之前，使其自我為孔子之我不可也。使孔子為青年之孔子可也，使青年盡為孔子之青年不可也。……諸公不此之務，而惟日挈其偶像以錮青年之神智，閼國民之思潮，孔子固有之精華，將無由以發揮光大之，而清新活潑之新思潮，亦未浚啟其淵源。[80]

在對這樣一種文化空間的維護中，新文化宣導者希望為中國重建一種更具包容性的國家文化 — 國學。他們將孔學還原為歷史上眾多學派之一，從而將居於國家文化獨尊地位的孔學降格為眾多學派中的一派，孔學與傳統的「九家之學」、域外之學共同合成了國家文化的整體即所謂的「國學」。他們將域外之學納入到「國學」建構中，賦予其變革中國文化的重要意義，認為只有「以東方之古文明，與西土之新思想，行正式結婚禮，神州國學，規模愈巨集。」而不像「閉戶時代之董仲舒，用強權手段，罷黜百家，獨尊儒術。」傳

80 李大釗《憲法與自由思想》，《李大釗文集》（上冊），人民出版社，1984 年，第 246-247 頁。

統國家文化的建構，「用牢籠手段，附會百家，歸宗孔氏，其悖於名實，摧沮學術之進化」。[81]那麼現代國家文化的建構，就是賦予各派學術以平等地位，在百家爭鳴中，以進化淘汰的方式實現現代文化的建構，即不是百家納入一家，而是百家合成一家，這才是真正意義上的傳統的復活，也是真正現代意義上的國學建構。

在新文化宣導者與孔教會圍繞國家性質就現代文化空間場域的維護展開爭論的同時，他們又進一步將問題引向更為深入的層面，在現代法治社會與傳統禮教社會的對照中，思考在社會生活層面如何實現禮法分離。

道德和政治的關係，在民初就已經成為人們討論的熱點問題。在傳統政治思想中，政治是倫理道德的延伸，符合禮教秩序的政治人才，是在所謂的以孝治天下的思維模式及三綱五常的道德規訓中成長起來的。民初若要確立共和政體，以憲法作為組織現代國家的依據，必須從禮教思維轉變為法制思維。但傳統的道德政治依然具有很強的慣性力量，人們對政治的觀察最為便利的切入口不是法的視角，而是道德的視角。在以憲法為主體的法律體系建立中，要將法律精神貫徹在社會政治的管理中，首先要辨析清楚法律和倫理的界限，由傳統的內聖外王的德治轉變到現代社會的法治。

面對民初混亂的政局和衰敗的道德現狀，人們通過反思，很容易從傳統政治思想資源中尋求道德救世的策略。認為共和國之所以如此混亂腐敗，在於共和國沒有道德基礎：

81 易白沙《孔子評議》，《新青年》，第2卷第1號

「共和國之元素，在國民之崇尚德智，易言之，即其國人智識廣遠，不貪近功私利，而存僥倖篡獲之心也。果能如是，則內亂可以不作，而可進一國全力於製造德智。開發物利，由是國民皆得其養，德智能力，必將與日俱長，積而久之，人人皆有士君子之風，皆能修身齊家，而又明於群己之界，倫理蔚然可觀，則自治之力健全，官治壓力，自然日退日減。吾國能幸抵此境也，吾國民所享之共和幸福」。人們試圖以傳統的修身齊家的模式為共和國重建道德基礎。當時這種道德救國的自信隨著社會秩序的失範更是空前膨脹，認為在共和國重建中如果能以民眾的道德能力感化甚至弱化政府的壓迫，不但可為民主共和國奠定立國的基礎，而且這種道德治國模式還能對世界產生重大影響，「吾國人果能恢張先世鴻緒，孟晉逮群，不特可以自福其群，抑且可以移福世界人類。嗟夫，茫茫宇宙，吾國人之擔負正重，有志者不可不聳起雙肩，頂天立地，擔荷此重任也」。[82]在一片道德救國論中，如上所論，康有為的孔教會有更為宏遠的文化追求，試圖在本土文化資源中尋找支撐現代制度的資源；袁世凱也支持道德救國論，尊孔祭天，要求中小學讀經等等，顯然別有政治企圖。更為廣泛的則是大多數人並不熟悉現代政治的內涵，卻依然以道德角度來看待新建立的民國。面對日益腐敗的官場，混亂的秩序，認為「道德者，萬務之基也。無道德，一切學問策術俱無所附麗……必培養道德學問，始足言救國」，面對亂局，幾乎所有人都是道德不達標的國民，必須改頭換

82 玄元《迷而不復之孫文》，《神州日報》，1914 年 6 月 20 至 21 日。

面，重新做人，在道德上痛下功夫，始可言救國之道，「愚以為無上無下無貴無賤無男無女無新無舊，所謂一丘之貉，某或擇焉矣。道德之重要也如彼，國民之無道德也又如此，此而不究，漫言救國，俗言畫餅充饑，得毋類是，或有病道德迂遠無近效者，然以吾觀之，道德不存，救國一語，永久沒由說起」。[83]歐事研究會的谷鐘秀號召人們「激揚名譽，砥礪風節，自愛其身」，認為中國的仁義道德是「今之所可恃立國者」。84

章士釗針對這些不絕於耳的道德救國論，嚴格區分德治教化與政府管理、道德和法律的界限與功能。他指出，當時未能建立起有效的民主共和政府，主要原因不在道德，而在政府。政府作為社會的主幹，是影響社會道德水準的重要因素。妄想在社會中脫離政府的影響力而劃出一個道德自律的烏托邦，在現實社會中根本不可能。「不聞改造政府尚有何法，徒傷民德之不進，發為迂闊遠於事情之論，謂當改造民性以後始謀政治之改良，而不悟政治不良，即民德不進之唯一癥結，此而不去，並無改造之可言，即令有可言矣，須知吾所改造者，即政府所毀壞者也。吾改造於南，政府毀壞於北，吾今日得一人而改造之，政府明日即獲此人而毀壞之。」只要求民眾提高自身的道德素質，「不謀所以處置政府使不得不行其操縱顛倒之術以傷風而敗俗」，只能是「講孝經以服黃巾之類，奸雄所當竊笑於旁，愚夫自掩其耳者也」。一個社會能否有良好的道德風範，政府職責有很大的影響力，

83 孫毓坦《救國本問》,《甲寅月刊》,第 1 卷第 4 號,1914 年 11 月 10 日。
84 谷鐘秀《道德救國論》，《正誼》，第 1 卷第 1 號。

只有先從制度建設入手，使得政府管理職能限定在有據可依、有章可循的法治範圍內，道德才能發揮其應有的作用。

道德救國論者之所以容易將政府職能與德治效力混淆，根本的問題正如章士釗所言，「特以吾國倫理與政治之觀念，向不劃清。每以倫理之迂談誤政治之大計」。因此談論共和國的立國基礎，首先要摒棄倫理與政治結為一體的思想觀念，明白法治和德治的功能，政治與道德的適用範圍。「夫倫理以道德為歸者也，而政治則以法制為歸；政治以法制宰製一國，自元首以至白丁，自大賢以至極不肖，在法律之眼光，具無歧視，舉有一定之域範圍之焉，其人道德上之價值不之問也」。禮教所講的倫理原則與法律所講的法治原則並不一致，受道德譴責的未必就是法律所不允許的，反之，法律所允許的未必就是符合倫理原則的。「『自利』者倫理之所不許而作者之所排斥也，在政治組織之中，則確有地位以容之。不僅有以容之，而且為法制中之要素。世之號稱根本大法，其最良者即其各方面自利之質，分配最均者也。以故今日之大患，不在倫理之不良，而在政治之不善，不在道德之不進，而在法制之不立」。兩者的關係不是誰以誰為前提，而是在社會秩序的維護上，發揮著各自功能並補對方之不足，「政治者，本以濟倫理之窮，而法制者，即能補道德之不足」，法制的存在是現代區別於傳統、民主區別於專制的標誌之一，而道德則在傳統與現代、專制與民主之間更具有超越性。「由專制而入共和，在道德言之，誠不必即為兩境，以言法制，則二者迥然不同，是故革命者，與言求新道德，寧言求新法制，即謂求新道德亦以求新法制者求之，非由直接而得也」[85]。認知和管理現代社會，必須分清楚法制和禮制的區別，才能在社會改造中有的放矢，不致空無著落。

以法制所統攝的社會空間顯然要大於以禮制所統攝的社會空間。由國體變更引起的禮法衝突，在國家和政府的管理層面上有如上所論的區分，由此而來的道德變革所引起的巨大震動，更是在日常生活層面引起人們思想觀念的巨大變革，這一變革的結果是人們從法制角度重新思考人倫關係，個體在法的精神指引下在家庭中獲得了獨立性。

吳虞在《家族制度為專制主義之根據論》中提出，古代社會以禮教維繫社會穩定統一，而現代社會則是以法律來規範和管理社會，禮教必須從維繫人心的社會層面退出。無論是忠孝說，還是荀子的「三本」說，在個人的社會生活實踐中，傳統社會都是以源自親情倫理的「孝道」為核心，將家庭倫理道德在社會生活的各個層面延伸，「詳考孔氏之學說，既認孝為百行之本，故其立教莫不以孝為起點。」正是這種忠孝同構的社會，使得家族和家庭的禮教教化具有維繫社會穩定的效力。在忠孝同構的倫理建構中，家國不分，從而形成了「儒家以孝弟二字為二千年專制政治家族制度聯結之根幹，貫澈始終而不可動搖」[86]的傳統。那麼要完成由傳統禮教社會向現代法制社會的轉化，則必須斬斷家庭倫理向社會政治衍生的鏈條，將束縛在三綱五常倫理秩序之下的個體解放出來。因為傳統禮教社會是以倫理等級來形成一種身份政治，但是在現代法治社會中，個體之間在理性自覺的基礎上

85 無卯《迷而不復》，《甲寅月刊》，第 1 卷第 3 號。
86 吳虞《家族制度為專制主義之根據論》，《新青年》，第 2 卷第 6 號。

形成一種契約關係，道德不再負擔維繫社會秩序的政治功能，道德只是個人生活中有關自由意志是否真誠的問題。顯然近代中國要完成現代性轉化，禮與法的分離就不僅僅是個人道德實踐的問題，更關涉到整個中國社會體制的現代轉型問題，禮教退出社會生活的同時，如何用法的精神來維繫個人的獨立自由與社會秩序的穩定，就是中國完成社會轉型的重要歷史任務。正是因為意識到禮法分離之下中國社會轉型的歷史趨勢，陳獨秀將現代生活和傳統生活相對照，以進化論的觀點對孔子進行評判。陳獨秀意識到現代社會生活不再以禮教維繫社會秩序和個體價值，「現代生活，以經濟為之命脈，而個人獨立主義，乃為經濟學生產之大則，其影響遂及於倫理學。故現代倫理學上之個人人格獨立，與經濟學上之個人財產獨立，互相證明，其說遂至不可搖動；而社會風紀、物質文明，因此大進。」一旦個體獲得經濟獨立，那麼依附性的人際關係將不復存在，而且在現代社會的法治理念之下，每個個體將以個性獨立的面目出現：「現代立憲國家，無論君主、共和，皆有政黨。其投身政黨生活者，莫不發揮個人獨立信仰之精神，各行其是。子不必同於父，妻不必同於夫。」對於政治權利和道德人格獨立的個體，社會的評判尺度也將隨之改變，對個體的社會活動，「不甚責善，一任諸國法與社會之制裁」。[87]

在禮法分離中將個體從政教倫理秩序下解放出來之後，不但個人社會活動的合法性得到了肯定，而且被傳統倫理道

87 陳獨秀《孔子之道與現代生活》，《新青年》，第 2 卷第 4 號。

德束縛的個體生命欲望也獲得了肯定，對人的文學認知方式和表達方式也由此改變。傳統文學無法擺脫政教倫理規約下的文學對人的想像範式。從孔子的「詩無邪」「興觀群怨」到《詩大序》的「經夫婦、成孝敬、厚人倫、美教化、移風俗」，「發乎情，止乎禮義」的倫理規約，[88]再到宋儒的「文以載道」，個體的生命欲求必須獲得政教倫理的肯定才能成為審美的對象，但禮法分離之後，在現代理性之下個體的生命欲望既可以是科學認知的物件，也可以是審美觀照的物件。新文學想像和表達人的現代認知范式由此形成。

第四節　文學表意系統的轉化與國語地位的確立

《新青年》前期的國家文化建構，如上所論，涉及現代意義上的國家闡釋、個人與國家的關係、現代政法意義上的個人主義、現代文化生產空間的確立，以及個體在現實生活層面上完成禮法分離後的道德實踐與法律認同。如果說所有這些文化建構為新文學的發生奠定了思想和社會基礎的話，那麼借助由晚清開始的中文拼音化運動而來的國語運動，特別是中華民國建立之後確立國家文化的正統表意系統 — 國語，就使得新文學的發生在整體性的國家文化視野中獲得有力的政治支撐和政府引導。晚清開始的尋找新的表意系統的

88 阮元《十三經注疏·毛詩正義》（清嘉慶刊本），中華書局，2009年，第565、567頁。

歷史努力，在《新青年》中獲得了新的突破：將語言文字的變革和文學書寫聯繫起來。近代以來的語言文字變革在民初幾乎陷入死胡同而難以產生推動歷史發展的思想能量，根本的癥結所在，就是這種語言文字變革難以突破工具意識，正是胡適和陳獨秀將文學書寫的變革和國家文化的建構結合起來，在確立代表新的國家文化的表意系統 —— 國語 —— 的過程中，真正促發文學由傳統向現代的轉化，從而引導了新文學的發生。

從晚清開始，國家文化象徵的表意系統 —— 文言文 —— 已經開始受到人們的質疑。在西方的壓迫之下，人們逐漸認識到，文言文的難懂難寫和與口語長時間的分離造成文言文這一表意系統的封閉性，使異質性的新文化很難融入，難以實現全民現代意識的普及。如何找到一種更為方便快捷的表意系統來改變這種狀況，實現教育普及、民智開通的目的，成為很多變法圖強者思考和努力的重點。受傳教士以拼音化的方言來翻譯《聖經》的啟發，人們試圖將中文拼音化，以解決大多數人不識字的困境。從 1892 年盧戇章的中國第一份拼音方案《一目了然初階》，到 1900 年王照的《官話合聲字母》，中文拼音化越來越受到人們的重視。中文拼音化的目標是實現「言文合一」，為不識字的民眾提供一套拼音化的讀寫工具。但在推行拼音化方案的時候，遇到一個棘手的問題，就是如何解決方言的差異性問題，如果在特定的方言區域內實現了拼音化，不同區域之間的人還是無法交流。所以緊接中文拼音化問題而來的另一個問題就是如何形成全國性的「語言統一」。王照後來就提出以北方官話為主體，作為全國通行的語言，然後再將這種語言拼音化。但是語言統一在民國建立之前難以付諸實踐，因為語言統一問題涉及的是整個國家表意系統的轉換，滿清政府的「國語」是滿文而不是漢語，文言也只是意識形態的書寫象徵，所以中文拼音化最終無法實現「言文合一」，結果發展成為漢語注音的一種音標工具。而且中文拼音化的宣導者一開始設定的目標並不是要將文言這一表意系統取而代之，只是彌補它的不足。當時最積極宣導中文拼音化的兩個人王照和勞乃宣，就說得很清楚，王照聲明，「今餘私制此字母，純為多數愚稚便利之計，非敢用之於讀書臨文」[89]，而勞乃宣乾脆認為推行中文拼音化不但不能危及文言的正統地位，反而是為了更好地維護正統的文言表意系統，「非惟不足湮古學，而且可以羽翼古學、光輝古學、昌明古學。」[90]

雖如此，晚清的中文拼音化運動卻為民國建立之後的國語統一打下了基礎。1913 年召開的讀音統一會將章太炎為漢語注音所設計的「紐文」「韻文」略加改動，作為審定字音的「記音字母」，同時以投票表決的方式確定了幾千個漢字的標準讀音，為國語統一先設定了「國音」。蔡元培 1916 年 10 月返國就任北大校長途中，與吳稚暉、黎錦熙等人發起成立「中華民國國語研究會」。當時在美國的胡適一聽到消息，馬上寫信要求加入。1917 年 2 月 18 日，中華民國國語

89 王照《〈官話合聲字母〉原序》，見《清末文字改革文集》，文字改革出版社，1958 年，第 21 頁。
90 勞乃宣《江甯簡字半日學堂師範班開學說文》，見《清末文字改革文集》，文字改革出版社，1958 年，第 56 頁。

研究會獲得北洋政府的支援，在北京正式成立，推選已就任北大校長的蔡元培任會長，確定以「研究本國語言，選定標準，以備教育界之採用」為該會宗旨。1917 年 12 月 11 日，中華民國國語研究會與北大國文門研究所國語部舉行聯合會議，由蔡元培主持，討論「國語一事所應分工合作之辦法」：「一切關於此問題之學術上之研究」由北大進行，「國語研究會及教育部之國語編纂處則惟辦理一切關於國語教育所急須進行之諸事」。1919 年，教育部又成立「國語統一籌備會」，開始由研究推進到具體實踐。在「統一會」成立後的第一次會議上，胡適、錢玄同、劉半農等提交《國語統一進行方法》，這一提案得到迅速落實，1920 年 1 月教育部頒令，規定國民學校低年級國文課教學統一運用國語（白話）。

從晚清拼音化運動到民初對國音的制定，再到 1918 年教育部正式公佈注音字母，1920 年改初等教育「國文科」為「國語科」，人們一直在尋求一種能統一全國方言，且有被全民共同接受的讀音標準和語言規範的「國語」。但是從晚清到民初，這種國語運動並未和文學變革聯繫起來，只是工具層面的變革，「國語」的正統地位雖然以行政的手段得以確立，但如何建構作為代表整個國家文化的「國語」，當時大家並不明確。「『國語』的範本從何而來？白話儘管有一千多年的歷史，但歷代變遷，方言滲透，文體的慣性影響了語言表達的擴展；再加上近代以來社會轉型，新事物、新的表達需求不斷出現，根本就不敷使用。」[91]正是看到「國語」建構

---

91 夏曉虹、王風《文學語言與文章體式 — 從晚清到「五四」》，安徽教育出版社，2006 年，第 51 頁。

的這一困境，胡適敏銳地意識到，要真正完成整個國家文化表意系統的轉化，必須和他們所宣導的文學革命聯繫起來，通過新文學的創作實踐，才能真正完成國家文化表意系統的轉換。正是在將政府尋求代表國家文化表意系統的努力與《新青年》的文學革命結合起來的過程中，才有黎錦熙所言的「『文學革命』與『國語統一』遂呈雙潮合一之觀」，「轟騰澎湃之勢不可遏」。[92]新文學的宣導開始從文學本身的文學形式與文學精神的變革，上升到國家表意系統確立的正統地位。胡適發表《建設的文學革命論》，將他在《文學改良芻議》中的「八不主義」提煉概括為「國語的文學，文學的國語」。

從晚清裘廷梁等人宣導白話文以開通明智、普及教育，到胡適確立白話文在中國文學中的正統地位，白話的普及程度越來越高，但白話文學一直受到作為代表中國文學正統地位的文言文學的強大壓迫，被認為是「引車賣漿者流」的話，只能通行於民間，而難登國家上層文化的大雅之堂。要改變用白話所創作的新文學的社會地位，必須把這種新文學放置在國家文化建構的層面上，才能改變人們已經固化了的文學觀。1930 年代胡適在寫《中國新文學大系·理論建設集》的導言時，曾這樣總結他將新文學的變革和國語運動聯繫起來的意義：「我們當時抬出『國語的文學，文學的國語』的作戰口號，做到了兩件事：一是把當日那半死不活的國語運動救活了；一是把『白話文學』正名為『國語文學』，也減少了一般人對於『俗語』『俚語』的厭惡輕視成見」。將新文學

92 黎錦熙《國語運動史綱》（第 2 卷），商務印書館，1935 年，第 70-71 頁。

由「白話文學」改稱為「國語文學」，表現出胡適敏銳的歷史洞察力。這一命名意味著新文學的發展不只是文學自身的變革，更是整個新建立的民國國家文化的變革。胡適在他的《建設的文學革命論》中，參照歐洲民族文學的興起在建構現代民族國家的歷史中所發揮的重要意義，來為新文學正名。他參照義大利民族文學的發展史，將拉丁文比作中國的文言文：「在義大利提倡用白話文代拉丁文，真正和在中國提倡用白話代漢文，有同樣的艱難。」他認為正是但丁等人的偉大文學作品建構了義大利的「國語」，那麼中國的白話新文學創作同樣也是建構「國語」的必經之路。一旦把新文學放置到改變整個國家文化表意系統的變革中，新文學的地位和意義就不一樣了，這時候他對新文學的宣導，就不僅僅像在《文學改良芻議》中所說的「八不主義」那樣，只局限在文學表達規範和審美價值轉換的層面上，新文學作為「國語」的代表，本身就是一種全新的國家文化的體現。胡適認定要確立「國語」非得有新文學的創作實踐不可：「國語不是單靠幾位語言學的專門家就能造得成的；也不是單靠幾本國語教科書和幾部國語字典就能成的。若要造國語，先須造國語的文學。有了國語的文學，自然有國語。」[93]繼 1920 年教育部規定低年級國文課教學統一運用國語之後，1923 年，初高中國文課也改為「國語科」，而魯迅的《故鄉》也進入了中學教材。正如王風所言，「以周氏兄弟的作品為代表的新的書寫語言已經成為雅文學而非俗文學的文學語言」，「這

93　胡適《建設的文學革命論》，《中國新文學大系・建設理論集》（影印本），上海文藝出版社，2003 年，第 130 頁。

一事實既意味著一個新的文學傳統的建立，同時也意味著一個新的書寫語言體制的產生。」[94]

程巍先生認為，胡適對新文學發生的歷史敘述對歐洲語言文化史有一定的誤讀，並忽略了北洋政府的主導力量。[95]程先生詳細考證了胡適對英國女學者薛謝兒的《文藝復興》的誤讀與他從中受到的國語變革思路的啟發。義大利、英國、德國等國家確實在國語建構中強調了國家建構的民族文化屬性，以擺脫羅馬天主教的政治文化控制而建構自己國家的民族文化屬性，最終實現民族國家的獨立。但胡適所宣導的國語建構的根本意義和義大利等國的建國目標不同，他不是強調國家的民族文化屬性，相反，以文言為代表的民族文化在他的國家建構思路中是被批判的對象，他關注的不是如何復興中國傳統文化的民族性，而是如何將文言所代表的封閉性民族文化敞開的問題。顯然在胡適看來，能完成這一使命的只能是白話，而且這一白話也不是傳統的白話，毋寧說是必須經過歐化的白話，胡適們變革語言的根本目的在於打破傳統文化的封閉性，能打破這一封閉性的語言實踐顯然不是單純的政府的主導力量所能完成的，必須依靠新文學的創作實踐提供經典文本，才能完成這一使命。這一思路和北洋政府主導的國語建構中「強南就北」以實現國家統一的語言政治意味不同。胡適在區別語言的活性與死性時指出，語言所代

94 夏曉虹、王風《文學語言與文章體式 — 從晚清到「五四」》，安徽教育出版社，2006 年，第 69 頁。

95 程巍《胡適版的「歐洲各國國語史」：作為旁證的偽證》，《北京第二外國語學院學報》，2009 年第 6 期。

表的政治意味在於：將傳統的臣民變為國民之後，身處現代國家之下的個體不再是被教化的臣民。在傳統社會的等級序列中，處於社會等級中的臣民只要按規定的等級屬性活動即可，「是故君者，出令者也；臣者，行君之令而致之民者也；民者，出粟米麻絲，作器皿，通貨財，以事其上者，」[96]識字與否，是否有國家觀念是無關緊要的問題，但變為國民之後，個體必須識字，必須使用統一的語言並理解這一語言背後的政治文化意義。

由此我們可以看到，《新青年》宣導的新文學承擔著兩個重要使命：一是這種文學必須表達個性化的思想情感，二是在個性化的文學書寫中形成統一的國語。因此新文學既是個人自由意志和情感的表達，也是現代民族國家統一的象徵。但新文學以國語所體現出的國家文化的統一性和文言所代表的統一性不同，文言的統一性體現在語言文字所代表的民族文化的獨特性上，如章太炎所言：「蓋小學者，國故之本，王教之端，上以推校先典，下以宜民便俗」章太炎《小學略說》，《國故論衡》，上海古籍出版社，2003 年，第 10 頁。，而白話新文學所代表的統一性則不是文化性的認同，而是理性意義上的國家認同，即國家作為一個政治統一體，所體現的理性意義在於將每個個體的自由權利、情感意志等個人性的要素共同融合到統一的政治共同體中，顯然這種統一不是一種固定文化模式所能完成的，而是在新文學的創作流變中，經過文學化的提純和加工，逐漸形成一種風格性和

96 韓愈《原道》，屈守元、常思春主編《韓愈全集校注》，四川大學出版社，1996 年，第 2663-2664 頁。

文化性統一的語言。那麼胡適等人所預想的文學，就不是簡單意義上的表情達意，同樣也承擔著重建民族國家的使命。在他們看來，文學是激發和肯定人們感性存在的最好方式，而且文學也能通過藝術的創造性，將這些分散、個體化的感性存在，提升和統一為國家現存文化的代表，並重新將個體統一在以國語為代表的國家認同之中。即如胡適在 1926 年所言：

> 當然我們希望將來我們能做到全國的人都能認識一種公同的音標文字。但在這個我們的國家疆土被分割侵佔的時候……我們必須充分利用「國語、漢字、國語文這三樣東西」來做聯絡整個民族的感情思想的工具。這三件其實只是「用漢字寫國語的國語文」一件東西。這確是今日聯絡全國南北東西和海內海外的中國民族的唯一工具。[97]

舊的文言表意系統之所以是死的，就是因為這一表意系統嚴重脫離了口語的發展流變而形成一種維繫傳統國家文化的封閉性系統。傳統文言系統是以漢字的穩定性和統一性來解決方言的差異性和分散性的，以文言文為代表的漢語書寫系統在維繫秦始皇所設定的「書同文」的大一統國家文化的建構中發揮著非常重要的作用。但新文學的表意系統徹底改變了文言的封閉性，不但能夠自由表達個體化的生命體驗，而且使新白話本身面對活潑的口語、古典語彙及歐化語言一

97 胡適《國語與漢字 — 復周作人書》，《胡適學術文集·語言文字研究》，中華書局，1993 年，第 329-330 頁。

併保持著足夠的開放性，呼應了傅斯年在《怎樣做白話文》一文中對活人「口語」和翻譯中歐化語言的借重，以及在《文言合一草議》中對新白話融會古典語彙的強調。以這樣的思路所建構的國語表意系統，和高一涵、光升、陳獨秀等人所建構的國家文化在精神上是相匹配的，這時的新文學就是後來周作人所言的「人的文學」，而不是某種固定文化模式和審美範式的體現，它使各種個人化的文學表達方式成為可能，為中國文學的發展創造了更為開闊的表意空間。

正是有了這樣兩種表意系統的對照，才延伸出陳獨秀在《文學革命論》中所強調的國民性批判的新文學主題的確立。在陳獨秀看來，「貴族文學」「古典文學」和「山林文學」，「蓋與吾阿諛誇張虛偽迂闊之國民性，互為因果。」文學在陳獨秀看來是人性、國民性的反映，有什麼樣的人性與國民性，就有什麼樣的文學，要研究人性、國民性，必自文學開始。可以說這樣一種文學觀具有很大的革命性和現代性，文學開始脫離固定文化價值體系和表意系統的束縛，高度規範化的審美範式開始被徹底打破。新文學在開放的表意系統中確立個體感性生存的正當性，並以表達個人心聲的文學語言突破傳統文化對個體的束縛。正是基於這種對突破傳統表意系統的強烈渴求，對徹底擺脫傳統表意系統對人性束縛的熱切渴望，錢玄同提出了更為激進的主張——「廢漢字」，「廢漢文」，而以「世界語」代之。陳獨秀在回應錢玄同這一觀點時，進一步把「國語」與「國家」「民族」「家族」「婚姻」等觀念捆在一起，視為「野蠻時代狹隘之偏見所遺留」，提出「廢國語」可「先廢漢文，且存漢語，而改用羅馬字母書之」。[98]在這看似激進的主張背後，其實可以看出傳統文學以及體現這一文化的表意系統對新文學初創者所形成的巨大歷史壓力，他們不僅將傳統的表意系統作為批判和反駁的物件，同時也將這一表意系統背後的國民性作為反思和批判的物件。因此才有新文學的開山之作魯迅的《狂人日記》中對家族制度和封建倫理道德「吃人」的全新表達。《狂人日記》以複雜的敘述設計，以新的表意系統將個體內心的幻覺和心理錯位非常準確地表達出來。在小說結尾強烈呼喚的「救救孩子」的歷史訴求中，展現了將個體從傳統的家國同構的政教倫理體系和表意系統中徹底解放出來的歷史寓言，從而真正拉開了新文學重建整個現代國家文化的歷史序幕。

應該說《新青年》對國家文化的建構是一種知識份子文化的建構，他們和當時的國家權力保持著距離，雖然他們的文章極富政論色彩，但從文化身份上講他們和上一代的康有為、梁啟超等人不同，他們不是在國家的權力中心指導或謀劃整個國家文化的方針和走向，他們身上更多地以知識和思想的獨立性體現出一種自由主義色彩。特別是高一涵的國家文化的建構思想資源多取自英美，上自霍布斯、洛克、亞當·斯密，下至邊沁、約翰·密爾和斯賓塞。所以和學界一般認為《新青年》受法國文化影響的結論並不一致，特別是後來胡適的加入，讓《新青年》的整體文化品格更加具有英美經驗主義的理性色彩。在現代憲政理念之下，國家的現代意義、

98 陳獨秀《通信·致錢玄同》，《新青年》，第 4 卷第 4 號

個人主義的法治內涵、現代文化空間的規約性等涉及現代文學發展的根本性問題有了堅實的學理基礎，也更加經得起歷史的檢驗，誠如李新宇先生在探討高一涵的國家理念時所言：「在他的思想主張中，時時可以看到『社會契約論』的影響，但他對『社會契約論』的闡釋和論證卻主要基於英國19世紀的功利主義思想，而不是18世紀法國的『天賦人權』觀念。他把『自由』、『民主』、『個人』放到自由主義的國家政治理論中論說，表達了一系列比較準確的見解，比如，『個人主義主要是一個政治法律概念，而非一個單純的道德倫理概念』、『自由是受到法律保障的權利』、民主既要貫徹『多數原則』，又要注意保護『少數人的權利』、『違反社會公意的專斷意志不能稱為『法律』都不止來自法國傳統，而是更多地源自英美傳統，與文學界那些望文生義的個人主義和自由主義主張更是大不相同。公道地說，在當時的新文化陣營中，沒有幾個人對現代國家的性質、個人與國家的關係、國家的許可權、自由、民主、人權等這一系列問題有系統而全面的見解。從這個意義上說，是高一涵的文章為《新青年》集團彌補了諸多不足，也使新文化運動具有了堅實的學理基礎，而且留下了更經得起時間檢驗的價值。」[99]

99 李新宇《高一涵與五四新文化運動的國家理念》，《湘潭大學學報》（哲學社會科學版），第33卷第3期，2009年5月。

第三章　政治變革中教育與報刊對文化生產空間的重塑

近代中國的轉型，核心是政治體制的變革。可以說以政治變革為中心，拉動起了整個社會的變革。而在這些社會變革中，對新文化與新文學的產生和發展有重要社會影響力的變革則是教育和媒體。在晚清新政中，不僅建立起了完整的現代學制，也初步培養出嗣後推動社會變革與文化創新的現代知識份子，特別是教育思想的探索，以及蔡元培在民初混亂政局中在北大所開闢出的學術化場域，為新文化的產生直接奠定了文化生產的必需空間場域。報刊媒介從晚清開始就逐步成為士紳階層發言的重要工具，而在士紳階層用報刊發出自己聲音並推動社會改革的過程中，報刊不僅僅是一種工具性的存在，也成為民間維護自身權利的一個表徵，由此在政府的管制與民間的反管制中，知識群體逐步以報刊媒介開闢出自己的文化生產空間。特別是民初政黨性報刊向思想文化性報刊的轉型中，報刊所具有的眼光以及所具有的讀者群發生的改變代表了中國社會的深刻轉型。而《新青年》進入北大所代表的校與刊的結合，則意味著校園學術場域與報刊文化空間的融合，由此而形成了新文學發生與生產的必備空間場域。借助新文化空間場域的形成，文學革命壯麗登場。

第一節 政治體制變革與現代教育體制的確立

中國新式教育的起步，是以為培養外語和軍事人才而創辦的新式學校為開端的。其根本目的在於與外國人打交道時，減少語言交流的障礙，縮小軍備實力的差距。在和西方幾個回合的較量中，國人深感西洋堅船利炮對老大帝國的威脅，一些封疆大吏諸如曾國藩、李鴻章等人，在鎮壓太平天國的過程中，更是對洋槍洋炮有了直觀的感受。因此在當時，清廷主要集中培養兩類人才：一是精通外語的人才；二是陸海軍專門人才。

在鴉片戰爭的刺激下，因和西方打交道日益頻繁，清廷於咸豐十一年創設總理各國事務衙門，專門辦理外交事務。總理各國事務衙門第一個感到棘手的事情是翻譯人才的缺少，所以在同治元年，清廷設立京師同文館，以培養翻譯人才。京師同文館起初負責教授各國語言文字，同治五年，總理衙門又請於同文館內添設算學觀，學習西方的天文、數學等自然科學。同治二年，江蘇巡撫李鴻章奏請在上海設立上海廣方言館，和京師同文館的差別是，廣方言館招收對象不限於科舉正途出身的士子，而是上海附近的十四歲以下的兒童少年；而且授課內容中西皆有。同治三年，在廣州又設立同文館。光緒十九年，張之洞在武昌設立湖北自強學堂。湖北自強學堂已經開始分方言、算學、格致、商務四科，向現代學校邁進了一大步。但這種分科教育時間不長，因教授困難，將算學歸於兩湖書院講習，格致、商務停辦，實際只剩下方言一科。

除了這些培養翻譯人才的專門學校外，清廷創辦最多的是培養軍事人才的陸海軍學校。著名的水師學堂有福建總督左宗棠於同治五年在馬尾創辦的福建船政學堂，採用法文教學，課程分為三類：主科以學習造船駕駛技術為主；輔科教授英、法語言，旁及演算法、畫法；訓科為傳統教育內容，學習諸如《聖諭廣訓》《孝經》等傳統教材，以培養對清王朝的忠誠。其他著名的武備學堂有天津水師學堂、廣東水師學堂、天津武備學堂、湖北武備學堂。

在國內創辦新式學堂的同時，清廷也開始派遣留學生。同治十一年，在曾國藩的奏請下，第一批三十名學童赴美留學，學習「軍政、船政、步算、製造諸學」。學生陸續按年派遣，前後共派出 90 名學生，但是到了光緒七年，在守舊黨吳子登的中傷和反對下，清廷被愚弄，把所有留學生召回國，直到甲午之役以後才恢復過來。除此之外，還有派往歐洲的留學生，光緒元年，在閩浙總督沈葆楨的奏請下，清廷分別向法國和英國派出船政學堂的留學生。[1]

隨著洋務運動的變革趨勢出現了零星的新式學堂，但對中國教育觸動不大。根本原因是士大夫階層難以從固化的文化定勢中走出，從京師同文館在 1866 年增設天文算學館所引

---

1 以上資料參見陳青之《中國教育史》（下），岳麓書社，2010 年，第 531-542 頁。

起的風波就可以看出士大夫的保守固封態度。倭仁為首的守舊派攻擊奕䜣開設算學觀是「矜奇好異，震於西人術數之學」，「以中國之人師法西人為深可恥」，[2]而且對西學的引入，也得在古訓中找根據，「查西說之根源，實本於中術之天元，彼西士目為東來法，其實法固中國之法也」[3]。守舊派以數典忘祖攻擊洋務派，洋務派也以數典忘祖還擊，兩者都難以邁出文化定勢的封閉視野。對整個西方文化的認識尚且如此，遑論對西方教育體制的深刻瞭解。其失敗在所難免，正如陳青之先生對這一階段教育改革失敗的總結：「科舉依然舉行，八股照舊考試，小楷猶是練習，《四書》《五經》《孝經》及《聖諭廣訓》猶必日日誦習。在這麼大的舊教育勢力之下，想施行與它相衝突的新教育，當然沒有法子發達。且當時亦無新教育學者為之鼓吹，所提倡新政的不過身經外交之沖的幾位封疆大吏，所以開辦三十餘年，除少數部分外毫無成績可觀。」[4]

新式教育的興起，必然要衝擊舊式教育。中國傳統教育體制是隨農業經濟發展而產生的。小農經濟一直是中國傳統社會的經濟主體，小農經濟的特點一是封閉式的內部迴圈，二是地域性的分散。為了將這些封閉、分散的經濟體統一在封建皇權體制的框架內，科舉制度發揮了重要作用。可以說科舉制度是中國傳統教育的主幹，國子監、書院、義學、私

---

2 中華書局編輯部、李書源整理《籌辦夷務始末・同治朝》，中華書局，2008年。

3 陳寶泉《中國近代學制變遷史》，北京文化學社印行，1927年，第3頁。

4 陳青之《中國教育史》（下），岳麓書社，2010年，第542頁。

塾等教育機構主要以科舉為目標，其所教授的儒家經典，就是培養對大一統體制的認同，通過禮樂教化，在科舉制的層層選舉中，士子們以期入朝做官。自隋唐開始，科舉制度保證了士子們對皇權的高度認同與意識形態觀念的純潔性。而明代開始的八股文，進一步鉗制了士子們的思想觀念。清代乾隆時期是舊式教育的集大成時期，科舉、八股、小楷成為士子們畢生用功的所在，其弊端如陳青之先生所論：「這些舊教育，其形式和內容雖有種種，但勢力之大還是科舉，其次則為八股，而八股和科舉到末了差不多結合為一，所以近人往往以科舉和八股來代表舊教育。科舉在當初原是替代選舉以取士的方法 —— 一種考試制度。其缺點，在正面，不過使士類習為奔竟請謁；在反面，因超重科舉，致使學校教育無形廢弛。自與八股結合，則科舉變為機械的、空疏的教育，其結果致使士類束書不觀，頭腦昏聵，養成全國無一實學有用之人了。八股之外再加以小楷，於是科舉更為消磨國民精神的利器，殺人的教育；凡趨於這一途的學子，其結果必成為老朽的、機械的、半生不死的人生。詩賦是閒雅的教育，書院是山林的教育，儒學自創始以來就有名無實：這三種雖無大害，但亦只能適存於封建社會時代。」[5]所以現代教育要在中國立根，關鍵是教育方向要根據社會發展實現根本的轉變，核心是將培養官僚型人才的教育轉變為適應工商業發展的現代教育。而這一方向的變革是伴隨政治體制的改革而生的。只有打破封建皇權專制體制，才能為現代教育的引入找

---

5 陳青之《中國教育史》（下），岳麓書社，2010 年，第 549 頁。

到突破口。皇權體制在根本上受到人們的質疑，是始於甲午戰爭之後。面對割地賠款和國權喪失的困局，人們從洋務自強的變革思路中跳出，開始審視整個皇權體系是否適合現代國家的建設。到了維新變法時代，覺醒的士紳階層意識到，傳統教育體制之下的士子是無法適應變法要求的，要變法，必須培養符合現代政治體制的新人才，所以將變法和興學聯繫起來。康有為強調「中國之弱由於學之不講，教之未修，故政法不舉」[6]，梁啟超疾呼：「亡而存之，廢而舉之，愚而智之，弱而強之，條理萬端，皆歸本於學校。」[7]興學不能再局限於培養翻譯人才和軍事人才，必須從根本上改變舊的教育體制，將點綴式開辦新學堂轉變為完整意義上的現代教育體制。

近代教育的確立，是從廢八股和改科舉入手的。庚子拳變之後，張之洞和劉坤一合奏的籌議變法三疏中，第一疏中即提出分年遞減科舉名額。光緒二十七年，清廷頒佈改革科舉諭令，指出科舉「流弊日深，士子但視為戈取科名之具，抄襲庸濫，於經史大意，無所發明，宜急講求實學，挽回積習」，決定自光緒二十八年開始加試策論，考試「凡四書五經義均不准用八股文程式，策論均應切實敷陳，不得仍前空衍剽竊」。[8]光緒二十九年袁世凱、張之洞聯名上奏，請求遞減科舉名額，將教育逐漸導向學校教育；並在將科舉和學校

6 中國史學會主編《戊戌變法》（第 4 冊），上海人民出版社，1957 年，第 389 頁。
7 《變法通議・論學校》，《時務報》，第 6 冊。
8 朱壽朋編《光緒朝東華錄》（四），中華書局，1958 年，第 4697 頁。

相互比較的基礎上，認為學校教育不能興盛，根本在於科舉的阻礙。「其患之深切著明，足以為學校之的而阻礙之者，實莫甚於科舉。蓋學校所以培才，科舉所以掄才；使科舉與學校一貫，則學校將不勸自興；使學校與科舉分途，則學校終有名無實。何者？利祿之途，眾所爭趨，繁重之業，人所畏阻。學校之成期有定，必累年而後成材；科舉之詭弊相仍，可僥倖而期獲售。雖廢去八股試帖，改試策論經義，然文字終憑一日之長，空言究非實詣可比。」兩相比較，得出科舉不廢、學校不能振興的結論，「是科舉一日不廢，即學校一日不能大興」。[9]袁世凱和張之洞提出的解決辦法，就是均分遞減科舉名額，同時加強朝廷對學校教育的重視，「將各項考試取中之額，預計均分，按年遞減。學政歲科試分兩科減盡，鄉會試三科減盡，即以科場遞減之額，酌量移作學堂取中之額，俾天下士子，舍學堂一途，別無進身之階，則學堂指顧而可以普興」[10]。這樣一來，學校成為朝廷唯一選拔人才的途徑。同年，張百熙、榮慶、張之洞三人又聯名上奏，敦促朝廷早下決斷，廢除科舉，「俾使全國臣民確見裁減科舉、歸重學堂辦法，咸曉然於朝廷意向所在。則必人人爭自濯磨，相率而入學堂，以求實在有用之學，氣象一新，人才

9　袁世凱、張之洞《奏請遞減科舉折》（光緒 29 年 2 月 15 日），陳學恂主編《中國近代教育史教學參考資料》（上冊），人民教育出版社，1993年，第 571 頁。

10　袁世凱、張之洞《奏請遞減科舉折》（光緒 29 年 2 月 15 日），陳學恂主編《中國近代教育史教學參考資料》（上冊），人民教育出版社，1993年，第 572 頁。

自奮，轉弱為強，實基於此，大局幸甚」[11]。在大臣們的反復奏請之下，光緒三十一年，清廷終於下旨廢除科舉，諭令從光緒三十二年起科舉停考。「茲據該都等奏稱科舉不停，民間相率觀望，推廣學堂必先停科舉等語，所陳不為無見。著即自丙午科為始，所有鄉會試一律停止，各省歲科考試亦即停止。其以前之舉貢生員，分別量予出路，及其餘各條，均著照所請辦理」[12]。這標誌著傳統教育壽終正寢。現代教育體制的確立，動議於光緒二十一年，李瑞棻上奏《請推廣學校折》，覆議於光緒二十四年康有為的《統籌全域疏》，產生於光緒二十八年張百熙的《欽定學堂章程》，完成於光緒二十九年張之洞等人的《奏定學堂章程》。依據《奏定學堂章程》，現代教育體制開始在中國確立，其後民國學制系統也是在這個章程的基礎上建立的。[13]

在晚晴新政的這十年中，中國現代教育體系發展非常迅速。各類教育體系有了較為完善的制度章程和管理體系。戊戌變法期間，教育改革步伐加快，光緒和維新派厲行改革，設立了京師大學堂，籌辦高、中、小各級學堂，命令將各省規模比較大的書院改為高等學堂，府州書院改為中等學堂。戊戌變法雖然遭到守舊派的打擊，教育改革的勢頭並未減

---

11 張百熙、榮慶、張之洞《奏請遞減科舉注重學堂折》（光緒 29 年 11 月 26 日），陳學恂主編《中國近代教育史教學參考資料》（上冊），人民教育出版社，1993 年，第 576 頁。

12 袁世凱、趙爾撰、張之洞等《會奏請立停科舉推廣學校折暨清帝諭立停科舉以廣學校》（光緒三十一年八月四日），陳學恂主編《中國近代教育史教學參考資料》（上冊），人民教育出版社，1993 年，第 579 頁。

13 以上資料參見陳青之《中國教育史》(下)，岳麓書社，2010 年，第 548-550 頁。

弱。庚子拳變之後，守舊派遭到毀滅性的打擊，清廷銳意推行新政改革。從張百熙的《欽定學堂章程》到張之洞的《奏定學堂章程》，體系化的現代教育制度終於確立。《奏定學堂章程》雖然有很強的守舊色彩，貫徹著張之洞的中體西用原則，但從現代學制的角度來講，基本上勾畫出了中國近代教育的藍圖，其後的民國教育也是在這個章程的基礎上建立的。對這個章程所勾畫出的現代學制框架，陳青之先生做了這樣的概括：「自豎的方面看，整個教育也是分著三段七級：第一段位初等教育，分為蒙養院、初等小學及高等小學三級；第二段位中等教育，只有中學堂一級；第三段為高等教育，分為高等學堂或大學預備科、分科大學及通儒院三級。除蒙養院半屬家庭教育，殊非正式學堂外，兒童自七歲入小學，至三十歲通儒院畢業，合計二十五年。自橫的方面看，除直系各學堂外，另有師範教育及實業教育兩系。師範教育分初級及優級兩等，合計修學八年。實業教育除藝徒學堂，及實業補習普通外，分初等實業、中等實業及高等實業三等，合計修學十五年。此外在京師還有譯學館及外省的方言學堂，屬於高等教育段，約計修學五年。此外還有進士館，為新進士學習新知識設立的；有仕學館，為已仕的官員學習新知識設立的，修業約計十三年，屬於高等教育段，以其不是由中小學層累而上升，故不列入學堂系統之內。」[14]光緒三十三年又制定了女子小學堂及女子師範學堂章程，女子教育也納入到學制內。應該說這一完備的學制基本上將當時的人才培

14 陳青之《中國教育史》（下），岳麓書社，2010年，第560頁。

養都納入學校教育體系內。同時再加上傳教士所辦學堂和留學生教育，晚清新政十年的教育建設，已經為培養現代人才奠定了堅實的基礎。從此，一個數量龐大的學生階層開始在中國社會結構內孕育，伴隨著現代教育體系而生的學生階層，將逐步取代士紳階層，成為中國政治文化變革的主導力量。

有了完善的學制，必須有完備的行政機構來主導落實學制設計，而現代教育的行政管理體系也是在新政十年間建立起來的。中央最初只設一名管學大臣，一面主持京師大學堂，一面統管全國教育，使得京師大學堂兼有教育部的性質。1903年，張之洞奏請專設總理學務大臣，京師大學堂另由專人負責，管學大臣變為總理學務大臣，「以統轄全國學政」，下設六處屬官，但總理學務大臣仍是臨時性的機構。1905年11月，山西學政寶熙奏請取消學務大臣，在中央設立學部，與舊有六部同級，下設尚書侍郎等官員。清廷准請，授榮慶為學部尚書。這樣就有了相當於教育部的管理全國教育的行政機構。1907年起，「學部按次遣視學官巡視各省，京師設督學局，直轄於學部」[15]。1909年，學部將全國劃分為十二個視學區，以督導巡視各地教育建設情況。1902年張之洞在湖北設立學務處，各省仿辦。1906年，應直督袁世凱等人的建議，學部在各省設立提學使司以取代學政，總理全省學務。提學使司設提學使一員，該司機關設在省城，內置學務公所，分設總務、專門、普通、實業、會計、圖書六處。並在公所設議長一人，議紳四人，輔佐提學使辦理學務，並備督撫諮

15　《十年來中國政治通覽·教育篇》，《東方雜誌》，第9年第7期。

詢。另設省視學六人，承提學使之命，巡視本省府廳州縣的學務。[16]1906 年，根據侍郎嚴修建議，學部令各州縣設勸學所，並制定《勸學所章程》，規定「按定區域，勸辦小學，以期逐漸推廣普及教育，此為當今切要之圖」。設縣視學一人並總理一縣學務，「指導勸誘，力求進步」《學部奏陳各省學務官制折》，陳學恂主編《中國近代教育史教學參考資料》（上冊），人民教育出版社，1993 年，第 594 頁。。可以說，從中央到縣一級，清政府以集權之力，在短短幾年內建立起了較為完整的教育行政管理體制。這些機構的成立，極大地促進了中國近代教育的發展步伐。僅從 1906—1909 年四年之間縣一級勸學所發展的資料，就可以看出當時教育發展的速度。據清學部統計，至 1909 年全國已經設立勸學所 1588 所，勸學員 12066 人。此處資料見清學部總務司編《第三次教育統計圖表》（宣統元年）。

晚清新政十年間教育獲得的大發展，可以從幾組概括中國近代教育發展的資料中看出。王笛以清學部總務司文書科編訂的教育統計圖表為主，參照其他資料，對 1902～1912 年學堂數量、學生數量、畢業學生人數、教師人數進行統計，統計結果如下：

年代	1902	1903	1904	1905	1906	1907	1908	1909	1910	1911
學堂數		769	4476	8277	23862	37888	47995	59117	42696	52500
學生數	6912	31428	99475	258873	545338	1024988	1300739	1639641	1284965	

16 陳青之《中國教育史》（下），岳麓書社，2010 年，第 556-557 頁。

資料來源：清學部總務司編《第一次教育統計圖表》(1907)，《第二次教育統計圖表》（1908），《第三次教育統計圖表》（1909）；《光緒三十三年京外學務一覽表》；《清朝續文獻通考》；馬士《中華帝國對外關係史》（第 8 卷）；丁致聘《中國近七十年來教育記事》；陳青之《中國教育史》(下冊)；《學部官報》；《教育雜誌》；《國風報》；《華北捷報》；《中國年鑒》（1913 年）。[17]

這份表格大致反映出清末十年間教育發展的概況，這份資料未必十分準確，如 1909～1910 年學校教育並未發生大的改變，學生人數不可能銳減 30 多萬，但它能讓我們對當時的學堂和學生數量有個大致的認識。到了清政府倒台時，學生數量有 300 多萬，這些新式學堂出來的學生，其所受教育和科舉時代不可同日而語，他們已經是接受了西方現代知識的新一代，辛亥革命爆發時這些還在小學和中學就讀的新學生，將在七八年之後，正式登上中國歷史舞台，掀起一場文化與政治運動。

清政府的教育改革，可以說為中國後來的發展留下一筆豐厚的歷史遺產。當時對教育的重視，可以從師範教育與小學教育的不斷完善與改革中看出。創辦新式教育，最緊缺的是師資，所以優先發展師範教育成為當時的要務。光緒三十二年，學部給各省督撫的電文中，就強調「方今振興教育，以小學堂為基礎，而教育亟宜養成，故師範尤要」[18]。而在

17 王笛《清末新政與近代學堂的興起》，《近代史研究》，1987 年第 3 期。
18 陳青之《中國教育史》（下），岳麓書社，2010 年，第 588 頁。

開展師範教育之前，要先設立師範傳習所，「莫如先就舊有之數百萬私塾而改良之」，通過短期培訓，使教員「教授悉用新法，重講解不重背誦」[19]，對原來的私塾先生進行培訓。根據 1903 年《奏定初級師範學堂章程》中的規定，凡曾在鄉村市鎮中開設私塾的授業者，皆可入傳習所進行為期十個月的培訓，培訓結束後即可在小學從教。1905 年僅四川一省就有 110 所師範傳習所開班。1906 年各地初級師範開班，傳習所逐漸減少。按照當時學部規定，每州縣必設初級師範一所，京師和各省必設優級師範一所，在地方督撫和提學使的督促下，很快就建立起相對完善的師範教育體系。當時各省開辦師範的情況如下：

江蘇：1902 年張之洞奏設三江師範學堂於南京，1905 年周馥改為兩江師範；1903 年張謇又在南通創辦師範。湖南：1903—1904 年陸續開辦中西南三路師範，中路設於長沙，西路設於常德，南路設於衡州；龍湛霖、譚延闓等在長沙辦明德學校，設速成師範，聘黃興主持。湖北：1904 年張之洞命湖北各府將中學一律改為初級師範，次年又開辦支郡師範 6 所。浙江：1905 年成立浙江高等學堂，設師範完全科和傳習所，學額 140 名。河南：創辦師範學堂，招學生 150 余人。直隸：各府州縣速立初級師範；1906 年直督袁世凱在天津設立高等師範。廣東：先設兩廣速成師範，後改為初級師範，再改為兩廣師範。甘肅：將蘭州新關、蘭山書院改設優級師範。吉林：達桂辦簡易師範於省城。1908 年，學部奏

19 《私塾改良會章程》，見舒新城主編《中國近代教育史資料》（上冊），人民教育出版社，1961 年，第 103-104 頁。

改京師大學堂優級師範科為京師優級師範學堂。據學部總務司統計，到 1907 年優級示範學堂、初級師範學堂和傳習所共有學生 36091 人，1909 年 28572 人，之所以人數有所下降，是因為在設立初級師範的情況下，傳習所漸次裁撤。再加上留日學生也歸國任教，教師奇缺的問題才有所緩解。[20]有了師資的保證，再加上各級政府的督促，1905 年學務大臣對各級督撫學政闡明：「小學所以教通國之民，實為根本之圖，應請明諭各督撫學政，切實督飭地方勸諭紳士，廣設小學堂」。在辦學方式上，注重政府與民間合作辦學，「裁節官中不急之費，捐募紳富有力之家，通力合作，同時並舉」[21]。進一步完善小學學制，分為高等、初等、兩等（即初高合辦）、蒙養、半日學堂，而且在學制上進一步完善以適應小學生的特點，在宣統元年和宣統二年變更學制，減少科目，縮短讀經的時間。在教法上將原來的講解和誦習兩項改為講解、背誦、回讀、默寫四項。在高等小學中，課程更加豐富，以修身、讀經講經、國文、算學、歷史、地理、格致、圖畫為必修課，以手工、樂歌、農業、商業為隨意科。據統計，1909 年全國各類小學已達 51439 所，小學生達 1522793 人。[22]

辛亥革命後進入民國時期，教育在晚清基礎上有所發展，但整體變化不大。其中最大的變化不在學制，也不在學校和學生數量。從民國建立到五四運動，這一時期教育發展

---

20 以上資料和各省開設師範的情況，參見王迪《清末新政與近代學堂的興起》，《近代史研究》，1987 年第 3 期。

21 朱壽朋編《光緒朝東華錄》（五），中華書局，1958 年，第 5411 頁。

22 王笛《清末新政與近代學堂的興起》，《近代史研究》，1987 年第 3 期。

最大的變化有兩個方面，一是教育宗旨和教育思想發生了很大變化，二是學校的內涵建設大大加速。

首先來看教育思想的變化。晚清興學，其指導思想是「中學為體，西學為用」。所謂體，在觀念上，就是禮教倫常，在政治上，就是對君權的維護；所謂用，就是自西方引入的科技文化、物質文化。在教育上對這一原則的貫徹，就形成了清政府的教育指導思想。當時開辦學務最積極的張之洞，就在他的《勸學篇》中這樣闡釋二者的關係：「今欲強中國，存中學，則不得不講西學。然不先以中學固其根柢，端其識趣，則強者為亂首，弱者為人奴，其禍更烈於不通西學者矣」（《內篇‧循序第七》）。「中學為內學，西學為外學，中學治身心，西學應世事，不必盡索之於經文，亦必無悖於經文。」（《外篇‧會通第十三》）作為清政府學制起草人的張百熙在《奏定學堂章程中》原奏上說：「至於立學宗旨，勿論何等學堂，均以忠孝為本，以中國經史之學為基，俾學生心術壹歸於純正，而後以西學瀹其知識，練其藝能，務期他日成材，各適實用，以仰副國家造就通才，慎防流弊之意。」而這一以中體西用為原則的教育思想，到了學部成立，就提煉為五項教育原則：「今中國振興學務，宜注重普通。令全國之民無人不學，尤以明定宗旨宣示天下為握要之圖。按中國政教之所固有，而亟宜發明以拒異說者有二：曰尊君、曰尊孔。中國民質之所最缺而亟宜箴砭以圖振起者有三，曰尚公、曰尚武、曰尚實。」[23]其實所謂體在根本上就是以君權

23 陳寶泉《中國近代學制變遷史》，北京文化學社，1927 年，第 67 頁。

為核心，在列強進逼之下，中國被動地實行防衛策略，教育難免受這一歷史情形所制約。到了民國成立，國體更改，教育原則也隨之改變。民國憲法規定民國屬於全體國民，教育自然以培養國民在民國中的主體地位為原則。但是在當時集權建國思想指導下，教育所側重的依然是培養國民對國家強盛所應有的自覺政治意識。南京臨時政府成立，蔡元培執掌教育總長，首先闡明了不同於晚清的教育主旨：

> 滿清時代，有所謂欽定教育宗旨者，曰忠君，曰尊孔，曰尚公，曰尚武，曰尚實。忠君與共和政體不合，尊孔與信教自由相違（孔子之學術，與後世所謂儒教、孔教當分別論之。嗣後教育界何以處孔子，及何以處孔教，當特別討論之，茲不贅），可以不論。尚武，即軍國民主義也。尚實，即實利主義也。尚公，與吾所謂公民道德，其範圍或不免有廣狹之異，而要為同意。惟世界觀及美育，則為彼所不道，而鄙人尤所注重，故特疏通而證明之，以質於當代教育家，幸教育家平心而討論焉。[24]

其後經過中央教育會的討論，1912 年 9 月，北京教育部公佈《教育宗旨令》，確立教育宗旨為：「注重道德教育，以實利教育、軍國民教育輔之，更以美感教育完成其德。」[25]去掉了蔡元培所強調的世界觀教育，保留了美感教育。

---

24 蔡元培《對於新教育之意見》，《民立報》，1912 年 2 月 8、9、10 日。
25 《教育雜誌》（「法令」欄），第 4 卷第 7 號，1912 年 10 月 10 日。

但在當時而言，相比官方確定的教育宗旨，流行於社會的教育思想有更大的影響力，從教育思想的演變中，我們也可以看出當時蔡元培出掌北大的動機和社會影響力。在當時影響力很大的教育思想是軍國民教育、實利教育和國民教育。隨著「一戰」爆發和「二十一條」的刺激，配合國權主義思想，軍國民教育思想廣泛流行於社會，無論是教師的教學方法到學生的學習培養，都強調軍事化的訓練對於國民和國家的意義。這一思潮真正的消歇是在「一戰」結束，國人寄希望於《凡爾賽和約》能解決中國殖民地地位問題，軍國民主義被「公理戰勝強權」的思想潮流暫時沖淡。實利教育是晚清開始的實業救國的延續。晚清時代所強調的實業救國，旨在通過對西方工商業的學習，達到強國的目的。但是到了民國，實利教育一個重要的變革是強調受教育者現代公民資格的重要性，而所謂公民資格的獲得，最重要的一點是通過學校教育獲得在現代社會的生存技能。蔡元培執掌教育總長時即首倡這種教育精神：「實利主義之教育，以人民生計為普通教育之中堅。其主張最力者，至於普通學術悉寓於樹藝、烹飪、裁縫及金、木、水、土工之中，此其說創於美洲，而近亦盛行於歐洲。我國地寶不發，實業界之組織尚稚，人民失業者至多，而國甚貧，實利主義之教育固當務為急者也。」蔡元培《對於新教育之意見》，《民立報》，1912年2月8、9、10日。實業教育一個更為重要的含義在於通過教育讓學子們體認現代社會。中國傳統教育是身份教育，所謂士為四民之首，掌握教育資源和知識技能，首先是一種身份的象徵。教育的目的在於獲得功名，獲得功名就有為官臨民的資格。現代教育就是將身份教育轉變為技能教育。但是受傳統教育思想的影響，很多學子依然以身份教育的心態看待自己所接受的現代教育。1913 年黃炎培就對傳統教育思想的流毒進行了激烈的批駁：

> 教育者，教之育之使備人生處世不可少之件而已。人不能舍此家庭，絕此社會也，則亦教之育之俾處家庭間社會間，於己具有自立之能力，於人能為適宜之應付而已。析言之，即所謂德育者宜歸於實踐；所謂體育者求便於運用，而所謂智育者，其初步一遵小學校令之規定，授以生活上所必須之普通知識技能而已。乃觀今之學子，往往受學校教育之歲月愈深，其厭苦家庭鄙薄社會之思想愈烈，杆格之情狀亦愈著。而其在家庭社會間，所謂道德、身體、技能、知識、所得於學校教育堪以實地運用處，亦殊碌碌無以自見。即以知識論，慣作論說文字，而於通常之存問書函意或弗能達也；能舉拿破崙、華盛頓之名，而親友間之互相稱謂弗能筆諸書也；習算術及諸等矣，權度在前弗能用也；習理科略知植物科名矣，而庭除之草不辨為何草，傢俱之材不辨其為何木也；此共著之現狀，固職教育者所莫能為諱者。然則所學果何所用？而所謂生活必需者，或在彼不在此耶。[26]

26 黃炎培《學校採用實用主義之商榷》，《教育雜誌》，第 5 卷第 5 號。

黃氏認為從前的教育為「虛名的教育」「玩物的教育」「平面的教育」。如果將教育當作士大夫式的裝點門面的方式，所接受的現代知識也必然異化，造成滿口拿破崙、華盛頓，而連親友之間書函問答都不知。這種教育思想的轉變延伸到文化和文學的變革中，就是其後陳獨秀在《文學革命》中所標舉的三大主義：「曰推倒雕琢的阿諛的貴族文學，建設平易的抒情的國民文學；曰推到陳腐的鋪張的古典文學，建設新鮮的立誠的寫實文學；曰推到迂晦的艱澀的山林文學、建設明瞭的通俗的社會文學。」[27]陳氏提出的三大主義已經敏銳地意識到，通過現代教育而成長起來的新一代和傳統士子有著不同的人生取向。

在當時社會持續時間最長的是對國民教育的討論。如何將依附於皇權之下的士子變過現代國民，這一轉變中應該以什麼樣的思想指導教育，是人們當時聚訟紛紜的一個焦點問題。這一爭論的核心是是否需要通過尊孔和讀經來培育國民。民國初建，作為教育總長的蔡元培以民國立國精神為原則，主張廢除讀經和尊孔。1912 年初，南京臨時政府成立不久，便廢除了一系列與共和國體相悖的教育宗旨和條規；1 月 19 日，臨時政府教育部在《普通教育暫行辦法》第 8 條中，首次規定「小學讀經科，一律廢止」[28]；2 月 8 日，時任教育部總長的蔡元培發表《對新教育之意見》，在文中闡釋了他

27 陳獨秀《文學革命論》，《新青年》，第 2 卷第 6 號。

28 《教育部電各省頒發普通教育暫行辦法》（1912 年 1 月），陳學恂主編《中國近代教育史教學參考資料》（中冊），人民教育出版社，1993 年，第 167 頁。

對新教育的主張，認為尊孔讀經不合時宜，「忠君與共和政體不合，尊孔與信教自由相違」[29]；5 月，教育部在通電各省改進小學教育的電文中，重申「廢止讀經」的規定《最近三十五年之中國教育》，見韓達編《評孔紀年》，山東教育出版社，1985 年，第 3 頁。這一舉動嚴重地觸動了由傳統教育而來的士子們的神經，當時處於國家上層的政治家大多接受的是科舉時代的教育，讓他們一下子放棄曾經作為安身立命之本的孔子與儒家經典，一時難以適應。面對當時道德權威空缺所造成的對人們行為失範的恐慌，以康有為、陳煥章為首的孔教會活動，極力宣揚孔子和讀經對立國的重要性。康有為在 1913 年發表了影響很大的《中國顛危在全法歐美而盡棄國粹說》，反對教育領域廢除尊孔和讀經的規定。教育部的這一舉措在一些守舊勢力看來近乎亡國滅種，他們將尊孔讀經與國家命運聯繫起來，認為「中國之人心風俗禮義法度，皆以孔教為本，若不敬孔教而滅棄之，則人心無所附，風俗敗壞，禮化缺裂，法守掃地，雖使國不亡，亦與墨西哥同耳」[30]，認為廢止尊孔讀經，無異於「斷送我中國文明之根本也」[31]。他們立孔教，就是為了在道德領域挽救世態人心，認為「孔子為教化之主，而一切道德之源也」孔教會全體《斥北京教育會破壞孔教之罪》（十一續），《大公報》，1913 年 5 月 17 日。「四書五經，道德之所寄也，廢四書五經，是廢

29 蔡元培《對於新教育之意見》，《民立報》，1912 年 2 月 8、9、10 日。
30 康有為《亂後罪言》（1913 年 11 月），湯志鈞編《康有為政論集》（下冊），中華書局，1981 年，第 917 頁。
31 陳煥章《論中國今日當昌明孔教》（1912 年 7 月），《孔聖雜誌》，1913 年第 2 期。

道德也」[32]。他們宣稱「孔教者，我四萬萬人最高之生命也，我四萬萬人頭可殺，舌可斷，筆可折，而此最高之生命萬不可絕……嗚呼，保存孔教，非保存孔教也，不過保存自己最高生命不至於為教育會所殺而已」[33]。在孔教會極力為尊孔讀經大聲疾呼的同時，1913 年 6 月 22 日，袁世凱發佈《尊孔祀孔令》；1912 年 9 月 13 日，北京政府教育部通電全國，規定在孔子誕辰日舉行紀念會；1913 年 10 月 13 日，《天壇憲法草案》第 19 條附文規定：「民國教育以孔子之道為修身大本」；1914 年 6 月 24 日，教育部頒發《教育部飭京內外各學校中小學修身及國文教科書採取經訓務以孔子之言為指歸》，要求中小學有選擇地讀經；1914 年 12 月《教育部整理教育方案草案》規定「中小各學校修身國文教科書，採取經訓，以保存固有之道德；大學院添設經學院，以發揮先哲之學說」，並要求「各學校宜注重訓育，以孔子為模範人物，不宜偏重知識一面」；1915 年 1 月 12 日，《特定教育綱要》要求中小學以「尊孔尚孟」為教育主旨，明確規定小學讀《孟子》和《論語》，中學讀《禮記》和《左氏春秋》，在大學校外獨立建設經學院，在各省、各處設立經學會；1915 年 2 月，《頒定教育要旨》進一步提倡「法孔、孟」。[34]

與孔教會、教育部門宣導讀經的同時，尊孔讀經也滲透

---

32 柯進明《教育救國論》（1914 年），《孔教十年大事》（第 1 卷），太原宗聖會 1924 年印，第 69 頁。

33 孔教會全體《斥北京教育會破壞孔教之罪》（三續），《大公報》，1913 年 5 月 4 日。

34 陳學恂主編《中國近代教育史教學參考資料》（中冊），人民教育出版社，1993 年，第 204-205、210-211、225-232、238 頁。

在當時社會所討論的國民教育中。當時的國民教育中有三種思想觀念，第一種以普通民眾為代表的平民主義式的國民教育。陳青之先生引用賈豐臻的話對此闡述道：

> 國民教育者，十九世紀以來最流行之名詞也，有國家必有國民，有國民必有教育，國民既盡人皆受教育。則斷不能舉國皆為官吏、皆為聖賢、皆為英雄，故斷之曰國民教育。蓋國民教育者，如饑之於菽粟，寒之於布帛，而不可一日離，故其間有至不可少之條件焉：（1）國民教育乃義務教育，謂國民之受教育如納稅當兵之不得免除者也。（2）國民教育為兒童將來生活計，而授以必須之知識技能也。（3）國民教育乃國家教育人民，與家庭教育子女無異。家庭縱貧苦，子弟不可不讀書，國家雖困難，人民豈可不入學乎。[35]

平民主義式的國民教育強調的是教育對個人生計的重要意義，通過教育使國民得以自立是國家的責任，人民必須經過現代教育的培訓才能成為國民。對國家而言，國民享受這樣的教育是必需的權利。「自家庭方面看，父母必須令他們的兒童往受這種教育，故又謂之『強迫教育』。自國家方面看，政府必須給所有國民的兒童以充分受這種教育的機會，故又謂之『義務教育』」陳青之《中國教育史》（下），嶽

---

35 陳青之《中國教育史》（下），岳麓書社，2010 年，第 631 頁。

麓書社，2010年，第632頁。。應該說這一平民主義式的國民教育具有強烈的現代意味，國民通過教育和國家緊密聯繫起來，國民通過教育對自己的人生有了自覺的規劃和發展，不再是無知無識的臣民，也不再是教化的對象，而是為自己的獨立性來接受教育。平民主義式國民教育的目的在於培養符合現代社會要求的國民。

第二種是以北洋勢力派為代表的軍人式的國民教育。袁世凱當總統後即發佈了這一教育主張：

> 凡一國之盛衰強弱，視民德、民智、民力之進退為衡；而欲此三者程度日增，必注重於國民教育。本大總統既以興學為立國要圖。今兵氛漸消，邦基粗定，提倡斯旨，豈容躊躇。矩矱本諸先民，智慧求諸世界，使中國民族為大仁、大智、大勇之國民；則必於忠、孝、節、義植其基；於智慧技能求其闕；尚武以備軍人資格；務實以儆末俗虛浮；矢其忠誠，以愛國為前提；苦其心志，以獵官為大戒；厚責於己，恥不若人；嚴則如將領之部其弁兵，親則如父兄之愛其子弟，此本大總統對於學校之精神教育，——尤兢兢於變化氣質，而後種種學業乃有所施也。[36]

軍人式的國民教育源於中體西用思想。所謂「矩矱本諸先民」，即以傳統的忠孝節義為立身根本，而所謂「智慧求

36 陳青之《中國教育史》（下），岳麓書社，2010年，第632頁。

諸世界」，則是用西方現代知識來護衛這種道德精神力量，在培育生存技能的過程中，養成軍人般的大仁大智大勇。由此而達到民德、民智、民力的提高。顯然在「矩鑊本諸先民」的思維中，國家以既成的道德範式介入國民教育中，既保證國民對國家的忠誠，又提高民力以強國力。這種教育思想其實是變相的軍國民教育思想。

第三種是精英主義式的國民教育。湯化龍任教育總長時就大力提倡這種國民教育：

> 凡一國之成立，能維持永久而無失者，必其國民有特殊之風俗、歷史、地理為造成其特性之主因。涵孕濡育，篤生聖哲，發揮此種特性以立人倫之極者，是謂國民模範人物。被之謂道德，施之於庠序，保存光大此特性，並不戾乎世界人類之公性者，是謂國民教育。國民教育以國民道德為本根；國民道德之淵源肇於國民性，而集其成於出類拔萃之模範人物。[37]

這種精英式的國民教育強調發揮民族的根性。認為國民為歷史傳統所形塑，立身之根在歷史中，在歷史傳統中代表國民性典範的就是那些傑出的人物，而孔子則是集大成者，「惟求之歷史人物，致廣大而盡精微，極高明而道中庸，足以賅我國民性之全、表示於世界各國，而為我國教育上之模範者，莫大於孔子」。學習孔子式的模範人物，就是對自己

37 陳青之《中國教育史》（下），岳麓書社，2010年，第633頁。

國民根性的自覺認可和有意培養，這樣的國民教育，「對於全體國民為之修養其品性，發展其生活能力，以適應夫世界競爭之趨勢」[38]大有意義。其實這種精英式的國民教育和袁世凱的軍人式的國民教育運思模式一致。軍人式國民教育強調的是英雄模範的道德屬性，精英式國民教育強調的是歷史楷模的文化屬性。兩者都不離中體西用模式。道德為體，文化為用，通過教育來維護國之根基。只不過在皇權未倒之時，體是以皇權為中心；現在民國既成，體是歷史文化傳統，或求諸典籍，或得自歷史英雄，通過教育在國民心中樹立起來，如此才能凝聚人心，維護對民族國家的認同意識。

這種以共和體制為外殼，而內裡依然是皇權時代思維模式的觀念不但在教育領域中廣泛復活，而且在當時左右國家政治的北洋勢力中，更是有廣泛的擁護者。這些手握重兵的武人，憑藉軍事的威脅，更是有恃無恐地推行尊孔讀經，在自己的軍隊中以傳統倫常作為凝聚人心的手段。袁世凱、段祺瑞在北洋軍隊中以儒家道德凝聚人心，提出所謂的「忠國、愛民、親上、死長」；吳佩孚則以「新君臣觀」和「泛忠孝論」作為團結將士的精神力量；奉系軍閥張作霖在江湖義氣中也要貫徹「儒化」政策；閻錫山大搞中西合璧的「幾希哲學」和「橫豎政治」；馮玉祥將自己的軍隊稱為「基督軍」；唐生智則利用佛教作為軍隊的精神支柱。[39]這些實力派軍人，都是以倫理道德的教化來強化軍隊對自己的忠誠，這種

38 陳青之《中國教育史》（下），岳麓書社，2010 年，第 633 頁。
39 張鳴《中國近代軍閥政治性格的分野 — 軍閥團體維繫意識形態各論》，《走向未來》（第 3 卷第 4 期），四川人民出版社，1988 年。

局部效忠體系，實質上瓦解了國家的內在統一，但在客觀上軍閥派系的分裂又為新文化勢力的形成創造了便利的條件。

雖然不同的國民教育思想反映出人們不同的教育側重點，但是對民初整個教育影響最大的則是當時政治局勢的變化。隨著袁世凱獨裁統治的加劇，教育界的復古思潮愈演愈烈，幾乎與共和理念背道而馳。教育領域急需重建，需要在教育領域重新開闢新空間，來維護共和國體的存在，而歷史恰好為蔡元培執掌北大提供了契機。蔡元培對北大的改造，既是對他民初教育理念的堅持和發揚，也是對當時政治文化生態的扭轉，以北大為核心的教育新空間的開闢，則為在教育領域發動新文化變革準備了條件。

第二節　政治困局中的北大改革和學術場域的開闢

北京大學的成立，亦和中國近現代的政治變遷密切相關。甲午戰敗之後，變法圖強之聲高漲，刑部左侍郎李瑞棻上奏《請推廣學校折》，首次提議設立「京師大學」，建議「自京師以及各省府州縣皆設學堂」，而「京師大學，選舉貢監年三十以下者入學，其京官願學者聽之。學中課程一如省學，惟益加專精，各執一門，不遷其業，以三年為期」[40]。1898 年，康有為上書光緒，請速開京師大學。同年 7 月 4 日，

40 舒新城主編《中國近代教育史資料》（上冊），人民教育出版社，1961 年，第 145 頁。

光緒正式下詔，准立京師大學堂，詔書雲：「京師大學堂為各行省之倡，必須規模宏遠，始足以隆觀聽而育人才」[41]。這意味著京師大學堂正式成立。雖然設立大學，但科舉未廢，入學的士子們依然以科舉為重，「維時各省學堂未立，大學堂雖設，不過略存體制。士子雖稍習科學，大都手制藝一編，占畢咿唔，求獲科第而已」[42]。對京師大學堂學制改革大為推進的是管學大臣張百熙。張百熙主持擬定了《欽定京師大學堂章程》，章程規定：「京師大學堂之設，所以激發忠愛，開通智慧，振興實業」，「端正趨向，造就通才，為全學之綱領」[43]。他完善了大學學制，分為大學預備科、大學專門科和大學院三級。預備科分政、藝兩科，「以經史、政治、法律、通商、理財等事隸政科」，「以聲、光、化、農、工、醫、算等事隸藝科」。預科學制三年，畢業後升入大學專門科，並給予舉人身份。大學專門科即本科，科相當於後來的學院，科下有分門目，相當於後來的系，當時共有分科七科三十五門。大學專門科學制三至四年，畢業後可升入大學院深造，大學院相當於後來的研究生院。張百熙的分科學制基本奠定了後來大學的基本雛形。在學部未設立以前，京師大學堂兼管全國學務，相當於教育部。張百熙不僅制定出較為完善的學制，而且對京師大學堂進行了大規模整頓。他特別

41　中國史學會主編《戊戌變法》（第 2 冊），上海人民出版社，1957 年，第 28 頁。

42　喻長霖《京師大學堂沿革略》，見舒新城主編《中國近代教育史資料》（上冊），人民教育出版社，1961 年，第 158 頁。

43　《欽定京師大學堂章程》，見舒新城主編《中國近代教育史資料》（中冊），人民教育出版社，1961 年，第 549 頁。

注重教師隊伍的建設，他的選才標準是不拘於中國固有文化視野的人才，「才具優長，通達時務」者是首選對象，他從師資建設上為京師大學堂開拓了新氣象，特別是聘請外籍教師，大量引入西學。張百熙聘請桐城派著名人物吳汝綸為大學堂總教習，但不久吳因病去世，又聘請嚴復為京師大學堂譯書局總辦，林紓為副總辦；聘請辜鴻銘為副總教習，孫詒讓、蔡元培為經史教習；從日本留學歸來的範源濂、從英國歸來的柏銳分別為日語、英語助教；辭退西文教習丁韙良，聘請日本學者服部卯之吉、岩谷孫藏、高橋作衛為教習。他使學校的師資及管理水準大為提高，同時擴充學校藏書，購入大量西方書籍，並通過出使美國的欽差大臣獲得美國哥倫比亞大學、耶魯大學、賓夕法尼亞大學等十三所學校的課程及書目，以作為編訂大學堂課程、教材的參考。1904 年，清廷命總理學務大臣專管全國學務，京師大學堂成為獨立大學，設京師大學堂總監督。到了 1907 年，京師大學堂仕學館和師範館第一批速成學生畢業。京師大學堂的招生教學步入正軌。到了 1910 年，京師大學堂八個專門分科除醫科外，均正式招生開辦。到了 1913 年，各專門分科學生 226 人畢業，成為北京大學培養的第一批本科畢業生。[44]辛亥革命後，蔡元培任教育總長，1912 年 10 月頒佈《大學令》，規定大學內部設立評議會，為學校最高的立法和行政機關，各科設立教授會，討論審定各科教學和研究活動。《大學令》標誌著民國的民主制原則在大學內部的實施。同年 5 月，教育部下

44 以上資料和資料參見蕭超然《北京大學與五四運動》，北京大學出版社，1986 年，第 8-16 頁。

令改京師大學堂為北京大學，廢除總監督，設校長，各科設學長。嚴復為首任北大校長。嚴復任期雖短，僅有九個月，但仍然對北大做出重要改革。他首先將地位獨尊的經科合併到文科，將格致改為理科，使學科設置更為合理；規定在校教員必須是專職，不得在政府兼職，兼職者一律開除；大力引入西方文化課程，力主新學進入北大；作為著名的翻譯家，重視外語教學，所有課程除國學外，都用外語講學。「校中盛倡西語之風。教員室中，華語幾絕。開會計事，亦用西語。所用以英語為多，有能作德語者尤名貴，為眾所稱羨」[45]。

由於政局不穩定，再加上當時財政狀況緊張，北大在蔡元培出任校長之前，曾因經費困難，險遭停辦。在嚴復任期內，就曾以財政緊張，辦學水準低，管理不善而面臨停辦。當時嚴復極力反對，他在給教育部的說帖中指出，北大作為中國高等教育的代表，肩負著和普通教育不同的使命，「普通教育所以養公民之常識，高等大學所以養專門之人才，無公民則憲法難以推行，無專門則庶功無由克舉」，進而言之，北大也不僅僅是培養專門人才以完成「庶功」，更為重要的是在時代巨變中，肩負著保存中國既有文明的使命，作為國家文化的象徵而存在，「大學固以造就專門矣，而宗旨兼保存一切高尚之學術，以崇國家之文化」。所以無論財政多麼拮据，國家政局如何紛亂，北大必須作為一個獨立完整的學術空間存在，供有志於研習學問和保存文明的人來研讀探索，「有來學者，得其師資，即使無人而各科自為研究，探

45 《國立北京大學史略》，1933 年 12 月。轉引自蕭超然《北京大學與五四運動》，北京大學出版社，1986 年，第 23 頁。

賾索隱，教思無窮，凡所以自重其國教化之價值也」，在嚴復看來，唯一能保存華夏文明的所在，就是北大這樣代表國家文化的大學，「今日革新方亟，舊學既處於劣敗之地，勢難取途人而加以強聒，顧於省都大學，似不妨略備各重要主科，以示保存之意。全國之大，必有好古敏求之士，從而為之者。即是響往無人，亦宜留此一線不絕之傳，以符合各國大學設科之意」。[46]因此北大的使命，在於保存中國傳統文化的命脈，並成為一個獨立的學術探討之地。在嚴復的說帖中我們能看到，推崇北大為保存國學命脈所在地，既極大地提高了北大的地位，即北大是整個國家文化的象徵所在，位同皇權時代的國子監，但同時也因強調傳統文化造成了北大的封閉性。地位如此之高的北大必然會成為中國文化變革的風向標，其後蔡元培的改革，之所以能產生如此之大的影響力，與北大的地位及其保守性密切相關。

胡仁源是蔡元培之前任期最長的校長，胡主政北大的重大舉措，就是著力於培養學術人才，並將民國初年頒佈的《大學令》的一些規定付諸實踐。為了提高教學品質，學校成立教材編委會，由學有專長的學者編輯。改進教學方法，規定不能只是「默記講義，以備試驗」；規定理科學生除聽講外，還應「注重各種實驗」；法科學生每月應「由教員帶領赴各廳觀審，以資驗習」；工科學生「應注重計畫製圖」及「野外實習」，每年假期中應「由教員帶赴各處工廠礦山鐵道，分門實習，以資歷練」。培養自己的學者，認為「大學設立

46 嚴復《論北京大學校不可停辦說帖》，轉引自蕭超然《北京大學與五四運動》，北京大學出版社，1986 年，第 25 頁。

之目的，除造就碩學通才以備世用而外，尤在養成專門學者」。具體措施包括：一是「延聘教員務宜慎選相當人才，任用以後，不宜輕易更換，國家對於教員，尤宜格外優遇，以養成社會尊尚學術之風，庶聰明才智之士，能專心於教育事業，而專門學問日增（臻）發達」；二是「於各科教員中，每年輪流派遣數人，分赴歐美各國，對於所擔任科目，為專門之研究，多則年餘，少則數月，在外時仍支原薪」，從而在學術研究上和世界保持同步，「校內人士得與世界最新智識常相接觸，不至有望塵莫及之虞」。[47]正是在這樣的學術化追求中，章門弟子及一批學有專長的學者紛紛進入北大。1915 年 11 月，胡仁源根據民國元年頒佈的《大學令》中在大學設立評議會的規定，開始在北大設立評議會，由每科選出兩人組成。評議會為「商決校政最高機關」。學界一般認為蔡元培出任北大後才開始了學術化改革，其實從嚴復開始，北大就已經朝學術化的方向發展，而且一些管理學校的民主化方式，在蔡元培出任校長之前也已經開始實施。而且到了蔡元培出任北大校長的時候，中國當時中小學教育已經有相當的基礎，到 1913 年的時候，已經有 300 多萬在校學生，而北大的招生人數也持續增長，1913 年，全校學生為 781 人，到了 1916 年秋季入學時全校學生已達 1503 人，增長了近一倍。應該說在蔡元培出任校長的時候，從學校到社會已經為北大變革做好全面準備。

在蔡元培出任北大校長之前，雖然一些重要的改革已經

47 《北京大學計畫書》，1914 年 9 月，北京大學檔案館藏。轉引自蕭超然《北京大學與五四運動》，北京大學出版社，1986 年，第 30 頁。

開始，但是北大作為官辦學校，弊端也是非常嚴重，最為嚴重的是官場文化的影響非常深。科舉廢除之後，當官最為便捷的途徑是進入法科學習，而且伴隨著清政府實施新政改革，要實行預備立憲，懂得西方憲政的法政人才奇缺，各地紛紛開設法政學堂。被阻擋在科舉之外的士紳階層，紛紛進入法政學堂鍍金。1907 年學部籌設京師法政學堂並擬定章程 49 條。浙江、福建、吉林等省仿辦。1908 年學部奏設北洋法政學堂，通令各省籌辦。立憲派人士紛紛舉辦法政學堂、法政講習所、法政講習班等專門機構培養法政人才，試圖將科舉教育出身的士紳階層轉化為現代法政人才。僅四川一省，1906 年先後開設官班、紳班兩個法政學堂，1907 年設「憲政講習所」，到 1910 年底，「省城公立法政學堂驟發至十四、五堂之多」[48]，清廷覆亡之前，成都法政學堂「幾及二十堂」[49]。宋方青對晚清到民初法政學堂的情況做了大概的統計，「中國近代獨立設置的法政學堂出現於 1904 年，自 1905 年以後，像雨後春筍般地出現在中國各地。1907 至 1909 年間，法科學堂數和學生數逐年攀升，法科學堂數從占學堂總數的 35. 5%增加到 44. 2%，法科學生數則從 1907 年的 43. 3%迅速增加到 1909 年的 62. 7%，直至 1916 年，法科學生數還占學生總數的 55 杆 7%。法科學生占了一半以上，這在中國法律教育史上是盛極一時的，這種專業結構在世界教育史上也是罕見的」[50]。之所以會出現法科學生幾乎占所有學生一半多

48 《本省記事》，《蜀報》，第 1 卷第 8 期。
49 《記事》，《教育雜誌》，第 4 卷第 1 期。
50 宋方青《中國近代法律教育探析》，《中國法學》，2001 年第 5 期。

的情況，是因為科舉制度的廢除改變了士紳階層晉升官場的通路。截至 1905 年科舉廢除，大概有 300 多萬具有功名的士紳階層，這些原本是奔著科舉而來的士子，再加上幾百萬新式教育所產生的新學子，通過法科教育而步入官場，是他們最便捷的選擇。「當實行了 1300 年之久的科舉制被廢去之後,許多原先以科舉為業的舉貢生監人員失去了舊有的進身之階,而其時恰逢清政府大力推行法政教育,於是人們將法政學堂看作是入仕新途,紛紛轉而進入法政學堂修習近代法律政治知識,以求畢業後謀得一職。而早期的法政學堂別科和速成科主要也是招收培訓舊有的科舉人才和已仕官員,各地原有舉人和貢生、生員成為數量眾多的法政學堂的重要生源。」[51]造成法科教育激增和士子們蜂擁而來的局面，根本原因在於，「封建社會是儒士、官員集於一身的多,近代則轉變為以法律特長而致仕」，[52]這一狀況是中國科舉教育中政學一體傳統的延續，因此有些學者甚至認為，民初法政教育依然是科舉教育在近代的延續：「在一定意義上,可以說清末民初一枝獨秀的法政學堂是科舉教育在新的歷史條件下的演變,是科舉教育的繼續。」[53]就是出國留洋的士紳，也是奔著法政這條便捷通道的，「東西洋留學青年，學實業者寥寥，大抵皆法政家,謀歸國而得官」。而其「返國之初,往往以在大學教書

51 宋方青《科舉革廢與清末法政教育》，《廈門大學學報》，2009 年第 5 期。

52 郝鐵川《中國近代法學留學生與法制近代化》，《法學研究》，1997 年第 6 期。

53 宋方青《科舉革廢與清末法政教育》，《廈門大學學報》，2009 年第 5 期。

為進身之路。有學識與能力的,學而優則仕,無學識與能力的亦學而劣則仕」[54]，魯迅曾回憶在日本留學時，「在東京的留學生很有學法政理化以至員警工業的，但沒有人治文學和美術」[55]，顯然非實用的文藝空氣被這些實用的熱衷當官的時代潮流所沖淡，故而魯迅的以文藝改造社會的理想也難以實現，少數幾人創辦的《新生》雜誌也只能無疾而終。法科教育獨大，使傳統教育中濃厚的官場文化通過學校教育更進一步彌散於社會之中，正如當時的人們所批評的那樣，「以法政為官之利器, 法校為官所產生, 腥膻趨附, 熏獲並進。」[56]

京師大學堂一開始就負責對官員的培訓，而且學生在校的學習和表現與以後獲得官位直接關聯。1902 年張百熙的《欽定京師大學堂章程》在預分科、專門分科和大學院三級制之外，設立速成科，分為仕學館和師範館，專門培養政府官員。「凡京官五品以下八品以上，以及外官候選，暨因事留京者，道員以下，教職以上，皆准應考入仕學館。舉、貢、生、監等皆准應考入師範館」[57]。他們經過三四年的速成學習，即可擔任官職和學堂教習。在 1910 年，京師大學堂也改革原來的仕學館，正式開始法政本科教育，「按照奏定章程，

54 郝鐵川《中國近代法學留學生與法制近代化》，《法學研究》， 1997 年第 6 期。

55 魯迅《〈竟明《法政學校今昔觀》，轉引自姚琪《論清末民初法政學堂》，《華東師範大學學報》，2006 年第 3 期。〈《吶喊〉自序》，《魯迅全集》（第 1 卷），人民文學出版社，2005 年，第 439 頁。

56 張百熙《奏籌辦京師大學堂情形疏》，北京大學校史研究室編《北京大學史料》（第 1 卷），北京大學出版，1993 年，第 53 頁。

57 王健《中國近代的法律教育》，中國政法大學出版社，2001 年，第 174-175 頁。

法政科原定的法律、政治兩門全部設立。法政科師範生及譯學館畢業生、預科法文班學升入。學部派林棨為法政科監督……自此，京師大學堂的法科本科教育正式開始」。法科改革後，法科人數是北大所有科目人數最多的，「在民國最初的十多年，北大法科學生的數量總體上在不斷地增加著，與北大其他各門（系）相比，其數量也逐漸地高於、甚至遠遠高於其他各系」[58]1914 年，423 名正式註冊的本科生中，法科 211 名，其數量是其他所有科學生數之和，當時文科 103 人，工科 78 人，理科只有 30 人。[59]據陳顧遠回憶：「法科有預科，原是從前清的譯學館演變而來，原譯學館畢業可有舉人資格，所以進入法律肄業者目的都是想做官。」[60]北大作為當時國家最高學府，其地位更是不言而喻，北大本身就有培訓官員的傳統，加上具有封建時代國子監一樣的崇高地位，進入北大學習法政，更是入仕當官最為有力的競爭資本。這使北大的官場文化異常濃厚。在法政科，從教師到學生，具有官員、學者、學生的多重身份，正如郝鐵川先生所說，他們是「學者、官員集於一身的人士」。蔡元培就任校長之前，擔任北大法科學長（監督）的有林棨、王世澄、張祥麟、餘棨昌和王建祖等人。林棨於 1912 年 5 月去職，就任北京政府教育部專門教育司司長。其後，「王世澄和張祥麟先後極短地代理過法政科學長。1913 年 2 月余棨昌任法商課學長，

58 王健《中國近代的法律教育》，中國政法大學出版社，2001 年，第 176 頁。
59 魏定熙《北京大學與中國政治文化》，北京大學出版社，1998 年，第 76 頁。
60 陳顧遠《蔡校長對北大的改革與影響》，見王世儒、聞笛編《我與北大——老「北大」話北大》，北京大學出版社，1998 年，第 204 頁。

後因升任大理院庭長而於 1914 年元月辭職離校，由時任大理院推事的林行規兼任學長，直到 1915 年 11 月由王建祖接替此職」[61]。在北大法科畢業生陶希聖的回憶中，情況也是如此，「就法律系來說，教我們書的原來都是留日的學生，現任大理院庭長、推事、總檢察廳的檢察官以及高等法院的庭長、推事等來教我們的課」[62]。文科畢業生羅家倫的觀察也證實了這一點：「法科則以官僚任教為多，如餘棨昌、張孝簃都是大理院廳長一流的官」[63]。

因此如何徹底將科舉教育中政學一體的傳統打破，將法科教育激增帶來的官場文化蔓延的局勢扭轉過來，成為北大改革的關鍵。蔡元培曾這樣回憶他出任北大校長之前對北大的觀感：

> 北京大學的學生，是從京師大學堂『老爺』式學生嬗繼下來（初辦時所收學生，都是京官，所以學生都被稱為老爺，而監督及教員都被稱為中堂或大人）。他們的目的，不但在畢業，而尤注重在畢業以後的出路。所以專門研究學術的教員，他們不見得歡迎；要是在點名時認真一點，考試時嚴格一點，他們就借個話頭反對他，雖罷課也在所不惜。若是一位在政府有

61 王健《中國近代的法律教育》，中國政法大學出版社，2001 年，第 180 頁。
62 陶希聖《蔡先生任北大校長對近代中國發生的巨大影響》，見陳平原、鄭勇編《追憶蔡元培》，生活・讀書・新知三聯書店，2009 年，第 202 頁。
63 羅家倫口述、馬星野筆記《蔡元培時代的北京大學與五四運動》，見陳平原、鄭勇編《追憶蔡元培》，生活・讀書・新知三聯書店，2009 年，第 174 頁。

地位的人來兼課，雖時時請假，他們還是歡迎得很，因為畢業以後有闊老師做靠山。[64]

當時作為學生的顧頡剛的觀察也印證了蔡元培的說法，據顧頡剛回憶，周圍同學為了今後當官便捷，盛行拉幫結派，「那時在學生中還流行一種壞風氣，就是『結十兄弟』。何謂『結十兄弟』？就是十個氣味相投的學生結拜做兄弟，畢業後大家鑽營做官，誰的官大，其他九人就到他手下當科長、當秘書，撈個一官半職，『有福同享』。這個官如果是向軍閥或大官僚花錢買來的，那麼鑽營費由十個人分攤」[65]。這些學生多出身於實力雄厚的家族，而且報考人數逐年遞增，每年報考人數是錄取人數的 4 到 5 倍。[66]「這表明，上層人物已經開始認識到讓後代們學習西方文化非常有益，尤其是若那文憑帶有國家最權威和最優秀教育機構的官方印章」[67]。

這些富家子弟進入北大，本身具有很強的地位優越感，他們中很多人具有複雜的社會關係網，校方很難管束這些特權階層的學生。正如蔡元培所說：「要是在點名時認真一點，考試時嚴格一點，他們就借個話頭反對他，雖罷課也在所不惜。」說明當時學生已有很強的組織能力來對抗學校管理層。這也就是影響北大改革的第二個因素 — 學生逐漸加強的政

64 蔡元培《我在北京大學的經歷》，見蔡建國編《蔡元培先生紀念集》，中華書局，1981 年，第 232~233 頁。
65 顧頡剛《蔡元培先生與五四運動》，鐘叔河、朱純編《過去的學校》，湖南教育出版社，1982 年，第 11 頁。
66 魏定熙《北京大學與中國政治文化》，北京大學出版社，1998 年，第 74 頁。
67 魏定熙《北京大學與中國政治文化》，北京大學出版社，1998 年，第 75 頁。

治權利意識，他們往往借助民主共和理念中的權利觀念，和校方對抗。如果說以法政學歷作為當官的敲門磚是一種消極的政學一體傳統的遺留，那麼學校逐漸興起的暴動，更是干擾學生潛心學術的一大障礙，學生逐漸加強的權利意識很容易讓他們衝破校方管理的限制而使自己的行為政治化。在蔡元培入主北大之前，發生過兩次較大的學生運動。第一次是1912年年底，馬良代章士釗出任校長時，因下學期經費無著落，他以代校長的身份向比利時銀行借款40萬法郎，擬以學校地產抵押。學生獲悉後群體包圍馬良寓所，以「盜賣資產」的罪名逼迫馬良辭職。而規模最大的一次則是何燏時任校長的時候，何刻意整頓學校，規定「凡預科畢業學生欲入本科者，須先經過入學試驗」，引起預科學生的強烈反對。何力主強行貫徹，結果釀成學潮，130多名學生湧入校長辦公室，質問何，脅迫何當場親書辭職信。何上書教育部，並根據教育部指示開除為首鬧事的8名學生。學生不服，發表了《通告全國書》，並聚集271名學生赴國會請求保障。6月6日，教育部下令解散預科，學潮才被壓制下去。[68]此次學潮，已經突破校園，向政治化方向邁進。在預科學生鬧學潮的同時，國民黨勢力在南方積極發動二次革命，國民黨的機關報《民立報》就跟蹤報導學潮，將他們對抗何校長和教育部的行動看作是革命的行動，並將學生的通告書和預科生遞交國會的請願書在《民立報》登載。[69]學生運動日漸政治化的傾向，

68 以上學生運動的資料見蕭超然《北京大學與五四運動》，北京大學出版社，1986年，第27-28頁。

69 《大學校風潮：預科學生通告書》，《民立報》，1913年6月6日；《大

加劇了學校管理層和學生之間的矛盾，正如魏定熙分析，「事實上，北大的抗議對於二次革命前夕中國的政治緊張局勢是有重大意義的。這一次相對的局部衝突顯示了重要的象徵意義。學生對權利語言的運用好像在同一尺度上既講原則又利己。一方面，這反映出他們對法律面前公平與平等的深切關心，但另一方面，它暗示出他們最關心的是保持特權社會地位的『權利』。這兩種力量分佈在全國，兩方相互疑心地監督，每一方都似乎同樣沉浸在最黑暗的恐懼中 —— 學生害怕官方會隨時踐踏他們的權利，當局又害怕學生會永遠利用權利語言，為不安分和不守法的行為辯護」[70]。

官僚化和政治化成為北大變革中亟待解決的問題，可以說蔡元培出任北大校長，就是要以學術化的取向，清除科舉時代官場文化遺留的毒素，遏制日益激進的學生運動。蔡元培執掌北京大學，使籠罩在官場文化之中的北大脫胎為一個新文化生產的學術化場域，這與蔡元培自身廣博的中西文化修養和多年在歐洲（特別是德國和法國）著名大學的潛心學習和觀察密不可分。蔡元培國學功底深厚。早年師從精通制藝源流的王子莊學習八股寫作，王子莊並不是那種刻板的醉心功名的制藝家，他「好談明季掌故，並講述宋儒朱熹與陸九淵異同之處，尤服膺劉宗周」，受王子莊影響，蔡元培在掌握八股寫作技巧的同時，熟讀宋明理學，「二十歲以前，

學校風潮記：學生請願國會》，《民立報》，1913 年 7 月 9 日；《大學校風潮記：學生第二次通告書》，《民立報》，1913 年 6 月 13 日。

70 魏定熙《北京大學與中國政治文化》，北京大學出版社，1998 年，第 72-73 頁。

曾崇拜宋儒」[71]。曾在同鄉徐樹蘭藏書甚豐的「古越藏書樓」校訂圖書，得以廣覽群籍。三十一歲中舉人，因故延遲殿試，三十四歲「補複試，在保和殿應殿試，被取為第二甲第三十四名進士，被點為翰林院庶起士」[72]。光緒帝師翁同龢曾在日記中這樣評價蔡：「新庶常蔡元培，號鶴青，紹興人，乃庚寅貢士，年少通經，文極古藻，雋材也。」[73]在廣博學習國學的同時，已有自己的治學取向，「嗜好在考據方面，是偏於訓詁及哲理的」[74]。這種既喜考據之學，又重哲理研思的治學取向，使得蔡並不偏重今古文經學的任何一派，而是能平衡發展。所以他既有《石頭記索隱》這樣的重考據的研究著作，也有受西學影響而寫出的《中國倫理學史》。蔡屬於很早就接受西學影響的一代士紳，他在做翰林的時候，即開始學習西學。蔡學習西學最大一個特點，是直接從學習語言入手瞭解西學。1897 年，他與友人設立東文書館，「與王書衡商議，擬辟設東文書館，蓋以西文書價昂貴，其要者日本皆有譯本，通日文即可博覽西文書籍，較簡易也。六月十七日，聘請陶大均（杏南）教授日本文字」高平叔《蔡元培年譜》，中華書局，1980 年，第 10 頁。他同時學習英文；後又從馬相伯學習拉丁文，認為歐洲各國語言多源於拉丁文，要理解歐洲文化源頭，必從拉丁文入手[75]；1903 年「從

71 高平叔《蔡元培年譜》，中華書局，1980 年，第 3 頁
72 高平叔《蔡元培年譜》，中華書局，1980 年，第 5 頁。
73 高平叔《蔡元培年譜》，中華書局，1980 年，第 5 頁。
74 蔡元培《我的讀書經驗》，《文化建設月刊》，第 1 卷第 7 期，1935 年 4 月 10 日。
75 參見馬相伯口述、王瑞霖記《一日一談》，復興書局，1936 年，第 74-75 頁。

李幼闡（後改從一德國教士）學習德語」。在青島學習德語期間，從日文翻譯出德國科培爾的《哲學要領》一書。[76]通過不斷學習西方語言，在 1901 年蔡元培即開始思考如何將中西學結合起來，思考如何將「我國探理之學」，「抉擇而演繹之，而後證之以西國理論，則無方鑿圓枘之患」[77]。蔡元培是最早出國留學並系統學習歐洲文化的士紳階層代表，這使他不僅通過書籍間接獲得西學知識，他多年在德國和法國學習，更是從直觀和切身感受上對西學有了深入的認識和理解。1907 年，蔡元培得到商務印書館的資助，第一次赴德國留學，進入歷史悠久的萊比錫大學，在這所著名學府學習四年之久。蔡元培在萊比錫大學主要學習德國哲學，尤重康得，在萊比錫選修的 40 種課程也集中在康得的哲學、美學和心理學。在這段留德學習期間，1909 年蔡元培對照日文譯本，翻譯出德國新康得主義哲學家泡爾生的《倫理學原理》；1910 年，以德國哲學為參照，用所受到的西方學術訓練，「以西洋學術史之規則，整理吾國倫理學說」[78]，寫出《中國倫理學史》。「課堂上既常聽美學，美術史，文學史的課，於環境上又常受音樂、美術的熏習，不知不覺地漸集中心力於美學方面。尤因馮德講哲學史時，提出康得關於美學的見解，最注意於美的超越性與普遍性。就康得原書，詳細研讀，益見美學關係的重要」[79]。在德國學習的這段時間中，蔡元培

76 高平叔《蔡元培年譜》，中華書局，1980 年，第 17 頁。

77 蔡元培《在杭州方言學社開學日演說詞》（1901 年 4 月 19 日），《蔡元培全集》（第 1 卷），中華書局，1984 年，第 125 頁。

78 高平叔《蔡元培年譜長編》，人民教育出版社，1996 年，第 360 頁。

79 高平叔《蔡元培年譜》，中華書局，1980 年，第 25 頁。

基本找到了溝通和理解中西文化的基點，即倫理學和美學。

蔡元培在找到自己溝通中西學基點的同時，也在德國形成了實現自己文化理想的教育觀。德國近代的歷史轉折和中國有許多相似之處。德國也是面臨著如何從封建君主制轉向現代民主制的問題。北洋軍隊的建制和軍事學習，就是模仿德國軍制，北洋很多著名將領諸如段祺瑞等都曾到德國學習。北洋軍人學習的是如何以軍事強權手段來實現國家的防衛現代化，並在國權之下推進包括教育在內的社會現代化轉型。蔡元培作為反清的革命派，思考和關注的重點顯然和這些軍人不同，也和他所屬的革命派不同，他雖投身革命，但他投身的革命主要是思想文化革命，思考的是在教育領域如何實現中國現代化的問題。蔡元培在萊比錫大學學習期間，德國已經在教育家威廉·馮·洪堡的改革下，完成了教育體制及至教育思想的現代轉化。蔡元培翻譯的《倫理學原理》的作者泡爾生，就是對德國近代教育史深有研究的學者，這位新康得主義者，曾著有《德國大學的特徵與歷史沿革》。泡爾生認為，德國柏林大學的創建就是要在教育領域形成一個和軍事獨裁者相對抗的獨立的學術文化場域。而洪堡這位教育改革家在任德國教育司司長期間內所創立的柏林大學，其目的就是要將教育從服務政府的需要中分離出來，並使流行於德國思想文化界的「教化」觀念深入教育者和受教育者。認為「『真正』學習的人們要尋求的是在人類道德和智力進化過程中的『純粹的』知識，而那些尋求實際知識的人 — 這些知識也許具有直接的政治或商業用途，卻被認為是愚鈍而未受完備教育的」[80]。

要將德國大學教育中的這種「教化」理念引入中國的大學教育，在蔡元培看來，必須從倫理和美感兩方面入手。蔡元培作為深受宋明理學影響的士紳，不可能放棄倫理道德對教化人的作用。德國大學教育中的教化觀更多延續了希臘文明的愛智傳統，在中國要將這種愛智理性精神喚醒，既要保證知識的純粹性，還要使接受這種西方理性精神啟迪的受教育者不至於懷疑傳統的倫理道德觀念。而美感的超越性，更能為求知者提供不竭的精神動力。由此而有蔡元培在德國學習四年之後對自己教育思想的總結，即蔡元培在民初出任教育總長時所發表的《對於新教育之意見》。在這篇談教育方針的文章中，蔡元培將教育劃作兩個領域，一個是隸屬於政治，一個是超軼於政治。教育能如此劃分的前提是由專制政治變為共和政治。「專制時代（兼立憲而含專制性質者言之），教育家循政府之方針以標準教育，常為純粹之隸屬政治者。共和時代，教育家得立於人民之地位以定標準，乃得有超軼政治之教育」。此種劃分方式源於蔡元培中西哲學匯通觀中所確立的哲學思想。在蔡元培看來，世界分為兩個層次：「蓋世界有二方面，如一紙之有表裡：一為現象，一為實體。現象世界之事為政治，故以造成現世幸福為鵠的；實體世界之事為宗教，故以擺脫現世幸福為作用。」這兩個世界的區別是：「前者相對，而後者絕對；前者範圍於因果律，而後者超軼乎因果律；前者與空間時間有不可離之關係，而後者無

80 魏定熙《北京大學與中國政治文化》，北京大學出版社，1998 年，第 58 頁。

空間時間之可言；前者可以經驗，而後者全恃直觀。故實體世界者，不可名言者也。然而既以是為觀念之一種矣，則不得不強為之名，是以或謂之道，或謂之太極，或謂之神，或謂之黑暗之意識，或謂之無識之意志。其名可以萬殊，而觀念則一。雖哲學之流派不同，宗教家之儀式不同，而其所到達之最高觀念皆如是。」那麼哪些教育是屬於現象界的，哪些教育又是屬於實體界的？在蔡元培看來，所謂的「軍國民教育」「實利教育」「公民道德教育」是屬於現象界的，「軍國民教育」目的在於增強國力，「實利教育」在於增強個人的生存能力，而「公民道德教育」在於調節前兩者，以道德力約束，使「軍國民教育」不會發展成侵略主義，「實利教育」不會發展成強權主義。這三者都是增加人現世的幸福，但是現世幸福都是及身而存，一旦國家滅亡，個人生命終結，現世幸福也隨之消失。故而現世幸福在現象界，是政治家的使命，而教育家則有更高的追求，以教育而達於實體界，「而教育者，則立於現象世界，而有事於實體世界者也。故以實體世界之觀念為其究竟之大目的，而以現象世界之幸福為其達於實體觀念之作用」。故而教育家更高的追求則是「世界觀教育」與「美感教育」。這兩項教育的目的，就是在現象界中達到超越性的實體界。所謂「世界觀教育」，就是要人們超越人我差異與利益爭奪造成的限制，將局限於現象界的個體提升到超越性的實體界中，如何提升，則有消極和積極之分，「消極方面，使對於現象世界，無厭棄而亦無執著；積極方面，使對於實體世界，非常渴慕而漸進於領悟。循思想自由言論自由之公例，不以一流派之哲學一宗門教義梏其心，而惟時時懸一無方體無始終之世界觀以為鵠。如是之教育，吾無以名之，名之曰世界觀教育」。而從現象界抵達實體界最為有力的教育方式，則是美感教育，這源於美感的特性，美感既和現象界密切相關，但又有一定的超越性，美感在蔡元培看來是由現象界通達實體界的橋樑，「雖然，世界觀教育，非可以旦旦而聒之也。且其與現象世界之關係，又非可以枯槁單簡之言說襲而取之也。然則何道之由？曰美感之教育。美感者，合美麗與尊嚴而言之，介乎現象世界與實體世界之間，而為津梁」。美感有這種既關聯現象界又通達實體界的作用，「故教育家欲由現象世界而引以到達於實體世界之觀念，不可不用美感之教育」。[81]

蔡元培以他的中西哲學觀，形成了他相對嚴密的教育思想體系。蔡元培這一教育思想在近現代文化變革中具有非常重要的意義。這一教育思想超越了晚清以來的中體西用思想，對他出任北大校長時期所實行的教育改革具有重要意義。蔡元培對北大的改革，從根本上來講，旨在打破中體西用的思維模式。中體西用模式的核心是以中心統攝邊緣，用邊緣維護中心。這一個模式顯然不適合於蔡元培等人認定的共和體制。如何將中心與邊緣的統攝關係，轉變為多元並存的關係，是蔡元培改革北大的中心思想。在多元並存的整體性基礎上，他強調的世界觀教育就具有非常突出的作用。在國權主義思想至上的時候，這一改革難以奏效，但袁世凱敗亡後，中國社會在政治權力和思想道德的掌控力上，已經喪

81 蔡元培《對於新教育之意見》，《民立報》，1912 年 2 月 8、9、10 日。

失了中心統攝力，各種力量開始登上歷史舞台。如何建構一種更具統攝性的思想文化場域，將諸多的思想文化容納起來形成一個合適的文化生產空間，成為蔡元培改革北大的目標。作為蔡元培最高教育目標的「世界觀教育」，從根本上講不是中心與邊緣的關係，而是多元並存的空間關係。這樣一種教育觀和教育思想理論對他後來的教育改革所發生的最大作用是：從理論上解決了他將西學引入中國思想文化界時所遇到的文化衝突問題，為西學和中學兩種獨立的思想體系的融合奠定了基礎。從現象界和實體界的劃分中可以看出，所謂中學西學都是現象界的一種，二者沒有誰淩駕於誰之上的等級之分，而大學場域的存在恰恰就為了營造現象界的豐富性，故而大學改革的目標，不是確立哪種思想是標準的問題，而是如何調動研究者和受教育者的積極性，讓他們在豐富的現象界中實現超越性而抵達實體界。這一思想顯然從根本上突破了張之洞、張百熙、嚴復等人的中體西用的思想觀念。具體而言，在大學中要改變家學治學的門戶之見，將派系眾多的私學和家學容納起來，就要以一種更具統攝力的現代理性精神來看待現象界，從而完成傳統學術的現代轉化。在蔡元培看來，無論桐城派，還是章門弟子，都是學術場域中的現象之一，不能淩駕於另一家之上。蔡元培以實體世界為追求的世界觀教育所形成的多元化校園學術空間場域，用他後來的話說就是：「對於學說，仿世界各大學通例，循『思想自由』原則，取相容並包主義……無論為何種學派，苟其言之成理，持之有故，尚不達自然淘汰之運命者，雖彼此相反，而悉聽其自由發展」[82]。據陳方競先生分析，蔡元培主要是從教員入手，著眼於教授隊伍的建設，採用校長聘用制，用人原則「以學詣為主」，而不以門派為主。陳方競先生將蔡元培治校之下的教員分為四派：一是首倡批孔及文學革命而主張激進變革的《甲寅》《新青年》同人。蔡元培出任校長不久，就多次登門，將陳獨秀聘請為文科學長，並同意將《新青年》帶入北大；其後又聘請在這兩份雜誌上撰文的高一涵、李大釗、章士釗、楊昌濟、劉叔雅、程演生等；胡適經由陳獨秀推薦被聘入北大；本無學歷，在《新青年》上發文的劉半農，因有文采和主張變革也經陳獨秀推薦進入北大。二是原來入主北大文科而主導學術化取向的章門弟子。諸如黃侃、馬裕藻、朱希祖、朱宗萊、錢玄同、沈尹默、沈兼士、馬敘倫、陳漢章等；周作人由朱希祖推薦，由紹興進入北大；魯迅作為章門弟子，雖未入北大，但與北大關係密切。三是蔡元培在中國教育會及留歐所辦「華法教育會」的舊友故交。如蔣維喬、李石曾、徐寶璜等，這些人和蔡元培有相近的文化觀，他們在入北大前，即提倡「進德會」及道德戒律，可以看作是北大當時勢力最大團體「進德會」的先驅。四是數量最多的歐美留學生。經蔡元培多方延攬而任教北大。如與蔡元培已有交往的任鴻雋、王星拱等，自然科學家李書華、翁文灝、丁文江、李四光等，學政法、經濟的陶孟和、周鯁生、陳啟修、王寵惠、馬寅初、張耀曾、王世傑、

82 蔡元培《致〈公言報〉函並答林琴南函》，《公言報》，1919年3月18日。

陳源等。這些知識份子後來以胡適為領袖，在北大漸成勢力，形成「英美派」。而更能體現蔡元培包容性的就是聘任劉師培、辜鴻銘、梁漱溟等人。劉師培因支持袁世凱稱帝而身敗名裂，生計困頓。但劉師培作為儀征經學世家的傳人，學問根底極深，只要劉不問政治，蔡依然聘入；辜鴻銘頑固守舊，但與政治無涉，且精通外語，依然在北大任教；梁漱溟自學成才而學有見地，亦延聘入校。

不同思想主張的人進入校園，需要有尊重學人個性的管理方式。北大原來的課程設置，要求教員的授課被限定在「功課表」中，教員講授的課程未必就是自己最有研究心得的。蔡元培提出教員多開選修課，讓課程跟著教員的研究走，甚至在研究過程中新發現的問題都可作為一門課而開設。在授課上突出教師研究的主體性，使校園中出現各派爭雄的場景，這幾乎成為近現代中國大學教育的絕唱，參與其中的教師、學生在他們後來的回憶中屢有提及。馮友蘭回憶，當他在北大學習的時候，今文經學家崔適所開課程不限於今文經學或《公羊春秋》，還有他剛剛完成的《春秋復始》；同一課程亦可由見解不同的教員講授，據梁漱溟回憶，印度佛學，張爾田講《俱舍論》，張克誠講《八識規矩誦》《觀所緣二論》，鄧高鏡講《百論》。不但授課如此，在學術研究的爭鳴中，蔡元培也是以身作則，宣導學術的多元化，各種觀點對立的學術研究也一併尊重其個性，以達到「不以一流派之哲學一宗門之教義梏其心」。蔡元培主張生物互助論，陳獨秀則強調生物競爭進化說，但並不影響陳獨秀和《新青年》進入北大，並且蔡元培力排對陳獨秀擔任文科學長的非議

[83]。蔡元培有「統攝諸德完成人格」之為「仁」的見解，梁漱溟則表示反對並激烈批評；胡適治「紅學」，對蔡元培的《石頭記索隱》多有批評，他雖堅持己見，但對胡適年輕氣盛的批評並不掛心，並對胡適治學方法表示欣賞。[84]

要完成傳統學術到現代學術的轉化，必須要以一種理念或者精神來統攝上述多元化的力量。在蔡元培改革北大的舉措中，更為重要的一點是他以學理性來統攝這些立場和觀點紛異的勢力群體。蔡元培所強調的學理性，帶有很強的科學主義色彩，這種科學主義式的學理性在蔡元培入主北大進行學科改革的時候就已體現出來。北大原來的學科有文、理、法、農、工等科，胡仁源上任後，農科被改為農業專門學校而獨立出去，文科中除了國文門外又增加了中國哲學和英國文學兩門。而蔡元培的學科改革強調的是文、理二科，認為「文、理二科，專屬學理；其他各科，偏重致用」[85]，所謂學理與致用的區別，即學與術的區別。以學即文理兩大科的學理性來統攝諸學科，也就是他後來在《北京大學月刊》發刊詞中所言：「各國大學，哲學之惟心論與惟物論，文學美術之理想派與寫實派，計學之干涉論與放任論，倫理學之動

---

83 陳獨秀進入北大，「教師中的遺老遺少則竊竊私議，嘖有煩言」，認為「陳先生只會寫幾篇策論式的時文，並無真才實學；到北大任教尚嫌不夠，更不要說出任文科學長了」，「蔡先生對於這些攻擊，態度是鮮明的，駁斥是有力的。他說仲甫先生精通訓詁音韻學，學有專長，過去連太炎先生也把他視為畏友」。見羅章龍《陳獨秀先生在紅樓的日子》，《新華文摘》，1983 年第 8 期。

84 以上所列舉的例證與分析，參見陳方競《多重對話：中國新文學的發生》，人民文學出版社，2003 年，第 82-85 頁。

85 蔡元培《大學改制之事實及理由》，《新青年》，第 3 卷第 6 號。

機論與功利論，宇宙之樂天觀與厭世觀，常樊然並峙於其中：此思想自由之通則，而大學之所以為大也。」[86]蔡元培以學理性改革北大，最為重要的作用是改變了中國固有的治學方式。其以學理性改造北大，強調的是大學學術場域中的「自由」精神。如何在研習學理中實現精神的自由，是他大學改革的核心目標之一。以學理的客觀性和超越性將局限在家學門派中的學人解放出來，平等對待百家，實現傳統學術的現代轉化，是蔡元培構建北大自由學術場域的關鍵。在蔡元培入主北大前，桐城派、章門弟子已經開啟了學術化研究取向。「嚴復抵制政府擬停辦北大的意圖，同時勵行改革，舍經科而為文科，桐城學者在北大文科開啟學術化取向；後又有章門弟子同人入主北大文科，進一步推動北大學術化發展，使北大在國內確立舉足輕重的位置。」陳方競《多重對話：中國新文學的發生》，人民文學出版社，2003 年，第 80 頁。但這兩派存在的問題就是家學門戶之見甚深，如何突破門戶之見，使教員的研究和學生的研習在學理性的層面上提升境界，成為蔡改革北大的最大挑戰之一。從進入北大學習的傅斯年身上可以看出蔡元培以學理化改革北大的深遠影響。傅斯年在回應英國雜誌批評東方學術不可能產生「近世文明」時，對中國傳統學術做了這樣的反思：

中國學術，以學為單位者至少，以人為單位者轉多，前者謂之科學，後者謂之家學；家學者，所以學人，非所以學學也。歷來號稱學派者，無慮數百，其名其實，皆以人為基

86 蔡元培：《〈北京大學月刊〉發刊詞》，《蔡孑民先生言行錄》，岳麓書社，2010 年，第 111-112 頁。

本，絕少以學科之分別，而分宗派者。縱有以學科不同而立宗派，猶是以人為本，以學隸之。未嘗以學為本，以人隸之。弟子之於師，私淑者之於前修，必盡其師或前修之所學，求其具體。師所不學，弟子亦不學；師學數科，弟子亦學數科；師學文學，則但就師所習之文學而學之，師之外之文學不學也；師學玄學，則但就師所習之玄學而學之，師外之玄學不學也。無論何種學派，數傳之後，必至黯然寡色，枯槁以死；誠以人為單位之學術，人存學存，人亡學息，萬不能孳衍發展，求其進步。學術所以能致其深微者，端在分疆之清；分疆嚴明，然後造詣有獨至。西洋近代學術，全以科學為單位，苟中國人本其「學人」之成心以習之，必若枘鑿之不相容也。[87]

因家學的門戶之見及學術及身而存的局限性而造成的中國學術「黯然寡色，枯槁以死」的困局，顯然有待於打破門戶之見，將學術研究放在一個更具統攝性的平台上進行。傅斯年在 1913 年因羡慕嚴復和桐城學者而考入北大預科，入校後廣泛涉獵以窺國學之全貌而求其通；在將桐城派與章太炎學術進行比較後，又轉而信服章氏以經為史的觀點，從訓詁、音韻、文字、典章闡釋先秦諸子及經書，深得劉師培、黃侃、陳漢章的器重。蔡元培以學理化改革北大，尤廣涉西學，對胡適的治學方法產生極大興趣。而胡適作為初出茅廬的 20 多歲的留學生，能與積學有年的陳漢章同台講授中國哲學史，恰恰因為他有陳漢章、黃侃等人所不具備的學理性，即師法歐美學術研究的眼光。當一些學生想把胡適趕下講台，

87 傅斯年《中國學術思想界之基本誤謬》，《新青年》，第 4 卷第 4 號。

恰是因為顧頡剛、傅斯年等人對學理性的堅持，認為胡適的課「有眼光、有膽量、有斷制」，才使胡適在北大站住了腳。[88]顧頡剛在為計畫編輯的《學覽》一書所作的序中，就認為：「是書（即《學覽》）之輯，意在止無謂之爭，舍主奴之見，屏家學之習，使前人之所謂學皆成為學史，自今以後不復以學史之問題為及身之問題，而一歸於科學。」[89]蔡元培同樣也是欣賞胡適這種最能體現學理性的治學精神，在為胡適的《中國哲學史大綱》作序時，蔡元培就強調了這種源自西方科學精神的學理性對治學的重要性，認為要研究中國古代學術，「非研究過西洋哲學史的人，不能構成適當的形式」，而胡適這部研究著作的價值，就是在學理性的層面上，對他所秉承的「『漢學』遺傳性」與在美國所學的「西洋哲學史」進行了匯通性的研究嘗試。[90]1919 年，蔡元培為迎接胡適的老師杜威來華講學舉行宴會並發表講話，更加明確地闡釋了他所強調的學理性對於大學學術場域形成的重要意義：「我覺得孔子的理想與杜威博士的學說，很有相同的點。這就是東西文明要媒合的證據了。但媒合的方法，必先要領得西洋科學精神，然後用他來整理中國的舊學說，才能發生一種新義。」[91]

應該說從張之洞「中體西用」到蔡元培「相容並包」的

---

88 顧頡剛《古史辨·自序》，上海古籍出版社，1981 年，第 36 頁。
89 桑兵、關曉紅主編《先因後創與不破不立：近代中國學術流派研究》，生活・讀書・新知三聯書店，2007 年，第 20 頁。
90 蔡元培《中國哲學史大綱・序》(卷上)，商務印書館，1919 年，第 1 頁。
91 蔡元培《杜威六十歲生日晚餐會演說詞》，《北京大學日刊》，第 446 號，1919 年 10 月 22 日。

轉變，在研究物件的學術取向上，不僅改變了中國傳統治學的方式，賦予傳統學術研究現代意義，並且將中心與邊緣的關係變為多元共存的學術場域。西學真正開始以完整獨立的思想體系存在於大學的學術研究場域中，不再是以附屬中學的方式而獲得自身意義，西學本身具有學理上的獨立性，在學術價值上擺脫了人們近代以來因變法圖強的救亡意識而對西學所採取的工具化態度。在研究者的主體精神上，這種包容體現了文化生產者在自由精神之下的創造性，正是這種精神層面的自由，為變革中國文化尋找了新的思路和眼光，也正是在這個意義上，蔡元培開闢的北大學術場域成為新文化的發源地。

如果說蔡元培所標舉的學理性，強調的是大學學術場域的自由屬性，那麼在當時政局變化莫測的政治文化生態中，如何保證大學學術場域不被政治干擾，保持自己的獨立性，則更是維護這一場域的關鍵。將中國傳統中的政學一體傳統打破，讓大學與政治保持適度的張力，並以自身的學術取向和文化地位獲得超越於政治的獨立性，在大學的獨立性中維護學術研究的純潔性，就成為蔡元培改革北大的另一個舉措。蔡元培維護北大獨立性的改革措施，就是以「教授治校」為原則，在學校中設立評議會。在出任南京臨時政府教育總長期間，蔡元培主持制定《大學令》，規定在大學設立評議會。胡仁源任校長的時候，已經根據《大學令》在北大設立評議會。蔡接任後，更進一步將評議會組織落實。評議會由各科學長和各科教授自行選舉的評議員組成，校長是評議會的議長。評議會的職責是：「制定和審核學校的各種章程、條令，『凡大學立法均須經評議會通過』；還決定學科的廢止；審核教師的學銜和學生成績；提出學校的預算、決算等。」評議會相當於學校的立法機構，與評議會相對應的就是行政會議。行政會議由專門委員會的委員長和教務長、總務長組成，校長兼任議長。「行政會議是全校最高行政機構和執行機構，評議會決定的事項，交由行政會議實施」。[92]這樣在學校內部形成完整的立法和行政兩個教授組織，管理學校各項事務。蔡元培的設想是，將學校由校長包辦轉變為教授治校。因為國立大學校長由北洋當局任命，校長的升任罷免往往和當局的政治勢力密切相關，學校無法做到獨立自存。設立評議會和行政會議，就是要弱化校長的職權，將學校的內部管理轉移到教授和學生手中。特別是經過五四運動，學生的行動日益激進，政治化的傾向更加明顯。這是蔡元培最不願意看到的現象，他希望北大是獨立的學術研究機構，而非政治運動的溫床。如何阻止來自政府的干擾，遏制學生政治化的傾向，就成為他改革的重點。因受五四運動影響而辭職的蔡元培，再次北上就任，在 1919 年 9 月 20 日學校歡迎會上，他重申了這樣的看法。他仿照德國大學管理辦法，希望在評議會和行政會議的管理下，北大能有穩定而獨立的管理體制，「我初到北京大學，就知道以前的辦法是，一切校務都由校長與學監主任庶務主任少數人辦理，並學長也沒有與聞的，我以為不妥，所以第一步組織評議會，給多數教授的代表，議決立法方面的事；恢復學長許可權，給他們分任行

---

92 蕭超然《北京大學與五四運動》，北京大學出版社，1986 年，第 76 頁。

政方面的事。但校長與學長，仍是少數。所以第二步組織各門教授會，由各教授與所公舉的教授會主任，分任教務。將來更要組織行政會議，把教務以外的事務，均取聯合議制。並要按事務性質，組織各種委員會，來研討各種事務。照此辦法，學校的內部，組織完備，無論任何人來任校長，都不能任意辦事。即使照德國辦法，一年換一個校長，還成問題麼？」[93]

應該說蔡元培所希望設立的「思想自由」「相容並包」的獨立大學場域在當時的環境中是很難完全實現的。雖如此，蔡的初步嘗試已經為中國文化的現代變革提供了一個非常難得的歷史機遇。在北洋政治紛繁複雜的多重矛盾空隙中，蔡元培以自己高超的行政能力在一定程度上實現了自己的夢想。蔡元培治下的北大，幾乎成為現代教育史上的神話和奇跡，雖不乏後人追憶中的理想化投射，但也確實為歷史的變革提供了有待後人持續思考和跟進的豐富經驗。在蔡元培的設想中，大學中具有理性精神的學子、教員，是現實政治的觀察者，而非參與者，因此必須以學術化的理性精神遏制參與政治的衝動。有了這樣的學者和學生，才能阻斷政學一體的關聯。這還需要後繼者不斷地維護大學作為學術和文化生產者的獨立性，在蔡元培看來，大學場域的獨立性的實現，不僅靠思想觀念的引導，更需要行政管理體制的規範，其大力推行的評議會制，就是想從大學體制管理上來實現大學教育的獨立性和穩定性。但是在蔡元培的深層思想中，政

---

93 蔡元培《回任北大校長在全體學生歡迎會上的演說詞》，《蔡元培全集》（第 3 卷），中華書局，1984 年，第 342 頁。

學一體的模式並未突破。他所強調的理性精神，也被他的共和制情結所囿，就是以理性精神給共和制奠定基礎。但在現實中行動的學生和繁複變化的社會不可能給蔡提供這樣的基礎，必然使他打破這種理性束縛而走向社會，甚至理性的懷疑批判精神日益成為學生走向社會的精神根據。

第三節　政府管制與民間反管制中報刊文化空間的形成

士紳階層在組織學會的同時，也積極創辦報刊。借助報刊，士紳階層發表政見，輸出新知，啟蒙社會，報刊媒介的影響力逐漸在社會顯現。學會創辦的報刊，應始於強學會的機關刊物《中外紀聞》與《強學報》。戈公振先生認為，在西方傳教士影響下，近代中國民間辦報雖然起步較早，但社會影響力並不大。同治十二年漢口就有《昭文新報》；同治十三年上海有《彙報》，香港有《迴圈日報》；光緒二年在上海有《新報》；光緒十二年廣州有《廣報》。這些刊物只是在極少數的洋務運動的宣導者中間受到重視，並未在社會上產生廣泛影響力。「惜國人尚不知閱報為何事，未為社會所重耳。」[94]《中外紀聞》與《強學報》雖然存在時間都很短，但是由於甲午海戰所產生的民族危機，變法圖強成為當時最為急迫的呼聲，這兩份短暫刊物可以看作士紳階層發出

94 戈公振《中國報學史》，岳麓書社，2011 年，第 98 頁。

自己聲音的標誌。三十年的洋務運動至此受到懷疑，變革制度，輸入西學，發表政論，皆通過報刊媒介進行傳播。

關於報刊對近現代文化的影響，胡適曾說過：「二十五年來，只有三個雜誌可代表三個時代，可以說是創造了三個新時代。一是《時務報》，一是《新民叢報》，一是《新青年》。而《民報》與《甲寅》還算不上」[95]。胡適的評判標準未必準確，但是無可置疑的就是報刊媒介成為現代中國文化發展不可或缺的存在。近現代之交的報刊媒介，並不是獨立於政治之外的一種力量，其盛衰榮枯，和政局變化息息相關。甲午失敗的民族危機催生出學會和報刊，維新變法進一步將政論性的報刊啟動，而革命和立憲之爭，也有了《新民叢報》和《民報》的大論戰，民初黨爭激烈，政黨性的報刊更是佔領了報刊媒介的全域。報刊的發展及其對文化變革的推動，幾乎和政治運動捆綁在一起。胡適之所以將《新青年》列為三大影響中國現代文化發展刊物之一，正是因為到了《甲寅》和《新青年》時代，報刊作為思想文化載體的獨立性受到人們的重視。因此，要考察報刊媒介對新文化的貢獻，我們必須先考察，報刊媒介是如何開闢出具有相對獨立性的文化生產空間的。

對近現代報刊媒介所構建的文化空間的考察，我們必須從媒介的外部環境和內在精神兩個層面入手。首先是制度管理層面對媒介的管制與報人的反管制，其次是媒介的內部精神中所具有的獨立性與包容性。所謂的獨立性，就是報刊媒

95 胡適《與一涵等四位的信》，《胡適文集》（第 3 卷），北京大學出版社，1999 年，第 400 頁。

介和政治的距離；而所謂的包容性，就是如何突破狹隘的私人集團利益，在更具理性評判精神的層面上來宣導文化變革。

要使報刊在社會上形成一種新的文化生產空間，必須先有對報刊功能的現代體認。作為近現代言論界之驕子的梁啟超，通過報刊活動獲得了巨大聲譽，可以說是近代中國對報刊功能認識最為深刻的人之一。早在創辦《時務報》的時候，就闡述了報刊作為「去塞求通」之喉舌的重要功能。認為中國之所以受辱戰敗，原因在於，在國內不通上下之情，在世界不明中西之別，指出必須通過報刊媒介，廣通輿情。當時辦報，梁啟超認為要發揮這樣五項功能：「廣譯五洲近事，則閱者知全地大局，與其強盛弱亡之故，而不至夜郎自大，坐眢井以議天地矣；詳錄各省新政，則閱者知新法之實有利益，及任事人之艱難經畫，與其宗旨所在，而阻撓者或希矣；博搜交涉要案，則閱者知國體不立，受人嫚辱，律法不講，為人愚弄，可以奮厲新學，思洗前恥矣；旁載政治、學藝要書，則閱者知一切實學源流門徑，與其日新月異之跡，而不至抱八股八韻考據詞章之學，枵然而自大矣」[96]。士紳階層創辦報刊，大致不出梁啟超所劃定的這五個範圍。以政論為主的報刊，帶有濃厚的啟蒙色彩，並非側重於新聞的及時性和準確性，而旨在傳播西學，通過報刊啟蒙，改變士紳階層的知識結構和觀察世界的眼光。因此，在創辦報刊的士紳基層看來，報刊幾乎等同於學會和學校，梁啟超就是將報刊和學生、書局並列，認為在「國事不可問」，「其現象之混濁，

96 梁啟超《論報館有益於國事》（1896 年 8 月 9 日），李興華、吳嘉勳編《梁啟超選集》，上海人民出版社，1984 年，第 25 頁。

其前途之黑暗，無一事不令人心灰望絕」的時局中，「其放一線光明，差強人意者，惟有三事，曰學生日多，書局日多，報館日多也。」[97]《時務報》在國內因變法失敗被禁，康梁轉而在日本創辦《清議報》，該報出至一百冊，在回顧辦刊經歷時，梁啟超已經認識到，辦報發出士紳階層的聲音，不僅是用西方文化進行啟蒙，更是一種政治權利。在《清議報》辦刊的三條宗旨中，梁啟超首重「民權」，宣導民權，《清議報》「始終抱定此義，為獨一無二之宗旨，雖說種種方法，開種種門徑，百變而不離其宗。海可枯，石可爛，此義不普及於我國，吾黨弗措也。」[98]報刊不但是為了一派一黨的權利，報刊更為重要的是突破黨派視野的限制，擁有世界眼光。「有一人之報，有一黨之報，有一國之報，有世界之報。以一人或一公司之利益為目的者，一人之報也；以一黨之利益為目的者，一黨之報也；以國民之利益為目的者，一國之報也；以全世界人類之利益為目的者，世界之報也。」認為以前所辦的《時務報》《知新報》，僅為脫胎一人之報而入黨派之報，現在《清議報》也還是處在黨派之報和國家之報的過渡階段，《清議報》今後的努力方向，即「全脫離一黨報之範圍，而進入於一國報之範圍，且更努力漸進以達於世界

97　梁啟超《敬告我同業諸君》，見張靜廬《中國出版史料補編》，中華書局，1967 年，第 164 頁。

98　梁啟超《〈清議報〉一百冊祝辭並論報館之責任及本館之經歷》（1901 年 12 月 21 日），見李興華、吳嘉勳編《梁啟超選集》，上海人民出版社，1984 年，第 194 頁。

報之範圍」。[99]梁啟超之所以有如此自信，就在於報刊日益成為士紳階層瞭解世界，發揮自己影響力的重要工具，他們的眼界已經不再為四書五經所局限了。梁啟超祝賀《清議報》出一百冊的文章一出，一場意外的大火焚毀了館舍，接著就有影響力更大的《新民叢報》問世。而《新民叢報》和《民報》關於立憲和革命的大論戰，是繼「蘇報案」之後最為重要的報刊輿論事件。如果說「蘇報案」的結果是讓革命派人物章太炎和鄒容聲名遠揚，那麼《新民叢報》和《民報》的論爭，則讓人們認識到報刊輿論在鼓動人心方面的巨大威力，《新民叢報》幾乎影響了一代人的成長。在湘陰東山小學學習的少年毛澤東，曾經把早期出版的《新民叢報》「讀了又讀，直到差不多背得出來」；在四川威遠求學的吳玉章，也是「非常愛讀它們」；在上海南洋公學中學部學習的鄒韜奮，「幾本幾本的借出來看，簡直看入了迷」。新式學堂把《新民叢報》「學說」欄的一些文章列為教材；而清廷廢八股為策論後，一些士子把《清議報》《新民叢報》當成他們應付考試的參考秘笈。此時梁啟超的「時務文體」相當成熟，這種文體因《新民叢報》的巨大影響力，被稱為「新民文體」，正如郭沫若 1930 年代所分析的，「他的許多很奔放的文字，很奔放的詩作……雖然未能擺脫舊時的格調，然已不盡是舊時代的文言，在他所受的時代的限制和社會的條件之下，他

99　梁啟超《〈清議報〉一百冊祝辭並論報館之責任及本館之經歷》（1901 年 12 月 21 日），見李興華、吳嘉勳編《梁啟超選集》，上海人民出版社，1984 年，第 197-198 頁。

是充分地發揮盡了他的個性，他的自由的」[100]。而《民報》即使在國內被禁，仍然秘傳廣播，「國內學子以得《民報》為幸，師禁之，轉益珍重，化及全域，江湖耆帥皆願為先驅」。在新式學堂中，從西北蘭州的存古學堂到上海的中國公學，很多學生將《民報》「作為枕秘，深宵敢讀者頗不乏人」，在本以防衛和壓制革命為目的的新式軍事學校和新軍部隊中，《民報》也是廣為流傳，當時在長沙的兵目學堂學習的新軍第二十五混成協排長陳作新，甚至能大段大段地背誦《民報》篇章，「從頭至尾，讀得滾瓜爛熟，見人就一段一篇地背誦」[101]。當時在日本的魯迅更是對《民報》印象深刻。晚年魯迅回憶當時讀《民報》的感受：「我愛看這《民報》，但並非為了先生的文筆古奧，索解為難，或說佛法，談『俱分進化』，是為了他和主張保皇的梁啟超鬥爭，和『xx』的xxx鬥爭，和『以《紅樓夢》為成佛之要道』的xxx鬥爭，真是所向披靡，令人神旺。」[102]

可以說到了 20 世紀初，報刊所形成的輿論空間已經相對成熟，從文體形式到閱讀受眾，報刊已經成為不可或缺的社會存在。民國成立前，一些重要的有影響力的大報刊運作已經相當成熟，特別是在作為全國報刊中心的上海，報刊的商

---

100 郭沫若《文學革命之回顧》，《文藝講座》（第 1 冊），神州出版社，1930 年。以上有關《新民叢報》影響力的事例，參考自方漢奇《中國近代報刊史》，山西教育出版社，2012 年，第 179-180 頁。

101 閻幼甫《回憶陳作新》，見《湖南文史資料選輯》（第 3 期），湖南人民出版社。以上有關《民報》影響力的事例，參考自方漢奇《中國近代報刊史》，山西教育出版社，2012 年，第 343-344 頁。

102 魯迅《關於太炎先生二三事》，《魯迅全集》（第 6 卷），人民文學出版社，2005 年，第 566 頁。

業化運作已經相當完善。中國近現代的報刊活動是從民間辦報開始並形成勢力的，隨著報刊的影響力日漸擴大，對報刊生產和輿論環境的管制與反管制開始展開。當報刊媒介零星出現，未對清政府構成威脅時，並未有壓制措施，「中國本不以報為應講之學，聽其自生自滅，國家未嘗過問。」[103]《時務報》受守舊派攻擊，光緒聽從宋伯魯的建議，將《時務報》改為官方主辦的《時務官報》，孫家鼐擬定了官報章程，其中對辦報內容有這樣的規定，「不准議論時政，不准臧否人物，皆譯外國之事，俾閱者略知各國情形……將來官書局報……亦請開除禁忌，惟各處報紙送到，臣仍督飭書局辦事人員詳慎選擇，不得濫為印送。」[104]康有為為了抵制守舊派對維新變法的攻擊，曾建議光緒制定有利於維新變法的報律，並向光緒進呈《請定中國報律折》：「惟是當開新守舊並立相軋之時，是非黑白，未有定論。……他日或有深文羅織，誣以顛倒混淆之罪，臣豈能當此重咎」，建議「凡報章之所載，如何為合例，如何為不合例，酌采外國通行之法，參以中國情形，定為中國報律」[105]，並和孫家鼐協同制定報律，但因變法失敗而制定報律的計畫也隨之擱置。在近代中國人開始辦報的時候，外國報紙憑藉雄厚的實力和豐富的經驗居於主導地位。通過報律來規範報刊的管理，並從西方辦報者手中奪回辦報的主動權，亦是制定報律的初衷之一。鑒於當時報館主筆的水準參差不齊，外國報館對中國任意詆

103 《論閱報之有益》，《湘報》，1898 年 3 月 22 日。
104 朱壽朋編《光緒朝東華錄》(四)，中華書局，1958 年，總第 4143-4144 頁。
105 湯志均編《康有為政論集》（上），中華書局，1981 年，第 334 頁。

毀，而官吏也對報館任意刁難，鄭觀應就著手將日本、英國報律翻譯過來，上呈盛宣懷，希望「選定頒行，准人開設，俾官商各有所遵守」[106]，使得報刊的管理和發行有章可依。

晚清新政，圍繞立憲和革命的各類報刊層出不窮，越來越成為影響社會的重要力量，鑒於報刊的鼓動性和清政府之間矛盾的加劇，及同行之間競爭的加劇，社會上呼籲政府出台報律規範來管理報刊的聲音日漸高漲。1901 年管學大臣張百熙即提出制定報律以遏制報刊輿論對推行新政的影響。他認為民間報刊雖然種類漸多，但「多不免亂是非而淆視聽。又多居租界，掛洋旗，彼挾清議以訾時局，入人深而藏力固，聽之不能，阻之不可」，必須以官方報刊引導輿論，「並粗定報律，一不得輕議宮廷；二不得立論怪誕；三不得有意攻訐；四不得受賄賂」[107]。同年，清政府頒佈了《大清律例增修統纂集成》，在刑律盜賊類的「造妖書妖言」條規定：「凡造讖緯妖書妖言，及傳用惑眾者，皆斬（監候，被惑人不坐，不及眾者，流三千里，合依量情分坐）。若（他人造傳）私有妖書，隱藏不送官者，杖一百，徒三年。」所屬條律有三，禁「妄布邪言書寫張貼，煽惑人心」，「坊肆市賣淫詞小說」，「各省抄房，在京探聽事件，捏造言語，錄報各處，系官革職，軍民杖一百，流三千里。」[108]從這些禁令來看，清政府依然是沿用傳統慣例，對報刊的現代傳媒屬性並未有明確的

106 夏東元編《鄭觀應集》（上冊），上海人民出版社，1988 年，第 347 頁。

107 劉望嶺《黑血・金鼓 ── 辛亥前後湖北報刊史事長編》，湖北教育出版社，1991 年，第 53-54 頁。

108 戈公振《中國報學史》，岳麓書社，2011 年，第 265-266 頁。

認識，仍然將報刊當作傳播小道消息的載體，甚至是讖緯妖書的散佈者，擔心妖言惑眾。這些法令相當籠統，管理起來有很大的隨意性。

而真正加速報律制定的，則是 1903 年「蘇報案」。這一案件凸顯出清政府和公共租界工部局雙方在管理報刊上的矛盾。工部局方面為了管轄將租界作為庇護所的華文報刊，致電北京公使團，提議使工部局有權檢查及管理租界內的華文報紙，並列入地皮章程附則中。工部局的這一請求被北京公使團拒絕，認為是一種越權管轄華人的行為。工部局未能借制定印刷律取得管理租界內印刷物的權力。而清政府方面令商部起草報律，但上奏後被諸大臣反對，反對原因一是立憲政體還未宣佈，先行發佈報律，擔心與憲法多有矛盾；二是外務部的反對會使此報律對報刊的管制難以奏效。在後來的民政部和法部會奏的摺子中，稱「查此項報律，先經原設商部擬具草稿，由原設巡警部酌為修改，共成 46 條，當以事關法律，非詳加討論，不易通行，且以京外報館，由洋商開設者，十居六七，即華商所辦各報，亦往往有外人主持其間，若編定報律，而不預定施行之法，俾各館一體遵循，誠恐將來辦理紛歧，轉多窒礙，迭經諮商外務部，體察情形，妥為核覆。旋准複稱，各項法律，正在修訂之際，尚未悉臻完備，若將此項報律遽為訂定，一時恐難通行，似應暫從緩議等因。用是審慎遲迴，未敢率行定議。」[109]

1906 年出洋考察憲政五大臣回國，載澤等考察了國外的

109 《民政部法部會奏報律草案折》，《申報》，1908 年 2 月 5 日。

新聞出版業，對西方君主立憲制以憲法形式規定人民自由非常欣賞，建議清廷頒佈報律，以規範集會、言論和出版的自由範圍與應遵循的規範。載澤在給清廷的奏摺中寫道：「集會言論出版三者，諸國所許民間之自由，而民間亦以得自由為幸福，然集會受員警之稽查，報章聽官吏之檢視，實有種種防維之法，非若我國空懸禁令，轉得法外之自由。與其漫無限制，益生厲階，何如勒以章程，鹹納軌物，宜採取英、德、日本諸君主國現行條例，編為集會律、言論律、出版律，迅即頒行，以一趨向，而定民志。」[110]正是在借鑒西方報律的基礎上，1906 年 10 月，清廷頒佈了《報章應守規則》，共 9 條，可看作是 9 條禁令，但內容空乏，遭到報界反對。他們認為報律應當就報刊的種類、發行人資格與許可權以及訴訟的裁制方法進行明確的規範，而「非專以禁人言論，為此束縛馳驟之計也，即曰禁之，亦必其所以禁之說實為公眾不容而後敢出此也，乃昨日專電警部，現須應禁九條，但有禁遏之令，而無裁制之意，其壓束吾業之進步者，關係匪細」，當時立憲呼聲漸高，報界援引立憲原則，對其規定逐條予以批駁，「今當立憲，國人將自進而處於立法之地位，乃箝束民口，塞絕監，使言論出版失其自由，而欲政治社會之漸以進化，豈不遠哉！」[111]民政部 1907 年 9 月擬定了《報館暫行條規》10 條，作為報律正式頒佈前的暫行法令。它對開設報館的條件限制更嚴，不僅新開設的報館要登記，而且條規發

110 載澤等《出使各國大臣奏請宣佈立憲折》，《辛亥革命 —— 中國近代史資料叢刊》（四），上海人民出版社，1981 年，第 26 頁。
111 《論警部頒發應禁報律》，《申報》，1906 年 10 月 14 日。

佈以前已經開設的報館也要補報審批。條規一公佈，不但遭到了革命派和報界的攻擊，清廷內部也是意見重重。在公佈這一條規的前一個月，清廷頒佈了《欽定憲法大綱》，以根本大法的形式確立「臣民於法律範圍以內，所有言論著作、出版、集會結社等事，均准其自由」[112]。輿論界抓住報律和憲法的矛盾，據理反對，認為：「政府諸公以為報館暫行條例而有效也，請勿復言憲政；政府諸公如欲言憲政也，請勿亟亟言報館暫行條例。夫國會不成立，輿論不尊嚴，則政府所為威福玉食者，固已一切無法律命令之效力，而區區報館，固當自有神聖不羈之言論自由權，諸公欲阻遏而破壞之，四萬萬同胞終當用擁護而扶植之。」[113]

迫於各界的反對，民政部會同憲政編查館、軍機大臣以及外務部在《報館暫行條規》的基礎上，經過反復討論，起草了報律細條。1908 年 3 月 14 日清廷正式公佈了《大清報律》。但是這個報律依然矛盾重重，使得人們就其中的司法權限、處罰等問題展開爭論。民政部在 1909 年 10 月奉旨修訂時，就《大清報律》規定的事前檢查許可權、審判權限提出異議，從中反映出該報律在執法原則方面的矛盾。修訂者認為，應當將事前檢查改為事後檢查：「官署雖有檢查出版之權，並無核定報章之責，報館如有違犯自可於發行之後，執法嚴懲，要不能於發行以前，先事干涉，今按該條所定各節，呈送查核，必在發行以前，似各種報紙均須該管官署核

---

112 故宮博物院明清檔案部編《清末籌備立憲檔案史料》，中華書局，1979 年，第 59 頁。
113 《報館暫行條例之效力如何》，《神州日報》，1907 年 9 月 20 日。

定以後，始准發行，倉促從事，既難保無疏漏之病，遍加勘定，又不勝其檢索之煩，且制定報律，原為嚴防流失起見，若必待檢定而後發行，則一切違犯之處，報館轉可不任其責，而此數十條之報律亦屬贅疣，似與定報律初意，不相吻合」。而有了訴訟之後，如何處理案件，修訂者認為，按立憲政體原則，如以巡警廳辦理案件，則是檢查權與審判權混淆，與司法分權原則相悖，而且報律所定罪名與刑律無異，所以應將執法與司法分開，「現在京師審判廳業經次第成立，一切民刑訴訟，分級裁判，各有責成者，獨以違犯報律之案，仍歸行政衙門，任便判斷，殊不足昭鄭重而杜分歧，似應於附則內，將違犯本律者，應歸何項衙門審判之處，詳細規定，庶足保法律之威信而免審判之參差，於憲政前途，裨益匪淺」。[114]

民政部的修改稿送憲政編查館審核，但憲政館認為修改草案中的規定過於嚴厲，主張從輕。[115]但又遭到軍機處的反對，建議應從嚴制定報律，「各樞臣以改訂各條過事寬縱，且關於宣佈外交軍政及詆毀親貴諸問題，尤當從嚴取締，故已送回該館覆擬」[116]。結果憲政編查館修改的報律越來越嚴厲，這一修改草案遭到民政部的強烈反對，民政部尚書善耆認為，「以立法貴乎能行，該館覆核若有仍難實行之處，本部必當奏明不能擔任實行之責，以免法律虛設之誚」[117]，於

114 《民政部奏請修正報律條文》，《申報》，1909 年 11 月 8 日。
115 《申報》（「專電」欄），1910 年 3 月 29 日。
116 《各樞臣果何憾於報館耶？》，《申報》，1910 年 7 月 1 日。
117 《申報》（「京師近事」欄），1910 年 10 月 3 日。

是仍按民政部修正草案報資政院覆議。在資政院的初讀、複讀、三讀過程中，資政院議員與憲政編查館之間展開了激烈辯論，在資政院第 22 次會議上表決通過議決案。[118]議決案在軍機大臣與民政部會奏時，資政院又與軍機處展開辯論，兩派在一些條款上難以達成一致意見，按章程最後資政院和軍機處分別具奏各自草案，並陳述意見，請旨裁奪。經過反復辯論，1911 年 1 月 29 日，《欽定報律》公佈。雖然軍機大臣修改案最後獲准，但這一草案也是在資政院修正案的基礎上完成的，立憲派的力量並不容小視。

在整個報律的制定過程中，從《大清印刷物件專律》到《大清報律》，再到《欽定報律》，從辦報人的資格、審批手續到報刊的內容規定，都呈現出報律逐步規範和辦報人權利逐步擴大的特點。從辦報人資格來看，《大清印刷物件專律》並無限定，到了《大清報律》則做了較為嚴格的規定，而在《欽定報律》中，將三個要件的限制改為沒有被「褫奪公權或現在停止公權者」，更為合理。在審批手續上，《大清印刷物件專律》採取審批制，規定向營業所在地的巡警衙門申請，並交註冊費，如未按規定申請註冊者則要處以罰金或五個月以內的監禁。《大清報律》則放寬了限制，取消了審批制，採取了註冊登記加保證金的制度，並減輕處罰力度。《欽定報律》沿用了《大清報律》的註冊登記加保證金的制度，只是對保證金的數額略做調整。在修訂《大清報律》的過程中，資政院中的議員雷奮等人就認為宣講白話、開通民

118 《資政院修正報律案》，《時報》，庚戌 10 月 10 日專件。

智的報刊應免繳保證金，這些意見被採納，在《欽定報律》中，就規定如果是專載學術、藝事、章程、圖表及物價報告之類的報刊，可免繳保證金；經官方鑒定，如果是以宣講白話、開通民智為目的的報刊，亦可免繳保證金。按照《欽定憲法》的「大權統於朝廷，庶政歸諸輿論」的原則，無論是《大清報律》，還是《欽定報律》，其專制性是難免的，但報律所限定，主要是對君主名譽的維護，主要禁止詆毀宮廷，內政秘密也只限於軍事。報律對報刊監督政府的功能有所承認，憲政編查館負責考核報律，在奏摺中認為「報紙之啟迪新機，策勵社會，儼握社會文明進行之樞紐也。」[119]應該說這是朝野開明人士的共同看法，遇有重要活動，諸如司法審判、諮議局和資政院的年會都要邀請記者列席並報導。一些地方政府更是主動要求報界監督行政，廣東巡警總局特邀媒體監督警務活動，巡警總局認為「報務與警務有密切之關係，同為維持地方治安起見，報界雖在員警範圍，然警局必借報界為耳目，受報界之監督，且有代表輿論之天職，欲求民間信任，員警之能保公共安寧，非借報紙鼓吹不足以圖發達」[120]，主動要求報紙特開警務一欄，通過媒體公開警務活動，並邀請媒體每週二旁聽各巡官長會議。甚至一些地方政府因擔心報刊被政府把持而失去輿論監督效力，嚴厲監督報刊不被政府把持。1909 年江蘇諮議局「查得上海現行之《中外日報》、《輿論時事報》、《申報》，或純系官款，或半系官款，其按月由官津貼之款，更多少不等。」通過議決，諮議

---

119 劉哲民編《近現代出版新聞法規彙編》，學林出版社，1992 年，第 35 頁。
120 《警局第一次與報界研究警政》，《大公報》，1908 年 3 月 3 日。

局嚴禁督撫官冒商名，要求或撤資商辦，或標明官辦民辦，以保障報刊媒介作為「人民之喉舌，官吏之監史」的社會功能。[121]

報律的產生，根本原因在於報刊媒介日漸發達，並對政府和社會產生了廣泛的影響力。報律作為對報刊媒介的規範與管制，意味著近代中國報刊媒介所開闢出的文化生產領域日益成熟。人們的言論產生了日益廣泛的社會影響力，有巨大社會影響力的思想觀念和文化創造主要是憑藉報刊媒介來傳播的。報刊媒介所代表的人們的言論權利通過法律得到了認可，專制集權的清政府也不能簡單憑藉個人意志來打壓輿論勢力。清政府的報律所產生的許可權是有限的，整個中國社會的文化空間出現了因權力差異所導致的不平衡性，因為近代以來在以不平等條約所形成的通商口岸中，清政府的報律並不能奏效。很多報刊媒介受到專制力量打壓之後，轉而可在租界和通商口岸找到發展的空間。另外在報律的制定過程中，始終伴隨著專制與民主的較量，在報律從嚴或從寬的爭論中，正如王學珍所分析的，「主從寬者以民政部、資政院及部分地方官員為代表；主從嚴者以憲政編查館、外務部、軍機大臣為代表。雙方的分歧除表現在所定報律條文內容松嚴不同外，更主要的是制定報律出發點的傾向及其有關負責制定人思想認識程度不同。主從寬者大多為清末開明之士，或為中央立憲派，如善耆、戴鴻慈等，或為地方立憲派，如資政院民選議員等。他們對立憲政體有一定認識，力主提倡

121 《上海報界之一斑》，《東方雜誌》，第 6 卷第 12 期，1910 年 1 月 6 日。

報館，制定報律是為了『維持正義，防制訛言，使輿論既有所發抒，而民聽亦無淆惑。』主從嚴者則多為保守分子，如軍機大臣等。儘管他們也主張創辦報館，但更主要的是嚴伸厲禁，『以正人心而昭公是』，壓制革命派『不得借報紙之風行，逞狂言之鼓吹』」[122]。這是公允之論，在近代報刊媒介的被管制與反管制中，一直貫穿著這種保守與開明的鬥爭，正是兩派力量的交錯，才使得報刊輿論空間並未被堵死。

晚清所定報律，很大程度上是為了減少革命報刊對清政府的威脅。《欽定報律》雖然伴隨著清政府的倒台未能實施，但民初對於報刊媒體的管理，其思路和《欽定報律》並無二致，依然實行註冊登記與押金制，只不過將那些維護皇權象徵的條文變為維護共和政體。民國元年南京臨時政府內務部宣佈廢除前清報律，頒佈《民國暫行報律》，但其立法精神和《欽定報律》並無太大差別，所定3條報律，第1條就是註冊登記的規定，第2條「流言煽惑，關於共和國體有破壞弊害者，除停止其出版者，其發行人、編輯人並坐以應得之最」[123]。結果《民國暫行報律》一出，遭到報界的強烈反對，孫中山飭令內務部取消，強調了民國言論自由的立法原則，「案言論自由，各國憲法所重。善從惡改，古人以為常師。自非專制淫威，從無過事催抑者。該部所布暫行報律，雖出補偏救弊之苦心，實昧先後緩急之要序。使議者疑滿清鉗制輿論之惡政，復見於今，甚無謂也。又民國一切法律，皆當由參議院議決宣佈，乃為有效。該部所布暫行報律，即未經

122 王學珍《清末報律的制定》，《中山大學學報論叢》，1994年第1期。
123 戈公振《中國報學史》，岳麓書社，2011年，第281頁。

參議院議決，自無法律之效力，不得以暫行二字，謂可從權辦理」[124]。其後又有袁世凱於民國三年四月所定的《報紙條例》，同年十二月頒佈的《出版法》，袁世凱倒台後，《報紙條例》旋即被廢止，但《出版法》延續時間較長。與此同時，一些地方軍政府也頒佈出版管制條例，1912 年 4 月四川軍政府頒佈了地方性的《報律》。[125]

對於民初的報刊輿論空間而言，法令管制是一個方面，而影響最為重要的則是黨派之間的惡性競爭，這使得輿論空間失去一定的包容性，甚至一些報刊完全淪為黨派和私人的喉舌。相對晚清時期氣勢磅礴的思想啟蒙而言，民初整個輿論呈現出一種灰暗的色彩。我們通過當事人的觀察可以看到當時的輿論空間因這種黨派之間鬥爭而導致的惡化情形。年輕讀者劉陔致信《甲寅》「通信」欄，分析當時的輿論空間。他認為經過二次革命之後，「報紙之功用，純為私黨之利器。互相攻訐，互相詆諆，而全國報紙，遂無復虛心討議之心矣」。據劉陔觀察，因受二次革命的影響，「凡全國報紙之與彼黨有關係者，一網而盡」。本以為經過這次打壓，黨派性的輿論能徹底轉變，但恰恰相反，在南方報刊中心上海，除個別托庇租界的報刊能偶爾對政局有短評外，作為北方輿論中心的北京，則徹底依附強權，「始則逢迎政府，百計獻媚。政府亦知異己者之已去也，權力之日膨脹也，於是對於報紙之言論，視之無關輕重」。報刊已經不復有監督政府、指導社會的功能。面對逼仄的輿論空間，報刊作為商業運作的媒介，

124 戈公振《中國報學史》，岳麓書社，2011 年，第 281 頁。
125 行嚴《非報律》，《民立報》，1912 年 4 月 25 日。

其盈利的本性也更加速了輿論空間的惡化。「業報紙者，苦於銷路日狹，支持維艱。於是將昔日揣摩政府之心理，移之揣摩社會一般人士之心理。社論既少，聞評遂多。偶檢報紙，非敘京華之風月，即談八埠之聲歌絲竹而外無複文章。北裡之游頓成習慣，而且以騷人自命，以名士自居。舉國若狂，貽人笑柄」[126]，由此而造成了鴛蝴文學的大盛。著名記者黃庸遠的觀察也證實了這一看法：

> 余於前清時為新聞記者，指斥乘輿，指斥權貴，肆其不法律之自由，而乃無害。及於民國，極思尊重法律上之自由矣，顧其自由不及前清遠甚，豈中國固只容無法律之自由，不容有法律之自由乎？[127]

這位獨立於各黨派勢力之上的評論家，據史料披露，後來就死於國民黨的暗殺。

章士釗作為扭轉民初輿論環境的關鍵人物，正是因為對黨派之爭導致的輿論空間的惡化深有體驗，才創辦《獨立週報》和《甲寅》這樣的具有現代獨立精神的報刊媒介。在章士釗看來，相對於權力專制對輿論空間的束縛，基於私人和黨派利益而形成的輿論專制對輿論空間的破壞更大。在當教育總長的時候，他曾這樣反思輿論專制對報刊媒介文化空間的破壞作用，「凡一時代激急之論，一派獨擅以為名高，因

126 劉陔《新聞記者與道德輿論》，《甲寅月刊》，第 1 卷第 2 號。
127 黃遠庸《懺悔錄》，《黃遠生遺著》，台灣華文書局，據民國二十七年鉛印本影印，第 101 頁。

束縛馳驟人，使慴於其勢，不顯與為抗，一遭反詰，甚且囁嚅無敢自承；於是此一派者，氣焰獨張，或隱或現，壟斷天下之輿論而君之。久之，他派盡失其自守之域，軒豁之態，如彈簧然，一惟外力之所施者以為受；不論久暫全闕，天下大勢終統於一尊。然理詘不伸，利害情感鬱結無自舒發；群序既不得平流而進，國家社會之元氣，乖戾過甚，卒亦大傷」[128]。章士釗對此是有感而發的，民初的辦報經歷，讓他深感輿論專制對報刊輿論空間造成的危害。民國初立，章士釗回國即受於右任之托主持當時同盟會的機關報《民立報》，章士釗秉持獨立評論家的本色，並不偏袒同盟會，結果遭到同盟會成員的攻擊，說章士釗是打入革命派的立憲派人物，和梁啟超、康有為過從甚密，甚至攻擊章士釗在英國並未學到真才實學，混了一年半，英文文法不通，拿上字典兩三天也讀不了幾頁外文書。而當時的輿論環境正是被同盟會的氣焰所籠罩，「《民立報》夙為革命黨機關，光復時聲光最烈，南京政府既立，同盟會認執政，南方之新聞，群以立憲派之嫌疑，遇事不敢有所論列，《時報》至數周不刊社論」[129]。在同盟會的攻擊下，章士釗憤而辭去《民立報》的主編，在1912年9月創辦了當時影響很大的《獨立週報》。他創辦《獨立週報》的目的，就是要打破同盟會等政黨的報刊所造成的輿論專制，要以獨立評論家的立場維護輿論空間的自由，他以在英學習時對英國報刊媒介的觀察所得，闡明他創辦《獨立週報》的立場。他說：「英倫有週報曰司佩鐵特（The

128 孤桐《疏解璋義》，《甲寅週刊》，第1卷第11號。
129 章士釗《與楊懷中書》，《獨立週報》，第1期，1912年9月22日。

Spectator），乃記者最愛讀者也。而此報之名，有三百餘年之歷史，相與存之至今。」他就是要學習英國週報的這種獨立精神，「欲自薦為東方司佩鐵特」，「雖記者痛當今輿論囿於黨見，竊不自料，隨同人之後，欲稍稍以不偏不倚之說進之」。即是「或不見容於今日之社會，因招巨怒極罵，人人擠排吾說，使無容頭過身之地亦未可知，天下滔滔，又誰與立」。[130]即使陷入孤立無援的境地他也在所不惜，就是要改變這種輿論專制，讓更多獨立的聲音產生。在日本創辦《甲寅》，章士釗更是堅持自己的這一看法，當時歐事研究會成立之後，章士釗主持了《甲寅》，而胡漢民主持《民國》，胡漢民所主持的《民國》依然秉承民初黨派的偏狹立場。章士釗在《甲寅》上攻擊當初南京臨時政府內務部所指定的《民國暫行報律》，說「當時吾業者之懲創之理直而詞壯，聲威何止十倍。且所謂報律僅止三條，倘又過之，則南京內務次長居正，不難立碎於新聞記者之手，即愚不肖，亦當飽以一拳」。而且在東京回想當初同盟會的暴民式的輿論專制，仍然心有餘悸，「惟回想暴民，不寒而慄」。[131]而結果在日本的中華革命黨中的激烈分子夏重民等人，為此大為光火，認為應當教訓章士釗一頓，並搗毀《甲寅》的林町社址一次。[132]

在章士釗看來，報刊輿論空間的形成，依靠兩個方面的條件。從政府方面而言，不應公佈報刊管理條例之類的法令。

130 秋桐《發端》，《獨立週報》，第1期，1912年9月22日。
131 秋桐《新聞條例》，《甲寅月刊》，第1卷第1號。
132 章士釗《與黃克強相交始末》，見《辛亥革命回憶錄》（第2集），中華書局，1962年，第147頁。

章士釗早在清廷發佈《欽定報律》的時候，就對報律的合法性提出質疑。清廷出台報律，報刊輿論界譁然，紛紛以言論自由反對報律，但所謂言論自由的法理內涵是什麼，多數人並不清楚，章士釗引用英國政論家戴西（A. V. Dicey）的理論，對言論自由做出了法理意義上的闡釋：所謂「言論自由者，乃謂凡人可以自由發表其意見，不受國家之檢閱也。」所謂「出版自由者，謂無論何人可以任意出版，無需國家之特許也。」言論和出版物只有在發表之後，有違法事實，並經過法庭審理才能認定有罪。言論和出版自由是憲法所定的「人非違法，不得受罰」原則的推論。而事先以送審檢閱和保押制控制言論出版自由，則是有罪推論，「檢稿者，乃有違法之問題呈於法庭，法庭從而檢之之謂也。檢而不實，原告當負其責。今報社無控者而受檢閱，檢而不實，原告當負其責。今報社無控者而受檢閱，檢之而不實，則侵削人權之責果誰負之？如無人負此責者，則政府刻刻假定國民之違法，刻刻而檢查之，是直狗馬國民也！是直盜賊國民也！……如此，則人權之危險可不思議。徵收保押費者，亦先假定人之違法，而沒取其財產之一部分備充罰款也。人未違法，而預課違法之罰於其身，其惡果同前」。因此所謂的言論出版自由，並非漫無限制，但限制之權不能由政府代行，而是以事後的法律審判為標準，「由是觀之，則言論自由者，非肆言無忌之謂，乃自由擇言而發，不受法律干涉之謂也，而檢稿收費又即所謂法律干涉也」。因此，報律涉及現代社會更為根本的一個問題就是人權的問題。「夫言論自由者，私權也，非公權也。人人可以自由與人通信，即可以將其信件或類似之物刊佈行世，非兩事也」。言論出版自由就像財產私有制一樣，是維護現代人權不可分割的部分。要真正實現輿論空間的自由並在這一空間中體現出人權的神聖不可侵犯原則，報律根本不應該出現，「送報存查及繳納保押費，乃鋤除言論自由之刀斧也。吾人不欲言論自由則已，欲則不容有此律」[133]。應該說章士釗從主持《民立報》，到後來自己創辦《獨立週報》和《甲寅》，對報律的反對立場始終沒有改變，就連面對劉廷琛、勞乃宣這些清朝遺老，他依然以政府不能輕加干涉為由為其言論自由權利辯護，認為他們「假以自由言論之地」，而不應該因為「隱中一部分人心之說，不深惟其終始，不熟察其變遷，而徒以束縛馳驟之思，發為虔劉蘊崇之論，詆曰叛逆，詈作禽獸，恣怒極罵，不留餘詞」[134]。

第二個方面，從報刊輿論的發佈者而言，應秉持獨立精神，以獨立精神發表自己的看法，不應為黨派勢力和個人恩怨所限。「正當之言論，不但不當刺探政府之意，以為張弛，有時正惟政府雅不願其流行，宜更高其鼓吹之幟。此見理之真，有以迫之使然，非必故與政府為難也」。如果一味逢迎社會和政府，則更是有悖言論的社會價值，「此宵小逢迎或策士揣摩者之所為，豈足以當獨立言論之目」秋桐《政治與社會》，《甲寅月刊》，第 1 卷第 6 號。。因此言論的價值在於有獨立的見解並堅持自己的看法，同時容忍和自己不一致的言論，由此形成自由討論的輿論空間，只有這樣才能真正促進社會文化的變革。

---

133 秋桐《言論自由與報律》，《帝國日報》，1911 年 1 月 11、12 日。
134 秋桐《復辟評議》，《甲寅月刊》，第 1 卷第 5 號。

應該說到了《甲寅》時代，報刊媒介開始突破民初政黨刊物對輿論空間的限制，開始以更為包容和理性的態度理解報刊媒介在現代文化生產和傳播中的重要作用，而這也為新文化和新文學的出場奠定了基礎。

第四節　由黨爭舞台到新文化場域的轉化

從民初的社會歷史來考察，新文化空間的形成和當時政黨政治實踐的失敗密切相關，在上面的論述中，我們分析了二次革命失敗後，國內國民黨被解散、議會政治告終的歷史情況。流亡於海外的同盟會 — 國民黨系的革命派產生了分化，從中分化出歐事研究會一系，從事思想文化的反思與宣傳。在國內，進步黨本想帶袁世凱走開明專制的道路，卻被袁世凱的皇帝夢所擊碎。「唯憲法主義」的政黨政治基本失去了民主重建和改造社會的作用。先進的人們痛定思痛，終於認清了主導中國的是在中國傳統中有深厚歷史積澱的黷武主義。閭小波先生在分析民初公共領域的失效和政黨政治失敗的根由時，就認為「中國傳統政治中反復出現的恃武力之強弱實現改朝換代的歷史現象（日本卻沒有）已積澱成一種『黷武主義』的政治文化，而這正是近代民主制國家所崇尚的『唯憲法主義』之大敵」[135]。

這種憑藉勢力的黷武主義阻礙了民初政治重建的進展，

135 閭小波《放大的公共領域與流產的政黨行銷 — 以「宋教仁案」為考察點》，《天津社會科學》，2002 年第 2 期。

當時著名記者黃遠庸已對此做出了沉痛的反思。在《一年以來政局之真相》這篇文章中，黃遠庸全面分析了黷武主義主導下的勢力之爭對當時的政治、道德、士群的破壞作用，並對這種勢力之爭背後所包含的更大的民族危機感到擔憂。由專制政治轉入民主政治的重建，難免造成黨爭，但是這樣的黨爭是基於什麼樣的立場，是政治重建的關鍵。西方成熟的憲政，是承認國家主權在黨派利益之上的黨爭，各黨派所持立場的差別在於建設國家的政治方針的差別，而不是將國家權力據為哪一派勢力之下的區別，「且政爭云者，國有兩造之旗幟，分明正大，以求戰勝於輿論。甲造勝則代乙，乙造勝則代甲」，而中國當時的黨爭恰恰相反，是基於勢力的爭持，缺乏對國家主權所應有的民主性質的共識，黨派之爭幾乎是敵對之爭，「而在我則純以兩造之勢力，賭一國之基礎以為勝負。一切政治問題法律問題云者，皆特藉以為名目，而利用政黨及議會為傀儡。故欣戚之相去，乃若此其甚也」。黃遠庸將西方的黨爭比作舞台上的劇本之爭，國家好比舞台，建設國家的政治方案好比劇本，各黨派秉持的建設國家的不同立場，好比劇本有歷史劇（舊劇）、社會劇（新劇）之分一樣，而誰能登台演出並展示自己的「角色技藝」，取決於民主選舉，如觀劇的「視客之所嗜好，以為興衰，固無害其並立」。但是當時中國的黨派之爭，不在劇本的優良能否獲得觀眾的支持，而在於是否獨霸舞台。「乃若有兩造之人，在各欲爭取此舞台之主權，而其所謂政策之異同，特利用之題目，而其本意初不在此，則社會觀客，永無得睹政治演劇之日。惟睹此兩造之強有力者，搶攘詬詈於舞台之上，其強有力之羽翼，則各欲其主人之得占此舞台，拼力誓死為之助戰。則棟折榱崩，同歸於盡之禍，容複可免，故人國之所謂政爭，乃劇本之爭，真政爭也，吾國之所謂政爭，乃非爭劇本之得失，而爭舞台之所有權，乃個人勢力之爭，非真政爭也」。造成的後果是黨派之間不是批評對方的方針政策，而是以人格謾罵、意氣之爭為攻擊手段，不是通過選舉與議會展開政治論爭，而是通過軍事實力展開你死我活的戰爭。這種勢力之爭的歷史源頭，就是清季立憲派和革命派的鬥爭，特別是革命派，初不容立憲派，認為民國成立皆革命派的功勞，將黨爭推向極端，結果讓袁世凱的北洋勢力坐收漁翁之利。如果認可民國的建立並非主義與理想戰勝的結果，而是勢力之爭的結果的話，那麼袁世凱憑藉北洋勢力掌控國家就並非因革命派出手相讓，亦非對民國勝利果實的竊取，而是勢力之爭的必然結局。革命派自知勢力之爭不能戰勝袁世凱，一面將政權相讓於袁，一面又懷疑和破壞袁的統治，「且既以大勢上戴一人以為主權之代表者，則於此等遺大投艱之時，當然予以莫大之信任，決不當一方面以民國南北統一第一次之偉人，而戴之為代表。一面又相疑以專制之魔王，拿破崙之苗裔，以仇敵防之。坐令一國之中，自生城府，同一統治之區域，而截然若鴻溝」。革命派只是暫時屈服於袁世凱的勢力之下，並不甘心這樣的結果，他們依然恃持武力之爭，結果民國的國家基礎不但沒有鞏固，反而在明爭暗鬥中日益脆弱。「始以勢力不敵而屈伏，繼以屈伏而暗中角逐，復次以調停敷衍之卒歸於失敗而又欲用武力為解決。最後則卒以大勢不敵，而武斷派衰將，仍不能不出於敷衍調停，究竟此殘破瓦解奄奄一息之國家，自始至終，僅供角逐及敷衍調停之犧牲。此後政治進行之徑路，冥冥日墮於黑暗之中」。如此而來的武力之爭，也將認真按憲政原則進行黨派政治的優秀人才毀棄在明爭暗鬥之中，宋教仁作為同盟會中諳熟西方憲政原則的政治家，就是希望通過組黨建黨的過程，在議會和選舉中實現國家民主政治的重建，1912 年 8 月國民黨成立之後，他就闡釋了這樣的立場：

> 以前，對於敵人，是拿出鐵血的精神同他們奮鬥；現在，對於敵黨，是拿出政治的見解同他們奮鬥；我們此時，雖然沒有掌握軍權和治權，但是我們的黨是站在民眾方面的，中華民國政權屬於人民。我們可以自信，如若遵照總理孫先生所指示的主義和方向切實進行，一定能夠取得人民的信賴。民眾信賴我們，政治的勝利一定屬於我們。[136]

宋教仁顯然是高估了當時的政治文化生態，正在他雄心勃勃地要實現政黨政治的理想的時候，1913 年 3 月 20 日晚，卻在上海火車站的槍聲中倒下了。宋教仁的死意味著民初政黨政治的終結和袁世凱北洋勢力獨大的開始。

在黷武主義主導下的勢力之爭，給民初的政治文化生態造成了極大的破壞。由於不重黨義之爭，唯以勢力爭雄，故結黨普遍成風，而且依託黨勢，各色人等以黨之名活動，造

136 宋教仁《國民黨鄂支部歡迎會演說辭》，陳旭麓主編《宋教仁集》（下冊），中華書局，1981 年，第 456 頁。

成士紳階層道德水準急劇下降，「縱容無數之萬惡不赦之官僚，鄉黨不齒之下賤，皆有可歸之壑，而相率以為無忌憚之小人，此以兩派勢力角逐之故，而成為黨禍者也」。黨禍之爭的背後，就是士紳階層已經不像晚清時期那樣以名節、國家利益為重，而是以私人利益為轉移。「不外所爭在兩派勢力之消長，絕無與國事之張弛而已，究之為兩派之左右袒者，仍不外趨附於兩派勢力之下之高等遊民，於吾國真正之平民思想之基礎，固無所動其毫末」。晚清時期，士紳階層是有相當影響力的群體，如前文對士紳階層分化所做的分析；黃遠庸將民初的士紳階層和晚清時代做了比較，無論是政治意識還是道德水準，可以看出其下滑之厲害，「吾人將求如滿清時代之爭拒俄約爭拒美貨之內外一致之敵愾心，而不可得。求如滿清時代之各省聯合請願國會之一致之政治運動，而不可得」。晚清士人尚以國家利益為重，能成為整體性政治力量，推動中國社會的變革，但到了民初，士紳階層已經被黨派私人利益所腐化。

與士紳階層的墮落伴隨而來的，就是黨派勢力所左右的輿論已經失去了表達社會心聲的可能。因為作為接受輿論影響和反映民眾政治意圖的議會已經失去公信力，已經不復成為國家主權的發源地，隨之而來的就是輿論失去效力，「大抵一國真正輿論之發生，必有相當之智識，以為之根柢，故政治思想之普遍，則政治競爭，乃愈覺其有神聖之意義，今吾國之所謂輿論，惟是各據一方，代表其黑幕之勢力乎？抑真有發揮其所主張之真義公理，以求國民最後之判斷者乎？」作為言論界之驕子的梁啟超，也觀察到輿論已經不復有影響社會的力量了，曾經在官場中周旋的他，「疲於簿書期會，朝命輿出、晚就裝瞑」，面對這樣的現實，他感歎道：「報紙上之政談，決無由入於當局者之耳」，「吾儕搖筆弄舌者，自命為大聲疾呼，而其實乃不過私憂竊歎，其必無反響可斷言也。」[137]

而在當時，這種黷武主義導致的勢力之爭，還引來國外勢力的介入，兩派勢力憑藉自身力量爭之不勝，轉而借助外國勢力給自己撐腰。黃遠庸以新聞記者的敏銳，已經發現了一些端倪，「今不幸吾國自革命以後，而此等媚外自保心理，蓋日見其發達，吾人敢斷定不久將有美國派日本派英國派德國派俄國派之發生，蓋勢力之盛衰，關於切迫之盛衰，關於切迫之利害，以切迫之利害，而發揮其激烈之感情與意氣，則日暮途遠倒行逆施，將無事不可為，最近頗有此等事例，吾人蓋不復忍言，此因兩派勢力之角逐，而喪失國人之愛國心者也」[138]。

可以說民初憲政實踐的失敗，給時人帶來一種自甲午之敗之後更為深廣的危機意識，苦苦奮鬥來的民主憲政不但沒有開花結果，反而將國家陷入更為嚴重的民族危機和道德危機之中，那麼如何挽救民主憲政的失敗？當時人們普遍從政黨政治的思路中跳出來，開始在更為深遠的層面上反思民初國家重建的失敗。在《正誼》雜誌上，曾有一位署名惟一的

137 梁啟超《政治之基礎與言論家之指針》，梁啟超《飲冰室合集·文集之三十三》，中華書局，1989 年，第 51-52 頁。

138 黃遠庸《一年以來政局之真相》，《黃遠生遺著》，台灣華文書局，1969 年，第 67-74 頁。

作者，認為要從國內自身反思民初失敗的困局，「亡國之果在外患，而亡國之因則在內治。……乃反觀我之內治，非立憲已趨於極端，毫無商量之餘地；而聚斂民財，誅除異己，海內為之騷然；求如改革以前之苟安旦夕而亦不可得。猶制禮作樂，加官晉爵，粉飾太平之舉，日不暇給。稍有知識者無不惴惴禍亂之靡已，是內治已斷然無望。然而國家安危系乎政治，政治之根本系乎社會。苟社會尚葆有立國之精神，則國可亡猶未至即亡也。乃編觀吾國一般之社會，不惟無列強興國蓬蓬勃勃之氣象，即中國歷史上開國時代披霜露、斬荊棘之流風遺韻亦渺不可得。惟見人心日益壞，風俗日益漓，人類生存必需之智與力，亦日益枯亡而不可救藥」[139]。他認為真正的民主憲政之下的政黨政治依靠社會改造的完成，人們要開始從狹隘的政黨利益之下跳出來，在更為開闊的社會層面反思問題。梁啟超在 1915 年亦有同樣的看法，認為中國人缺乏組織政黨進行政黨政治的能力，就是他自己從事政治活動二十餘年，也不具備這種能力，「吾國現在之政治社會，決無容政治團體活動之餘地」，真正的憲政式的政黨活動之發生，必須從改造社會入手，「吾深覺政治之基礎恒在社會，欲應用健全之政論，則於論政以前更當有事焉。而不然者，則其政論徒供刺激感情之用，或為剽竊干祿之資」[140]。

民初政黨政治的失敗，更進一步從思維模式的深層瓦解

139 惟一《最近社會之悲觀》，《正誼》，第 1 卷第 7 期，1915 年 2 月 15 日。

140 梁啟超《吾今後所以報國者》，李興華、吳嘉勳編《梁啟超選集》，上海人民出版社，1984 年，第 644 頁。

了國權主義。國權主義、政黨政治的思維模式以國家政治制度的重建作為解決所有問題的前提，而這一政治實踐的失敗，必將打破這一思維模式，人們開始思考如何從社會重建的基礎上來解決問題。以前是以國家、政黨的建設而督促社會的重建，現在則反其道而行，從社會的重建入手，為國家和政黨的重建做準備。可以說以前是由政治到文化，現在則反過來從文化到政治。這也就是陳獨秀在《甲寅》中所發表的文章《愛國心與自覺心》所闡釋的理念。一個現代國家的成立，不是先從上層的政治制度設計開始，而是從國民到社會的現代政治理念的重建開始。在這個時候，文化成為整個社會重建的關鍵字。民初政黨政治失敗之後，國家的概念和民族的概念開始分離，民族是偏重文化的族群意義，而國家偏重政治法律的制度意義。這兩個概念的分離和批判國權主義與反思政黨政治失敗有關，而分離之後，文化概念成為思考現實的一個重要範疇，「『民族』概念中的內容相對而言可以獨立於國家『公共意志』的控制之外，以發展出自己的空間。儘管在此之後，任何文化社會活動實質上仍與國家興亡的普遍話題相聯繫，但知識份子同樣可以把『文化』作為一種實體來單獨進行討論和辨析，而不必使之在邏輯論證過程中從屬於政治性的公共意圖」[141]。

由政黨政治的失敗發現了社會文化問題的重要，意味著在當時的思想界重新開闢出一個新的文化空間。這一個文化空間中所思考的核心問題，已經突破了晚清以降的民族國家

---

141 楊念群《「五四」九十周年祭 — 一個「問題史」的回溯與反思》，世界圖書出版公司，2009 年，第 44 頁。

觀念的束縛，即不再僅僅局限於國家政治體制的設計，社會文化具備了某種獨立性。其實社會文化問題在晚清時期已經被意識到，但也僅僅是民族國家重建整體設計中的一個子課題，梁啟超在20世紀初遊歷美國後，其所宣導的以社會改造為目的的社會主義，依然是在國家主義的框架之中，梁啟超稱之為「國家社會主義」，「蓋國家社會主義以極專制之組織行極平等之精神。」[142]但是到了民初，隨著當時無政府主義思想越來越流行，社會文化越來越具有了獨立性，人們所關注的文化空間，不再完全是國家框架之下的社會文化，而是社會文化本身的獨立性。「無政府主義者的一個最大特點是，他們不但不以現代民族 — 國家的需要界定自己的社會改革主張，反而把廢棄現代國家的制度框架作為實施社會革命的前提。」[143]但是在無政府主義的激進性思潮真正具有廣泛影響力之前，針對政黨政治失敗所闡釋的改造社會文化的政治主張則主要是陳獨秀所提出的國民政治概念。陳獨秀在新舊對立和中西對立的框架中闡釋他所謂的國民政治：「罔不舍舊謀新，由專制政治趨於自由政治，由個人政治趨於國民政治，由官僚政治趨於自治政治。此所謂立憲制之潮流，此所謂世界系之軌道也。吾國既不克關閉自守，即萬無越此軌道逆此潮流之理。……吾國欲圖世界的生存，必棄數千年之官僚的、專制的個人政治，而易以自由的、自治的國民政

142 梁啟超《新大陸遊記節錄》，梁啟超《飲冰室合集·專集之二十二》，中華書局，1989年，第42頁。
143 楊念群《「五四」九十周年祭 — 一個「問題史」的回溯與反思》，世界圖書出版公司，2009年，第71頁。

治」[144]。

在立憲和革命兩派勢力中不屑與官僚勢力為伍的群體，開始對自己偏狹的政治視野做出反思。最具代表性的人物當屬梁啟超，他從維新變法到民初政黨政治，都是政局中的核心人物。梁對自己的從政經歷做了沉痛反思，「吾嘗兩度加入公開之政治團體，遂不能自有所大造於其團體，更不能使其團體有所大造於國家，吾之敗績失據又明甚也。」[145]「吾二十年來之生涯，皆政治生涯也。吾自距今一年前，雖未嘗一日立乎人之本朝，然與國中政治關係，殆未嘗一日斷。吾喜搖筆弄舌，有所論議，國人不知其不肖，往往有樂傾聽之者。吾問學既譾薄，不能發為有統系的理想，為國民學術辟一蹊徑；吾更事又淺，且去國久，百與實際之社會閡隔，更不能參稽引申，以供凡百社會事業之資料。惟好攘臂扼腕以談政治，政治談以外，雖非無言論，然匣劍帷燈。意固有所屬，凡歸於政治而已。」梁啟超《吾今後所以報國者》，李興華、吳嘉勳編《梁啟超選集》，上海人民出版社，1984 年，第 643 頁。梁啟超如此孜孜不倦地從事政治活動，是要實現自己的政治抱負，「自立於政治之當局」中，「亦頗嘗有所規畫，思效鉛刀之一割，然大半與現在之情實相閡，稍入其中，而知吾之所主張，在今日萬難貫徹。」[146]現實政治的殘酷，終於讓他的思路有所轉變，「自今以往，除學問上或與

144 陳獨秀《吾人最後之覺悟》，《青年雜誌》，第 1 卷第 6 號。

145 梁啟超《吾今後所以報國者》，李興華、吳嘉勳編《梁啟超選集》，上海人民出版社，1984 年，第 643-644 頁。

146 梁啟超《吾今後所以報國者》，李興華、吳嘉勳編《梁啟超選集》，上海人民出版社，1984 年，第 644 頁。

二三朋輩結合討論外，一切政治團體之關係，皆當中止。乃至生平最敬仰之師長，最親習之友生，亦惟以道義相切劘，學藝相商榷。至其政治上之言論行動，吾決不願有所與聞，更不能負絲毫之連帶責任。」[147]而轉變的結果，就是轉向了社會文化的重建與改造，梁啟超認識到「政治之基礎在於社會」，「試思吾儕十年以來，苟非專以政治熱鼓動國人，而導之使專從社會上謀立基礎，則中國現象，其或有以異於今日亦未可知」，「惟當乘今日政象小康之際，合全國聰智勇毅之士，共戮力於社會事業，或遂能樹若干之基礎。」[148]

立志創辦雜誌以改造社會的陳獨秀，更是明確地表達了對當時已經陷入泥潭的政黨政治的否定和批判，「政黨之歲月尚淺，範圍過狹，目為國民中特殊一階級，而政黨自身，亦以為一種之營業。利權分配，或可相容；專利自恣，相攻無已。故曰，政黨政治，不適用於今日之中國也」[149]。而當讀者問他由上海去北京大學擔任文科學長是否為了介入政壇：「將在野以鞭策社會乎？將在朝以厲行改革？」他對此做了嚴厲的回答，「以僕狂率，欲在野略盡文人報國之義務，尚恐無效，不知足下因何因緣而以在朝為問也。」[150]而且陳獨秀敏銳地意識到當時的政治文化生態已經發生了改變，「自負為一九一六年之男女青年，其各自勉為強有力之國民，使

147 梁啟超《吾今後所以報國者》，李興華、吳嘉勳編《梁啟超選集》，上海人民出版社，1984 年，第 645 頁。

148 梁啟超《政治之基礎與言論家之指針》，梁啟超《飲冰室合集文集·之三十三》，中華書局，1989 年，第 5-52 頁。

149 陳獨秀《一九一六年》，《青年雜誌》，第 1 卷第 5 號。

150 陳獨秀《通信》，《新青年》，第 3 卷第 1 號。

吾國黨派運動進而為國民運動。自一九一六年始，世界政象，少數優秀政黨政治，進而為多數優秀國民政治，亦將自一九一六年始。此予敢為吾青年諸君預言者也」[151]。應該說陳獨秀的判斷符合當時的社會心理，在《新青年》的「通信」欄中，很多讀者已經表示了這樣的需求，「今後大志，當灌輸常識，闡明學理，以厚惠學子，不必批評時政，以遭不測，而使讀者有糧絕受饑之歎。」[152]而且青年學子中已經有了和政黨政治決裂的明確意思，認為「蓋現政府不可諫不足責久矣，乃必欲呶呶不已，不惟無益，惟賈貨耳。若專培養後進之知識，俾其積理漸厚，較為有裨實際，亦符大志斯作之本心。」[153]

正如前面所論述的，蔡元培對北大的改革試圖將北大改造為一個獨立的學術場域以進行新文化的生產，可以說到了袁世凱敗亡前後，新文化的空間領域正在逐步形成。政客和暴力革命為社會所厭棄，在新文化空間領域，一些精英分子更希望以自己的道德示範與社會改造來引導社會。這些人包括諸如蔡元培等由傳統士人階層轉化來的新式知識份子，他們深懷道德信念，良好的儒學教化觀讓他們有很強的精英認同意識，他們依然相信道德教化與文化改造的社會效應。這一信念並非僅存在於因介入政黨政治而失意的梁啟超、陳獨秀、蔡元培等由傳統士人轉變而來的新知識群體中，像胡適等留學歐美的新知識份子，也有了這樣的看法，胡適曾這樣

151 陳獨秀《一九一六年》，《青年雜誌》，第1卷第5號。
152 某讀者《通信》，《新青年》，第2卷第1號。
153 某讀者《通信》，《新青年》，第2卷第1號。

回憶他當時的思想認識：「那時我有一個主張，認為我們要替將來中國奠定非政治的文化基礎，自己應該有一種禁約：不談政治，不參加政治，不與現實政治發生關係，專從文學和思想兩方面著手，做一個純粹的思想文化運動。」[154]

正是在各派力量的思想轉換中，北大進行了改革，《新青年》也進入了北大校園，這使得校與刊恰當結合，為學界所樂道。媒體和學術場域的聯手，為新文化的生產提供了必要的空間場域。正如陳平原所分析的，「同是從事報刊事業，清末主要以學會、社團、政黨等為中心，基本將其作為宣傳工具來利用；民初情況有所改變，出版機構的民間化、新式學堂的蓬勃發展，再加上像《新青年》這樣運作成功的報刊，除了社會影響巨大，本身還可以贏利。因此，眾多潔身自好、獨立於政治集團之外的自由知識者，借報刊為媒介，集合同道，共同發言，形成某種『以雜誌為中心』的知識群體。同人雜誌已經超越一般意義上的大眾媒體，而兼及社會團體的動員與組織功能。」[155]學術成為一種超越政治的力量，學校、媒體、新式知識份子聯合起來漸成勢力，在軍閥勢力之外，形成了變革中國的學術勢力。

文學革命正是發生在政黨政治失敗之後，思想界將思考的重點放在社會改造和思想啟蒙上。而文學革命發生的歷史條件，就是在媒體與大學學術場域合作基礎之上的新文化空間的形成。但是新文化空間的形成能否主導新文化的產生，還有待於各種變革力量的聯合。學界普遍認識到章士釗創辦

154 胡適《胡適口述自傳》，廣西師範大學出版社，2005 年，第 104 頁。
155 陳平原《觸摸歷史與進入五四》，北京大學出版社，2010 年，第 101 頁。

的《甲寅》之於《新青年》的重要影響。這兩份雜誌無論在編輯風格上，還是在撰稿人員的承接上，都有很密切的關係。[156]除去這些外在性的影響，超越於勢力之爭、轉變為學術性的思想文化之爭所造就的影響，在各種合力之下形成了文學革命發生所必需的文化空間場域。

《甲寅》作為歐事研究會的言論機關，本身有著對革命黨人偏狹的政治立場和狹隘的集團利益的反思。在主編章士釗看來，要改變當時已經嚴重惡化的輿論環境，只有重新宣導一種新文風，才能清除掉那些不符合現代政治的思想觀念。如何將陷入困境中的革命黨人重新鼓動起來，並使其重新獲得社會信任，在章士釗看來，只有具有超越性的學理，才能真正獲得社會對革命黨人的認可。在章士釗看來，學理具有客觀性、超越性，只有達成學理性的共識，社會才能從分裂中走向聯合。在《甲寅》創刊號的「本志宣言」中，章

156 關於《新青年》和《甲寅》的撰稿人之間的承續，陳萬雄的《五四新文化的源流》，詳細考察了《新青年》撰稿人的組成、來源以及相互之間的組合關係，特別是分析了《新青年》撰稿人作為辛亥革命黨人分化之結果的譜系關係。王汎森則從個案的角度，以吳虞為考察物件，分析新文化興起過程中與社會之間錯綜複雜的關係，見王汎森《思潮與社會條件 —— 新文化運動中的兩個例子》（《中國近代思想與學術譜系》，河北教育出版社 2001 年版）。近年興起的研究《新青年》的一個重要方向就是從報刊媒介的角度，研究新文化如何在媒介的聯繫中與當時的社會形成互動，諸如楊琥的《〈新青年〉與〈甲寅〉月刊之歷史淵源》（《北京大學學報》，2002 年第 6 期）；陳平原《思想史視野中的文學 ——〈新青年〉研究》（陳平原、山口守編《大眾傳媒與現代文學》，新世界出版社 2003 年版）；王奇生《新文化是如何「運動」起來的 —— 以〈新青年〉為視點》（《近代史研究》，2007 年第 1 期）；章清《民初「思想界」解析 —— 報刊媒介與讀書人的生活形態》（《近代史研究》，2007 年第 3 期。）

士釗這樣表達這份雜誌的立場：「本志以條陳時弊，樸實說理為主旨。欲下論斷，先事考求，與曰主張，寧言商榷，既乏架空之論，尤無偏黨之懷，惟以己之心，證天下人之心，確見心同理同，即本以立說，故本志一面為社會寫實，一面為社會陳請。」他反復強調其言說的學理性，希望這種學理性獲得「心同理同」的客觀性和超越性。這已經開始成為當時的共識，就在第一期《甲寅》的「通信」欄中，就有讀者來信，幾乎不約而同地和章士釗的辦刊主張相呼應。讀者周悟民認為在政治與學術之間，學術對一個國家的政治重建具有優先性。「竊見政治學術二者，於群治之演進，實有相須為用不可相離之理，就跡象分之，學術為體，政治為用，學術為間接孕育人國之治象。政治為直接運行人國之治象」。側重學理性的學術，不為一黨一派所囿。只有在學術性的探討中為政治的實施提供學理性的指導，陷於困境的政治才能有所好轉，因此必須結合媒體，將這種學術性的探討廣布社會，報刊只有以學理性的探討為追求，才是真正的指導國民的輿論機關。「雜誌天職，究以造作輿論，指導國政為前提，則所標學術範圍，要以直接關係於政治者為最適當，蓋政治之實施為政事，政治胚胎於古今歷史，醞釀於哲理法律者，則為學術」[157]。讀者漆運鈞更是明確主張學術對政治的優先性：「以學說引政治而歸於正道者，其國昌，以政治迫學說而入於歧途者，其國亡，二者勢力之消長，國家之隆替隨之」。而且漆運鈞已經意識到這一觀念對青年學子的重要意義，他

157 周悟民《政與學》，《甲寅月刊》，第1卷第1號。

鼓勵青年學子不要為一時的政治局勢所困，而應該在對學術價值的長遠追求上確立自己的人生方向，「獨是學說之立，要能以引政治歸正道者為善，決不可存躁進之志，匍匐於政治勢力之下，曲其學以求榮，此國中青年治學之士所宜抱松柏後凋之節。而不可因勢力以遊移者也」，「青年學子之於今日，其主持學說，須預存一退讓之心，推讓云者，不求吾說可用於今日，而求吾說可傳於後世，此孟子守先待後之說也。……使海內青年學子，不明乎學說引政治，與政治迫學說之辨，皆奉為師表，而莫察其非，是則人心世道之所系，不可不正之以端正我士林之趨向也」。[158]因此《甲寅》的意義首先在於將民初的鼓動性的政論雜誌轉變為學術性的政論雜誌。《青年雜誌》就是秉承了《甲寅》的這一精神。

在強調學術性、學理性的同時，《甲寅》還意識到必須以這種學術精神重造新群體，傳統士紳階層在惡劣的黨爭中已經耗盡了變革歷史的能量，必須重新整合新群體來推動社會的變革。李大釗在《風俗》一文中就表達了這樣的思想，認為傳統的士紳階層已經徹底潰敗，「今日之群象，人欲橫於洪流，衣冠淪於禽獸，斯真所謂仁義充塞人將相食之時也」。舊群體的潰敗並不足為惜，只要凝聚群體的精神還沒有消亡，重建新群體就依然大有希望，「夫群之存亡，非人體之聚散也，蓋群云者，不僅人體之集合，乃具同一思想者之總稱，此種團體，實積有暗示力與暗示於他人者之層級而結合者。結合之容愈擴，暗示之力愈強，群之分子既先天後

158 漆運鈞《政治勢力與學說勢力消長論》，《甲寅月刊》，第 1 卷第 10 號。

天受此力之範制，因以成共是之意志，鬱之而為風俗，章之而為制度，相維相系，以建其群之基礎。群其形也，風俗其神也。群其質也，風俗其力也」。以新精神凝聚人心，最為關鍵的是要將人們從政治的勢力之爭中解脫出來，李大釗雖然仍堅持傳統士人正人心、淳風俗的道統精神，但是在其精神內裡，已經意識到精神的獨立性所具有的現代價值，因此他嚴厲批判那些表裡不一的「聖人之徒」和軍人勢力，「而以觀於野，或則以聖人自居，有奉之自居，有奉之者，利祿之徒也，或則以英雄自命，有從之者，暴厲之子也。一將以術取，一將以力奪，陰希政柄，殊途同歸。及其究也，聖人得志，欺世盜名，英雄吐氣，殃民亂國，均非吾儕所敢望也，餘若一般士夫，則有雞鳴而起，暮夜扣門，孳孳焉以求官為業」，而真心呼喚那些真正能引領世風的君子：

一群之中，必有其中樞人物以泰斗其群，是曰群樞，風之以義者，眾與之赴義，風之以利者，眾與之赴利，顧群樞之所在，亦因世運之隆汙而殊，世運隆也，其人恒顯於政，而勢與義合，故其致俗於善也較易。世運汙也，其人恒隱於學，而勢與利合，義與勢分，故其致俗於善也較難，前者易奏登高而呼之功，後者愈重障而東之之責，世無論其否泰，要於其群有自宅之位，功不問難易，要於其群負克盡之任，在朝可也，在野可亦可，因政可也，因學可也亦可，惟群樞既離於政，則高明之地位必為勢力所僭居，奪天下之觀聽，賊風俗之大本，斯時苟非別建群樞以隱相與抗，則權勢之所叢，利祿之所誘，群之人靡然趨之，亡群之禍將無可僥免。

> 正是因為傳統士人精神依然未泯，李大釗才滿懷信心地認為無論政局多麼腐敗，國事如何糜爛，國家依然有希望，「群樞傾於朝，未必不能興於野，風俗壞於政，未必不可正於學，立於朝顯於政者，吾無敢責矣，草茅之士，宜有投袂而起，慨然以澄清世運，綱紀人心為己任者」。如此他在沉痛反思之後有了此番認識，「時至今日，術不能制，力亦弗勝，謀遏洪濤，昌學而已，聖人既不足依，英雄亦莫可恃，昌學之則，匹夫而已」[159]

章士釗主持《甲寅》，雖然將鼓動性的政論雜誌初步轉變為學術性的政論雜誌，並意識到以新精神凝聚新群體的重要意義，但是作為從革命陣營中游離出來的革命黨人，他依然囿於政治的視野中，政治依然是他念茲在茲的核心。著名記者黃遠庸建議章士釗借鑒歐洲文藝復興時期以文藝來改造社會的歷史經驗，重視文學的作用，希望《甲寅》也能在中國掀起一場文藝復興運動，但這一建議並未被章士釗採納。黃遠庸建議：「愚見以為居今論政，實不知從何處說起，洪範九疇，亦只能明夷待訪，果爾，則其選事立詞，當與尋常批評家專就見象為言者有別。至根本救濟，遠意當從提倡新文學入手，綜之當使吾輩思潮，如何能與現代思潮相接觸，而促其猛省，而其要義，須與一般之人生出交涉法，須以淺近文藝，普遍四周，史家以文藝復興為中世改革之根本，足

159 李守常《風俗》，《甲寅月刊》，第 1 卷第 3 號。

下當能語其消息盈虛之理也」[160]。而章士釗仍然認為政治改造是重中之重，不肯輕易改換辦刊方針，他在回答黃遠庸時就闡釋了這樣的觀點：「提倡新文學，自是根本救濟之法，必然其國政治差良，其度不在水平線下，而後有社會之事可言，文藝其一端也。歐洲文事之興，無不與政事並進，古初大地雲擾，梟雄竊發，躪蹂黌舍，僇辱儒冠，幸其時政與教離，教能獨立，而文人藝士，往依教宗，大院宏祠，變為學圃，歐洲古文學之不亡，蓋食宗教之賜多也，而我胡望者，以知非明政事，使與民間事業相容，即莎士比、嚣俄複生，亦將莫奏其技矣」[161]。

隨著袁世凱的敗亡，《甲寅》群體很快從思想宣傳和學理探討轉到了實際的政治鬥爭中去，章士釗參加了護國軍的實際軍事行動，《甲寅》也隨之停刊。而《甲寅》未完成的使命則為陳獨秀所創辦的《新青年》所繼承，《新青年》發起的批孔和文學革命，則預示著新的變革和新的群體開始浮出歷史地表。

文學革命正是《新青年》對《甲寅》未完成的思想議題的超越。比較《新青年》和《甲寅》，兩份雜誌在文風和辦刊方針上有很大的相似性，但《新青年》和《甲寅》最大的不同在於，《新青年》並不僅僅將自己局限在政治視野中，而是開始追求思想文化的獨立性。而「文學革命」正是這種特點的體現。陳獨秀和章士釗不同，他更傾向於黃遠庸的觀點，認為文學對當時的中國社會意義重大。「歐洲文化，受

---

160 黃遠庸《釋言 — 致甲寅雜誌記者》，《甲寅月刊》，第 1 卷第 10 號。
161 章士釗《答黃遠庸》，《甲寅月刊》，第 1 卷第 10 號。

賜於政治科學者固多，受賜於文學者亦不少。予愛盧梭、巴士特之法蘭西，予尤愛虞哥、左喇之法蘭西；予愛康得、赫克爾之德意志，予尤愛桂特、赫蔔特曼之德意志；予愛培根、達爾文之英吉利，予尤愛狄鏗士、王爾德之英吉利」[162]。顯然陳獨秀的看法是對章士釗偏重政治的反駁，之所以有如此之自覺，是因為陳獨秀格外重視文學對變革中國文化的意義，故而在他得知胡適有關中國文學改良的想法時，督促胡適儘快寫出完整的文章。

陳獨秀雖然認識到文學之於中國的重要意義，但他自己仍難以發起一場文學變革運動，一是苦於沒有人應和，二是從思想個性上來講，他自己和章士釗一樣，是熱心政治的政論家。從《青年雜誌》創辦之初，就一直設有文藝欄，但依然是文言寫作，有用文言翻譯的屠格涅夫的小說和王爾德的話劇，蘇曼殊的文言言情小說《破簪記》，謝無量、方澍等人的古體詩，再就是陳獨秀的《現代歐洲文藝史談》[163]。陳獨秀參照歐洲近代文學史的框架，試圖對中國文學進行簡單的劃分和批評，認為「吾國文藝猶在古典主義、理想主義時代，今後當趨向寫實主義」[164]。

而在美國的胡適則針對陳獨秀自相矛盾的主張提出批評，指出陳獨秀一面宣導寫實主義，一面又刊發謝無量的古典主義詩歌並稱之為「稀世之音」，胡適初步提出文學改良

162 陳獨秀《文學革命論》，《新青年》，第 2 卷第 6 號。
163 《青年雜誌》，第 1 卷第 3、4 號。
164 陳獨秀《答張永言》，《青年雜誌》，第 1 卷第 4 號。

主義策略。[165]陳獨秀雖然能參照歐洲近代文學史對中國文學提出籠統批評，但是要從文學形式的變革上提出系統的主張，顯然不是他所能勝任的。但正是陳獨秀敏銳意識到胡適主張的重要價值，才幾次催促胡適早日成文，寫出完整的變革中國文學的主張。催促胡適，「倘能詳其理由，指陳得失，衍為一文，以告當世，其業尤盛」[166]。沒幾天，陳獨秀又去信胡適，說出自己想變革文學但苦無良策的困境，「文藝革命，為吾國目前切要之事」，「此非戲言，更非空言」，「《青年》文藝欄意在改革文藝，而實無辦法」，「此事務求足下賜以所作寫實文學，切實作一改良文學論文，寄登《青年》，均所至盼」[167]。可以說陳獨秀不但催生出了胡適的名文《文學改良芻議》，而且以自己政論家的本色，將胡適的改良推成革命。而其後錢玄同的加入，在批判「選學妖魔」與「桐城謬種」中，將胡陳二人宣導的文學變革納入到中國文學史的脈絡中，使得文學革命更具有針對性。至此，在現代文化空間中孕育出的文學革命正式登場。

---

165 《新青年》，第 2 卷第 2 號。

166 陳獨秀《答胡適之》，《新青年》，第 2 卷第 2 號。

167 陳獨秀《致胡適》（1916 年 10 月 5 日），《陳獨秀文章選編》，生活・讀書・新知三聯書店，1984 年，第 143 頁。

參考文獻

一、論 著

鮑明鈐：《中國民治論》，北京：商務印書館，2010 年。

陳寶泉：《中國近代學制變遷史》，北京：北京文化學社，1927 年。

陳方競：《多重對話：中國新文學的發生》，北京：人民文學出版社，2003 年。

陳國祥：《新青年與現代中國》，香港：四季出版公司，1979 年。

陳平原、夏曉虹主編：《觸摸歷史：五四人物與現代中國》，北京：北京大學出版社，2009 年。

陳青之：《中國教育史》（上、下），長沙：嶽麓書社，2010 年。

陳萬雄：《五四新文化的源流》，北京：生活·讀書·新知三聯書店，1997 年。

陳旭麓：《近代中國社會的新陳代謝》，北京：中國人民大學出版社，2012 年。

陳映芳：《「青年」與中國的社會變遷》，北京：社會科學文獻出版社，2007 年。
陳志讓：《軍紳政權 — 近代中國的軍閥時期》，桂林：廣西師範大學出版社，2008 年。
陳子善編：《中國現代文學編年史 — 以文學廣告為中心（1937～1949）》，北京：北京大學出版社，2013 年。
程光煒主編：《文人集團與中國現當代文學》，北京：人民文學出版社，2005 年。
丁文江、趙豐田編：《梁啟超年譜長編》，上海：上海人民出版社，1983 年。
方漢奇：《中國近代報刊史》（上、下），太原：山西教育出版社，2012 年。
戈公振：《中國報學史》，嶽麓書社，2011 年。
耿雲志：《近代中國文化轉型研究導論》，成都：四川人民出版社，2008 年。
耿雲志等：《西方民主在近代中國》，北京：中國青年出版社，2003 年。
谷麗娟、袁香甫：《中華民國國會史》（上、中、下），北京：中華書局，2012 年。
郭華清：《寬容與妥協 — 章士釗調和立國論研究》，天津：天津古籍出版社，2004 年。
賀嘉：《清末制憲》，西安：陝西人民出版社，2011 年。
賀躍夫：《晚清士紳與近代社會變遷 — 兼與日本士族比較》，廣州：廣東人民出版社，1994 年。
侯宜傑：《二十世紀初中國政治改革風潮 — 清末立憲運動史》，北京：中國人民大學出版社，2011 年。

胡春惠、薛化元主編：《中國知識份子與近代社會變遷》，台北：「國立政治大學」歷史學系、香港珠海書院亞洲研究中心，2005 年。

胡春惠：《民初的地方主義與聯省自治》，台北：正中書局，1983 年。

胡繩：《帝國主義與中國政治》，北京：人民出版社，1978 年。

胡繩武主編：《戊戌維新運動史論集》，長沙：湖南人民出版社，1983 年。

黃遠庸：《遠生遺著》，北京：商務印書館，1984 年。

蔣夢麟：《西潮與新潮：蔣夢麟回憶錄》，北京：東方出版社，2006 年。

金觀濤、劉青峰：《觀念史研究》，北京：法律出版社，2009 年。

金觀濤、劉青峰：《開放中的變遷 — 再論中國超穩定結構》，北京：法律出版社，2011 年。

金觀濤：《探索現代社會的起源》，北京：社會科學文獻出版社，2010 年。

來新夏等：《北洋軍閥史》（上、下），上海：東方出版中心，2011 年。

黎錦熙：《國語運動史綱》，上海：商務印書館，1935 年。

李劍農：《中國近百年政治史》，北京：商務印書館，2011 年。

李金銓：《文人論證 — 知識份子與報刊》，桂林：廣西師範大學出版社，2008 年。

李良玉：《動盪時代的知識份子》，杭州：浙江人民出版社，1990 年。
李龍牧：《五四時期思想史論》，上海：復旦大學出版社，1990 年。
李喜所、元青：《梁啟超傳》，北京：人民出版社，1993 年。
梁啟超：《清代學術概論》，長沙：嶽麓書社，2010 年。
劉貴福：《錢玄同思想研究》，北京：北京師範大學出版社，2011 年。
劉納：《嬗變》，北京：中國人民大學出版社，2010 年。
劉永明：《國民黨人與五四運動》，北京：中國社會科學出版社，1990 年。
盧毅：《章門弟子與近代文化》，桂林：廣西師範大學出版社，2009 年。
羅志田：《激變時代的文化與政治》，北京：北京大學出版社，2006 年。
羅志田：《再造文明的嘗試：胡適傳（1891～1929）》，北京：中華書局，2006 年。
呂芳上：《革命之再起 — 中國國民黨改組前對新思潮的回應（1914～1924）》，台北：「中央研究院」近代史研究所，1989 年。
馬克鋒：《文化思潮與近代中國》，北京：光明日報出版社，2004 年。
歐陽哲生：《新文化的傳統：五四人物與思想研究》，廣州：廣東人民出版社，2004 年。
歐陽哲生：《新文化的源流與趨向》，長沙：湖南出版社，

1994 年。
彭明：《五四運動史》，北京：人民出版社，1984 年。
錢端升等：《民國政制史》（上、下），上海：上海人民出版社，2011 年。
錢基博：《現代中國文學史》，長沙：嶽麓書社，2010 年。
錢理群編：《中國現代文學編年史 — 以文學廣告為中心（1915～1927）》，北京：北京大學出版社，2013 年。
錢實甫：《北洋政府時期的政治制度》（上、下），北京：中華書局，1984 年。
桑兵、關曉紅主編：《先因後創與不破不立：近代中國學術流派研究》，北京：生活·讀書·新知三聯書店，2007 年。
桑兵：《庚子勤王與晚清政局》，北京：北京大學出版社，2004 年。
桑兵：《清末新知識界的社團與活動》，北京：生活·讀書·新知三聯書店，1995 年。
桑兵：《晚清學堂學生與社會變遷》，上海：學林出版社，1995 年。
桑兵等：《近代中國的知識與制度轉型》，北京：經濟科學出版社，2013 年。
石泉：《甲午戰爭前後之晚清政局》，北京：生活·讀書·新知三聯書店，1997 年。
舒衡哲：《中國啟蒙運動：知識份子與五四》，北京：新星出版社，2007 年。
湯志鈞：《戊戌變法人物傳稿》（上、下），北京：中華書局，1962 年。

唐寶林、林茂生：《陳獨秀年譜》，上海：上海人民出版社，1988 年。

陶菊隱：《北洋軍閥統治時期史話》（上、中、下），北京：生活·讀書·新知三聯書店，1983 年。

陶希聖：《中國社會之史的分析》，長沙：嶽麓書社，2010 年。

汪榮祖：《晚清變法思想論叢》，北京：新星出版社，2008 年。

汪詒年編：《汪穰卿先生傳記》，北京：中華書局，2007 年。

汪原放：《亞東圖書館與陳獨秀》，上海：學林出版社，2006 年。

王爾敏：《近代文化生態及其變遷》，南昌：百花洲文藝出版社，2002 年。

王健：《中國近代的法律教育》，北京：中國政法大學出版社，2001 年。

王潤澤：《北洋政府時期的新聞業及其現代化（1916～1928）》，北京：中國人民大學出版社，2010 年。

王桐齡：《中國歷代黨爭史》，北京：北京文化學社，1928 年。

王亞南：《中國官僚政治研究》，北京：中國社會科學出版社，1982 年。

王躍：《變遷中的心態：五四時期社會心理變遷》，長沙：湖南教育出版社，2000 年。

魏定熙：《北京大學與中國政治文化》，北京：北京大學出版社，1998 年。

吳福輝編：《中國現代文學編年史 — 以文學廣告為中心（1928～1937）》，北京：北京大學出版社，2013 年。
吳霓、胡燕：《中國古代私學與近代私立學校研究》，濟南：山東教育出版社，1997 年。
夏曉虹、王風：《文學語言與文章體式 — 從晚清到「五四」》，合肥：安徽教育出版社，2006 年。
蕭超然：《北京大學與五四運動》，北京：北京大學出版社，1986 年。
蕭致治：《黃興評傳》，南京：南京大學出版社，2001 年。
謝彬：《民國政黨史》，北京：中華書局，2007 年。
謝國楨：《明清之際黨社運動考》，北京：中華書局，1982 年。
許紀霖、田建業編：《杜亞泉文存》，上海：上海教育出版社，2003 年。
許紀霖編：《二十世紀中國思想史論》（上、下），上海：東方出版中心，2000 年。
許紀霖等：《近代中國知識份子的公共交往（1895～1949）》，上海：上海人民出版社，2008 年。
楊念群：《「五四」九十周年祭 — 一個「問題史」的回溯與反思》，北京：世界圖書出版公司，2009 年。
楊早：《清末民初北京輿論環境與新文化的登場》，北京：北京大學出版社，2008 年。
張海鵬、李細珠：《中國近代通史 — 新政、立憲與辛亥革命》（第 5 卷），南京：江蘇人民出版社，2006 年。
張灝：《危機中的中國知識份子》，上海：新星出版社，2006

年。

張鳴：《北洋裂變：軍閥與五四》，桂林：廣西師範大學出版社，2010 年。

張枬、王忍之編：《辛亥革命前十年間時論選集》，上海：三聯書店，1960 年。

張朋園：《近代中國 — 知識份子與自強運動》，台北：食貨出版社，1972 年。

張朋園：《梁啟超與民國政治》，長春：吉林出版集團有限責任公司，2007 年。

張朋園：《知識份子與近代中國的現代化》，南昌：百花洲文藝出版社，2002 年。

張衛波：《民國初期尊孔思潮研究》，北京：人民出版社，2006 年。

張玉法：《民國初年的政黨》，長沙：嶽麓書社，2004 年。

張玉法：《清季的革命團體》，北京：北京大學出版社，2011 年。

張玉法：《清季的立憲團體》，北京：北京大學出版社，2011 年。

章清：《學術與社會 — 近代中國「社會重心」的轉移與讀書人新的角色》，上海：上海人民出版社，2012 年。

章太炎：《國故論衡》，上海：上海古籍出版社，2003 年。

章永樂：《舊邦新造（1911～1917）》，北京：北京大學出版社，2011 年。

鄭大華、彭平一：《社會結構變遷與近代文化轉型》，成都：四川人民出版社，2008 年。

周策縱：《五四運動史》，長沙：嶽麓書社，1999 年。
周陽山主編：《五四與中國》，台北：時報文化出版企業有限公司，1979 年。
鄒小站：《西學東漸：迎拒與選擇》，成都：四川人民出版社，2008 年。
鄒小站：《章士釗社會政治思想研究》，長沙：湖南教育出版社，2001 年。
〔美〕費正清編：《劍橋中華民國史》（上、下），楊品泉等譯，北京：中國社會科學出版社，1994 年。
〔美〕齊錫生著：《中國的軍閥政治（1916～1928）》，楊雲若、蕭延中譯，北京：中國人民大學出版社，2010 年。
〔美〕張灝：《梁啟超與中國思想的過渡（1890～1907）》，崔志海、葛夫平譯，南京：江蘇人民出版社，1995 年。
〔美〕周錫瑞：《改良與革命 — 辛亥革命在兩湖之間》，楊慎之譯，北京：中華書局，1982 年。
〔日〕實藤惠秀：《中國人留學日本史》，譚汝謙、林啟彥譯，北京：生活·讀書·新知三聯書店，1983 年。
〔英〕阿米·古特曼等：《結社：理論與實踐》，吳玉章、畢小青等譯，北京：生活·讀書·新知三聯書店，2006 年。

二、文集與史料

毛注青等編：《蔡鍔集》，長沙：湖南人民出版社，1983 年。
高平叔編：《蔡元培全集》，北京：中華書局，1984 年。
高平叔：《蔡元培年譜》，北京：中華書局，1980 年。

唐寶林、林茂生編：《陳獨秀年譜》，上海：上海人民出版社，1988 年。
水如編：《陳獨秀書信集》，北京：新華出版社，1987 年。
陳獨秀：《陳獨秀文章選編》，北京：生活·讀書·新知三聯書店，1984 年。
許紀霖編：《杜亞泉文存》，上海：上海教育出版社，2003 年。
朱壽朋編：《光緒朝東華錄》，北京：中華書局，1958 年。
中國社會科學院近代史研究所編：《胡適的日記》，北京：中華書局，1985 年。
中國社會科學院近代史研究所編：《胡適來往書信選》，北京：中華書局，1979 年。
耿雲志主編：《胡適論爭集》，北京：中國社會科學出版社，1998 年。
曹伯言、季維龍：《胡適年譜》，合肥：安徽教育出版社，1986 年。
歐陽哲生編：《胡適文集》（12 卷本），北京：北京大學出版社，1998 年。
湖南社會科學院編：《黃興集》，北京：中華書局，1981 年。
湯志鈞編：《康有為政論集》（上、下），北京：中華書局，1981 年。
集體編寫：《李大釗年譜》，蘭州：甘肅人民出版社，1984 年。
張靜如：《李大釗生平史料編年》，上海：上海人民出版社，1984 年。

李大釗：《李大釗文集》，北京：人民出版社，1984 年。
李興華、吳嘉勳編：《梁啟超選集》，上海：上海人民出版社，1984 年。
魯迅：《魯迅全集》，北京：人民文學出版社，2005 年。
經世文社編：《民國經世文編》，台北：文星書店，1962 年。
故宮博物院明清檔案部編：《清末籌備立憲檔案史料》（上、下），北京：中華書局，1979 年。
黃汝成集釋，欒保群、呂宗力校點：《日知錄集釋》，上海：上海古籍出版社，2006 年。
陳旭麓主編：《宋教仁集》，北京：中華書局，1981 年。
孫中山：《孫中山全集》，北京：中華書局，1986 年。
中國社科院近代史研究所近代史資料編輯組編：《五四愛國運動檔案資料》，北京：中國社會科學出版社，1980 年。
中國社會科學院近代史研究所編：《五四運動回憶錄》（上、下冊），北京：中國社會科學出版社，1979 年。
王栻主編：《嚴復集》，北京：中華書局，1986 年。
林志鈞編：《飲冰室合集》，上海：中華書局，1936 年。
章士釗：《章士釗全集》，上海：文匯出版社，2000 年。
陳學恂主編：《中國近代教育史教學參考資料》，北京：人民教育出版社，1986 年。
舒新城主編：《中國近代教育史資料》，北京：人民教育出版社，1961 年。
魯迅編：《中國新文學大系》（10 卷本），上海：上海文藝出版社，2003 年。
中國第二歷史檔案館編：《中華民國史檔案資料彙編》，南京：江蘇人民出版社，1979 年。
孫曜編：《中華民國史料》，上海：文明書局，1929 年。
鳳岡及門弟子編：《三水梁燕孫先生年譜》。
中國史學會主編：《中國近代史資料叢刊 — 戊戌變法》（一、二、三、四），上海：上海人民出版社，1957 年。
「中央研究院」近代史研究所編：《中華民國初期歷史研討會論文集》（上、下），台北：「中央研究院」近代史研究所，1984 年。

三、論　文

陳方競、穆豔霞：《斷裂與承續：「五四」語體變革多元取向辨析》，《文學評論》，2005 年第 4 期。
陳平原：《現代文學的生產機制及傳播方式 — 以 1890 年代至 1930 年代的報章為中心》，《書城》，2004 年第 2 期。
陳旭麓：《「揖美追歐，舊邦新造」 — 辛亥革命與王朝時代的終結》，《上海社會科學院學術季刊》，1991 年第 1 期。
程光煒：《從書齋到社會 — 略談清末新知識界社會角色的變動》，《江蘇社會科學》，2003 年第 2 期。
程巍：《胡適版的「歐洲各國國語史」：作為旁證的偽證》，《北京第二外國語學院學報》，2009 年第 6 期。
郝鐵川：《中國近代法學留學生與法制近代化》，《法學研究》，1997 年第 6 期。

胡明：《〈新青年〉的創辦與陳獨秀的早期文章》，《求是學刊》，2003 年第 6 期。
李新宇：《高一涵與五四新文化運動的國家理念》，《湘潭大學學報》（哲學社會科學版），2009 年第 3 期。
劉納：《1912—1919：政治情勢與文學選擇》，《三峽學刊》，1997 年第 4 期。
閻小波：《放大的公共領域與流產的政黨行銷 — 以「宋教仁案」為考察點》，《天津社會科學》，2002 年第 2 期。
松本英紀、王曉華：《中華革命黨和歐事研究會 — 第二次革命後孫文和黃興的革命觀》，《民國檔案》，1990 年第 3 期。
宋方青：《科舉革廢與清末法政教育》，《廈門大學學報》，2009 年第 5 期。
宋方青：《中國近代法律教育探析》，《中國法學》，2001 年第 5 期。
唐上意：《南京臨時政府的立法建制》，《近代史研究》，1981 年第 3 期。
王德志：《論憲法概念在近代中國的轉型》，《法學家》，2004 年第 5 期。
王笛：《清末新政與近代學堂的興起》，《近代史研究》，1987 年第 3 期。
王風：《文學革命與國語運動之關係》，《中國現代文學研究叢刊》，2001 年第 3 期。
王學珍：《清末報律的制定》，《中山大學學報論叢》，1994 年第 1 期。

姚琪：《論清末民初法政學堂》，《華東師範大學學報》，2006 年第 3 期。

姚文放：《蔡元培「以美育代宗教」說對於康得的接受與改造》，《社會科學輯刊》，2013 年第 1 期。

張灝：《中國近代思想史的轉型時代》，《二十一世紀》，1999 年 4 月。

張勁：《「歐事研究會」述評 —— 紀念辛亥革命 100 周年》，《同濟大學學報》（社會科學版），2011 年第 6 期。

張鳴：《中國近代軍閥政治性格的分野 —— 軍閥團體維繫意識形態各論》，《走向未來》（第 3 卷第 4 期），四川人民出版社，1988 年。

張亦工：《第一屆國會的建立及階級構成》，《歷史研究》，1984 年第 6 期。

鄒小站：《章士釗〈甲寅〉時期自由主義政治思想評析》，《近代史研究》，2000 年第 1 期。

四、報　刊

《大公報》　《東方雜誌》　《獨立週報》
《湖北學生界》　《甲寅月刊》　《江蘇》
《民立報》　《新青年》　《申報》
《神州日報》　《時報》　《時務報》
《蘇報》　《湘學報》　《新民叢報》
《新世界學報》　《中外日報》

後　記

將民初時期的政治文化和新文學聯繫起來考察，從文學研究的範式來講，顯然是屬於文學研究中的外部研究。但是這種外部研究，我們必須和所謂的文學背景性研究區別開來，因為民初時期的政治文化生態未必會直接反映到文學作品中去，成為文學作品表現的主要內容。新文學作為在民初時期發生的文學類型，與民初政治文化生態之間的關係，不是藝術形式和表現內容之間的關係，而是時代政治變革和文學生產、文學話語的想像模式變革之間的關係。從文學生產主體的角度來講，由晚清以降的士紳階層分化而浮出歷史地表的新式教育群體，顯然在文學生產方面形成了和傳統文學截然不同的主體力量。我們考察從晚清以降到新式群體出現的過程，會發現民初政治生態的演變對文學生產主體形成的作用無處不在。首先在以會黨方式組織群體力量的過程中，士紳階層就已經積累了豐富的歷史經驗。他們將結社視為自身政治權利的體現，從晚清新政到民初的共和重建，士紳階層都能運用權利語言為自己的結社做出正當辯護。由此，近代以來任何一次文化變革，都不是一兩位英雄人物所能左右的，而是呈現出金字塔般的群體性力量的變革，二三位宣導者在前，而他們身後則有無數跟隨者起而回應。其次，新式群體在形成變革力量的集合過程中，雖然是對士紳階層的繼承，但是在成長經歷和知識結構上，卻逐步和傳統教育出身的士紳階層漸行漸遠。對於這一分離過程，學界多有考察。羅志田就從科舉制度的角度，分析了兩代知識群體之間的複雜關係，認為四民社會的解體不單是一個群體的衰落，而是傳統政學一體傳統的中斷。如果我們將兩代知識群體的轉換過程放在近代以來的整體性教育體制變革上來考察，科舉的廢除只是其中的一環，而現代社會也從教育體制到行政管理逐步形成了一整套培育人的體系，顯然這一體制和科舉時代是不可同日而語的，在這一體制之下成長的一代，必然會產生自己的文化要求，並形成新的精神文化聚合團體。循此思路考察，可以說新文學的產生剛好在新式教育一代剛成年的時候出現，並非歷史的偶然。如果說在代際更新上，我們可以通過士紳階層的分化與教育體制的變革尋繹到新文化和新文學的歷史主體的話，那麼近代以來的立憲、革命、國體變更、政體建構、保皇復辟、共和重建等構成的政治文化生態，則更關涉到近代以來複雜的政治空間意識的變革。從皇權專制變為民主共和，其中一個核心的觀念變革在於國家觀念的轉變，由普遍王權模式之下的天下觀變為主權國家的民族國家觀。這一變革深刻影響了個體與國家之間的關係。在《甲寅》《新青年》的作者群批判國權至上的過程中，從憲政的意義建構起了具有現代法權內涵的個人觀，從政治和法律意義上將傳統的臣民變為國民，由此開啟了現代文學想像和表現人的不同話語模式。傳統的文以載道的道德訓誡式文學話語受到質疑。而在摧毀傳統國家觀念的同時，以宗法家族制為核心的政教合一式的禮教社會受到批判，由此造成禮法分離之下的社會結構的重建。由綱常倫理維繫的家國同構的社會組織模式被拋棄，法律契約關係成為現代社會規範人行為的準則。這顯然是深層意義上的一次對人的解放。因此新式群體所面臨的社會結構與社會語境已經和傳統士紳階層完全不同。由此才有魯迅《狂人日記》中「狂人」對自己所處環境的陌生感，受新式教育出身的「狂人」，已經無法和宗法體系下的大哥共用一套社會話語，「狂人」發狂成為必然。「狂人」不但要質疑宗法社會的合理性，而且在認定自我身份及表達自我內心上，傳統的文言系統已經無法承載他們的內心世界。由此在社會結構變化與語言變革中，文學想像人的範式必然發生改變，個體可以在多維視野下獲得觀照，傳統文學范式必然被衝破，在對西方文學的模仿學習下，文學形態也日益多元化。故而到了《新青年》創刊的時代，白話文真正有了自己的歷史實踐主體。白話之於新一代，不再是傳播思想文化、啟蒙愚眾的工具，白話文和新一代之間的關係已經有了生命體驗層次上的歷史切合點，即白話成為新一代身份、思想與情感體驗的書寫象徵。故而在新一代浮出歷史地表的時候，文學表意系統的轉換成為必然，白話成為國語的正宗代表，而且白話文學作品也經由行政力量進入中小學的國語教科書。白話文的深刻變革就不僅僅是工具的變革，更是思維模式，情感體驗狀態及美學範式的轉換，在這個意義上才劃分出傳統文學與現代文學之間的區別。

一種思想文化的變革，不僅僅在於一種質疑態度，而在於這種變革背後是否有歷史實踐主體和學理性的支撐。因此近代以來的大學，成為推動文化變革的堅強後盾。隨著維新變法而來的北京大學，作為保存和研究國學的最高學府，自建立以來就獲得至高無上的文化象徵地位。蔡元培在後袁世凱時代的政治權力分化中，獲得了改造北大的難得歷史機遇。蔡元培深厚的中西學修養，特別是德國留學經歷對他教育觀的培育，讓他對北大的改革有了一種最為直觀的參照和學理性的支撐。蔡元培對北大的改革，重點在於將這樣一座官僚氣息濃厚、文化觀念保守的大學，在中西學匯通的教育觀的指導下，放在世界性視野下進行改造。換句話說，北大在蔡元培的改革下，已不再僅僅是為研習一國文化和保存國粹而設立的大學，而是在世界性的視野下，在人類文明的意義上研究高等學問的空間。由此近代以來中體西用文化模式的束縛被打破，古今中外的文明都在學理的意義上獲得了平等和獨立性，而不是體與用的關係，也不是中心與邊緣的關係，而是在中西並存的文化空間結構中，每一種文化都獲得了自身的獨立性，由此西方文化真正以獨立的面目出現在新一代的眼前，正是基於這個意識，蔡元培的改革在北大開闢出了一個全新的學術場域。在北大完成改革的同時，以《新青年》為代表的現代報刊傳媒也開始進入北大，由此意味著報刊傳媒所形成的社會空間與大學學術場域的融合。近代以來，報刊已經由簡單的傳播新學的工具，演變為民間監督政府、改造社會的政治權利的象徵。雖然自報刊產生社會影響力開始，政府就介入了對報刊的管理，但以憲政原則鼓動起的民間社會，始終能在法權意義上為報刊媒介的社會文化空間做出積極的維護。《新青年》的創刊，不但意味著政論性報刊媒介向思想文化性報刊媒介的轉變，而且也代表著延續革命而來的上一代人和下一代人開始形成對話和互動。由此以學校、報刊媒介為中心，變革中國的勢力群體進行了一次重組，而校與刊的結合，則意味著關涉新文化生產的空間場域開始正式形成，由此在新文化的變革中，有了文學革命的壯麗出場。

民初政治文化生態對新文學的影響，顯然沒有只停留在新文化與新文學發生的層面上，而是在新文學形成之後，逐步建立起自己的承傳脈絡，從 1918 年魯迅發表《狂人日記》到 1928 年北洋政府徹底垮台，整個北洋政治文化生態依然遵循著自己的歷史脈絡在演變。如果說在國民黨改組、意識形態性的政黨建立之前，北洋政治文化生態還保持著某種眾聲喧嘩的局面，那麼到意識形態性政黨開始介入歷史之後，新文學和政治之間的關係依然是值得探討的話題，這也是本課題今後需要繼續研究的空間所在。其中一個重要的問題是，新教育體系培養出的一代，以新文學結成一種身份認同的知識群體，那麼新式知識份子如何建立自己的學統，如何又將自己的學統經過文學發揮政治效應？同時又建立了怎樣的政統？影響新青年知識群體分化的政治生態變化，又如何影響到現代文學的發展？希望這些問題能在我今後的研究中得以進一步解決。

這是我個人學術生涯中的第一部專著，在研究的初始階段可以說是非常興奮，但真正到寫作的落實階段，卻發現困難重重，在倉促中完成了這部書稿。希望以後進一步沿著自己的問題意識進行思考，在現在的基礎上把這一歷史階段的研究做得更加充分扎實。

王永祥

2014 年 10 月 12 日於河北師範大學文學院

台灣版後記

自己如此拙的書要在台灣出版，心裏還是誠惶誠恐。但無論如何的拙，都是自己曾經努力的一份見證。倒是由此勾起 2013 年去台灣參加學術夏令營的記憶，想起那些可愛認真的小隊輔們，想起台大典雅的圖書館，想起台北的潔淨而充滿人情味的街道小巷，想起西門町、誠品商城的熱鬧，想起在 101 大廈上看台灣夜景的激動，想起好喝的雙皮奶……半個月的學術之旅，在台北的點點滴滴現在還是記憶深刻。想起自己曾經敬仰的學者所做的學術報告，張玉法先生送我的資料還在我書房的書架上，想起老先生的細緻認真，謙虛樸素，真是讓人感動不已，想起在中研院看到學術先賢蹤跡時的激動，感覺台北有太多的學術和生活上的美好在吸引我。自己這本不算很成熟的著作能在台灣出版，也算是給自己喜歡的這個地方輸送一點微小貢獻。拙著能夠在台灣出版，實在非常感謝諸位師友的鼓勵幫助，特別感謝花木蘭出版社對學術後輩的鼓勵和培植，希望以後能做出更好的東西，和台灣同仁交流學習。

2016 年 8 月 19 日於石家莊